爾立
文從

许丽艳 张葳 王淑清 主编

思与悟

解密中国校长教师核心素养

北京师范大学出版集团
BEIJING NORMAL UNIVERSITY PUBLISHING GROUP
北京师范大学出版社

图书在版编目(CIP)数据

思与悟：解密中国校长教师核心素养/许丽艳，张葳，王淑清主编. —北京：北京师范大学出版社，2017.11
（尔立文丛）

ISBN 978-7-303-22787-7

Ⅰ. ①思… Ⅱ. ①许… ②张… ③王… Ⅲ. ①中小学—教师素质—研究—中国 Ⅳ. ①G635.16

中国版本图书馆 CIP 数据核字(2017)第 219806 号

营 销 中 心 电 话　010-58802181　58805532
北师大出版社职业教育与教师教育分社网　http://zjfs.bnup.com
电 子 信 箱　zhijiao@bnupg.com

出版发行：北京师范大学出版社　www.bnup.com
　　　　　北京市海淀区新街口外大街 19 号
　　　　　邮政编码：100875
印　　刷：北京玺诚印务有限公司
经　　销：全国新华书店
开　　本：787 mm×1092 mm　1/16
印　　张：17
字　　数：290 千字
版　　次：2017 年 11 月第 1 版
印　　次：2017 年 11 月第 1 次印刷
定　　价：37.00 元

策划编辑：郭　翔　　　　责任编辑：戴　轶　肖　寒
美术编辑：焦　丽　　　　装帧设计：焦　丽
责任校对：陈　民　　　　责任印制：陈　涛

亲历与推动

陶西平

1987 年，《中小学管理》杂志创刊，到今天她已经走过了 30 年的历程。应该说，《中小学管理》的创刊顺应了我国教育改革的大趋势。1985 年《中共中央关于教育体制改革的决定》的发布，以及 1986 年《中华人民共和国义务教育法》的颁布实施，成为我国教育持续改革开放和教育现代化的新的起点，开启了中国教育发展史的一段新的历程。

这个历程是国家推动教育治理体系建设和具体领域改革的过程，是"提质量、促公平、增活力"的价值追求不断落实的过程。在这一历程中，转变教育发展方式的理念得到了更加广泛的认同，城乡之间和学校之间的教育均衡状况在逐步改善，在"管办评分离"要求下学校办学自主权的保障力度也在加大，教育管理、育人模式、考试评价等各个领域的改革也得到不断深化。促进每一个学生生动活泼地发展，增强学生的社会责任感，培养学生的实践能力和创新精神，成为中国社会的共识。

在这一历程中，《中小学管理》始终是亲历者和推动者。

翻看创刊 30 年来的杂志，我们可以看出，《中小学管理》的选题策划和刊载文章随处都体现了创刊时的定位，即办成"扎根教育一线的学术刊物"。梳理这些年的选题，我认为体现了《中小学管理》几个明显的特点。

一是重视"学校"。学校管理理念与策略、组织、制度、课程、教学、教研、评价、作业、资源保障等领域内容都得到了持续的关注。这些领域中的问题是随着教育改革而不断变化的，而《中小学管理》的编辑们也随时跟进这些变化，将发生在基层的最新改革案例提炼并传播出来。与此同时，《中小学管理》还围绕现代学校制度和政校关系建设等主题，不断回应国家政策和基层学校的双向要求，并深度报道了很多的地区改革样本。

二是重视"人"。对校长、教师、中层干部、教育行政人员等主体的理念更新与能力提升的关注，是《中小学管理》的一条主线。如杂志在各个不同时期，对校长与教师的任职标准、胜任力、领导力、核心素养等进行了充分探讨，几乎每年都会组织相关选题。"学生"更是关注的重点，《中小学管理》较早地发起了对学生的重新研究，无论是对拔尖创新人才的早期培养，还是对流动儿童、留守儿童生存状态的关注，我们都能从中看出杂志在认识和观念上的变化。

三是重视"学术"。如果说刊物在早期更重视经验总结的话，那么现在的刊物则更重视价值的引领。若干年前，《中小学管理》就倡导教育研究者回到一线做真正的研究。这一倡导已经被明确描述为具有"助推本土教育理论创生"的价值。很多选题体现了前瞻性，如"校长思维方式研究""'80后'管理者研究""女性领导特质研究""校长空间领导力""学校中间组织变革""班本课程""核心素养与课程转型""走向云管理""供给侧结构性改革"等主题，体现了一本学术期刊的引领作用，符合一线工作者的专业需求，彰显了编者的专业追求。

"30年弹指一挥间，未来任重而道远。教育的发展总是会不断出现新的问题，不断产生新的困惑，不断提出新的挑战。"当前中国进入了深化教育改革、提高教育质量的新阶段。传统的教育体系将逐步被更新，很多顽固的教育问题将通过新的教育理念指引下的实践来逐步解决，我们正走在变革的途中。因此，我期望，《中小学管理》能够继续坚守办刊宗旨，保持对中国的教育问题的高度关注，以前瞻性的思想和丰富的表达形式，编辑刊发更多的好文章，为中小学管理者提供更优质的服务，与中小学管理者一起，助推中国教育的改革和发展。

（本文作者系《中小学管理》编委会主任，国家教育咨询委员会委员，国家总督学顾问，亚太地区联合国教科文组织协会联合会主席）

名校长的使命与担当

刘利民

我们要"努力培养造就一大批一流教师，不断提高教师队伍整体素质"，习近平总书记在2014年对北京师范大学师生说的这句话，已为中国教育人所熟知。近些年来，党和国家大力倡导教育家办学，高度重视干部教师尤其是名校长培养工作。2014年，教育部启动"校长国培计划"中小学名校长领航班培训工作，对全国64位校长进行为期三年的培训研修，领航班成为新中国成立以来我国中小学校长培训中最高层次的培训班。

借助这些项目，笔者也一直在思考：校长的使命何在？名校长应有何担当？名校长要想真正认识到名校长与普通校长、名校校长的区别，真正理解自己肩负的使命与担当，就要真正明确名校长之"名"的深刻含义：要志存高远，具有远大理想；要丰富学养，具有教育思想；要勇于探索，具有创新实践；要情系家国，具有大爱之心。

名校长要志存高远，具有远大理想。理想信念决定一个人的方向和高度。习近平总书记曾言："正确的理想信念是教书育人、播种未来的指路明灯。"一个人只有坚定理想信念，才会也才能站得高、看得远，才会也才能开风气之先、引时代之潮。一个没有崇高理想信念的人无法成为一位称职的校长，更不必说名校长了。名校长要始终同党和人民站在一起，自觉做中国特色社会主义的坚定信仰者和忠实践行者，严肃认真对待自己的职责。名校长要加强对中国历史文化和现实国情的研究和学习，加深对中国道路和制度的思想认同、理论认同和情感认同。

名校长要丰富学养，具有教育思想。教育是心灵的沟通、灵魂的交融、思想的碰撞、人格的对话。名校长和普通校长的根本区别，就在于其是否形成系统的教育思想。一般校长只要能坚决执行党和国家的教育方针政策，做好学校的教育教学管理工作，就算是称职的校长。而名校长除此之外，则还应具备一定的理论水平与较系统的教育思想。教育思想是在理论学习、实践总结中得以凝练提升的。名校长要牢固树立终身学习的思想，多了解科学、文学、艺术、历史、哲学等方面的知识，多学习古今中外教育家的思想与理论，提升抓住事物本质、掌握事物规律的能力。名校长要多了解社会政治、经济变革的趋势，把握新时期学生成长的特征，寻找适合学生成长的教育教学规律，把所学所悟对接于教育教学实践，通过实践去检验，通过检验去试错，通过试错去反思，通过反思去提升，从而不断凝练升华自己的教育思想。

名校长要勇于探索，具有创新实践。名校长不是单纯的思想家、理论家，而是稳稳站立于大地之上的实践家。陶行知先生认为，"书生教育家"不是真正的教育家，因为他们较重视"理论"而轻视"实践"。与"教育学家"不同的是，教育家不仅注重理论研究，更注重实践探索。所以，陶先生身体力行，创办了晓庄试验乡村师范学校。名校长要着眼于中国乃至世界发展的全局，着眼于教育改革发展的大势，着眼于基础教育改革发展的热点难点问题，自觉将教育管理理论与管理实践相结合，勇于创新，"敢探未发明的新理和敢入未开化的边疆"。

名校长要情系家国，具有大爱之心。名校长只有走出一校围墙，心怀一地一域乃至全国教育事业，才能成为真正的名校长。名校长的思想水平、价值追求、办学境界将在很大程度上影响中国教育的发展与未来。从这个意义上说，其使命已经远远超出了办好自己的学校本身。名校长理应多一些"家国情怀"，要胸怀天下、心系未来，"修身、齐家、治国、平天下"；名校长也必须多一些"家国情怀"，恪尽兴国之责，"苟利国家生死以，岂因祸福避趋之"，树立"为国育才、为民育子"的教育情怀。

"大事难事看担当，逆境顺境看襟度"，"穷则独善其身，达则兼济天下"。引领区域乃至全国的教育事业发展是名校长的使命与担当，是名校长之"名"闻遐迩、"名"播天下的最大价值。名校长之"名"，非一校一人之"名"，乃吾土吾民之"名"也！

（本文作者系国家教育部原副部长）

目录

CONTENTS

第三篇　教育叙事

第一篇

素养探究

新常态·新挑战： 探索教师专业发展的新路径

陶西平

新常态指的是中国经济已进入一个与过去 30 多年高速增长期不同的新阶段，它具有以下三个特点：一是增长速度的新常态，即从高速增长转为中高速增长；二是结构调整的新常态，即经济结构不断优化升级；三是发展动力的新常态，即从要素和投资驱动转为创新驱动。加强教师队伍建设的科学研究，是新常态下迎接新挑战、深化教育综合改革、持续提高教师队伍发展水平、促进教育事业健康发展的重要环节，也是优秀教育工作者和教育家成长的动力和助力。因此，学校管理者和广大教师要认识新常态，适应新常态，迎接新挑战，努力提高专业发展水平。

一、 增强法治观念， 坚持依法治教

我们现在进入新常态、建立新秩序，必须坚持依法治国的基本前提，弘扬社会主义法治精神，建设社会主义的法治文化，树立法治思维，加强法治教育，坚持依法治校。

增强干部和教师的法治观念，是教师专业发展的首要内容和重要方向。教师要知法懂法，增强依法治教的意识，提高依法办事的能力，积累通过法律手段解决纠纷的经验。目前许多学校管理者的法律意识和能力依然不足，如虽然很多人都知法懂法，但是在处理具体事情时却往往忽略了法律的规定和要求。有些学校在面临纠纷时，由于担心家长闹到学校会影响教育教学秩序，有关领导也希望不要扩大影响，所以很多问题实际上就没有真正地依法解决。

为此，一方面，教师应该从实际出发，结合青少年的特点，采取活泼有效的形式，开展法治教育，提高法治知识课程和法治教育活动的教学质量；另一方面，学校可通过民主程序，制定合理可行的校规、校纪，规范校园行为，增强师生的规则意识，形成学校的法治文化。

二、 加强道德修养， 发挥教师队伍的价值主导作用

（一）有清醒的认识：明确中华优秀传统文化的战略地位

当前世界上很多国家都在推动本国的价值观教育。例如，英国教育大臣妮基·摩根 2015 年发表演讲，强调推动"英国核心价值"是教育的重中之重。她说，所有学校都应该像提升学术标准一样，提升基本的英国价值观。再如，新西兰教育部颁布的 2007 年课程草案，放弃了价值相对主义，特别强调价值观教育的重要性，提出必须将基础价值观教育融入学校各门课程的教学之中。

在我国，让社会主义核心价值观成为社会主流价值观，学校和教师承担着重要的责任。2014 年 10 月，习近平总书记在文艺工作座谈会上的讲话中指出，中华优秀传统文化是中华民族的精神命脉，是涵养社会主义核心价值观的重要源泉，也是我们在世界文化激荡中站稳脚跟的坚实根基。我们应该清醒地认识到，在全球化时代，民族文化可能遭受的伤害，不仅有来自外部的冲击，而且有来自内部的自我贬低、自我放弃。因此，我们应该把爱国主义作为主旋律，引导大家加深对民族优秀传统文化的了解，树立和坚持正确的历史观、民族观、国家观、文化观，增强做中国人的骨气和底气。提高教师的道德素养，落实教育立德树人的根本任务，是教师队伍发挥主导作用的价值体现。

（二）有坚守信念的定力：教师应当"在多元中立主导"

在复杂的国际国内环境下，各种思想理念、文化思潮相互激荡碰撞，意识形态领域的矛盾和斗争日趋复杂。各种思想舆论在网络上相互叠加，社会矛盾借助网络聚集和发酵，"虚拟世界"意识形态领域形势之严峻不亚于现实世界。香港《南华早报》2014 年 8 月 20 日刊文指出，SAT 考试变化将每年影响数十万中国学生的观点、信仰和意识形态。文章称：从 2016 年起，SAT 考试的考题中都将包含美国建国文献的段落，包括《美国宪法》和《人权法案》，以及与其相关的深度阅读材料。中国学生要想在新版 SAT 考试中取得好成绩，就要广泛涉猎这些问题。这意味着，美国将通过中国人最看重的考试形式，首次系统地影响数十万中国学生的观点、信仰和意识形态。

面对如此复杂多元的国内外形势，干部和教师要有和中国梦紧密联系的信仰、理想、道路、方向，把坚定的信念作为一种价值尺度、一种奋斗境

界，不能有丝毫的怀疑、迷茫、动摇，不能有丝毫的懈怠、反复、折腾。教师要始终保持清醒的头脑，不因受到干扰而动摇，不因遇到困难而后退。现在社会上越是思想活跃、庞杂，我们就越要有定力。我们在培养学生创新精神和实践能力的同时，应该重视批判性思维的培养，但培养学生批判性思维的最终目的，还是让学生通过比较、鉴别，得到真理性认识。因此，教师在意识形态和价值取向问题上，不应止于多元，而应当"在多元中立主导，在多样中谋共识"。

(三)有正确的方法：以青少年喜爱的形式进行传播

我们习惯于倡导什么就将其列入课程、编入教材，进行讲授、考试和评价，但常常忽视了青少年的特点，忽视了社会媒介的影响。因此，学校应当成为思想文化的高地，教师要切实地将崇高信仰和坚定信念贯穿于自身的言行之中，以青少年喜爱的形式进行传播和示范；同时，认真汲取社会正能量，关注社会负面现象的影响，提高价值观教育的质量和水平。

三、 提升综合能力， 推动学生综合素质的全面提高

时代发展对学生综合素质的要求越来越高，而教师的综合能力对学生综合素质提高起着重要的推动、引导和示范作用。我们必须将综合能力的提升作为教师专业发展的重要目标和内容。

2015 年，李克强总理提出了"互联网＋"行动计划。"互联网＋"改变了我们的生产、工作、生活方式，引领了创新驱动发展的新常态。"互联网＋"时代需要集网络信息技术和多种业务知识技能于一体的"互联网复合型人才"，即不仅具有硬技能，还具有很多软技能，包括勇于创新的精神、批判性思维能力、独立自主精神、跨界复合能力、学习适应能力、交往合作能力等。

当前，世界各国对于人才的基本素质都提出了一些新的要求，而且都更加重视学生综合素质的培养。联合国教科文组织 2012 年可持续发展教育报告《塑造明天的教育》指出，学习包含丰富的内涵，包括学习以批判的方式提出问题，学习阐述本人的价值观，学习设想更加光明和可持续的未来，学习有条理地思考问题，学习通过实践知识来解决问题，学习探索传统和创新之间的辩证关系。美国提出的"21 世纪学习框架"中包含三种能力：第一类为学习和创新能力，包括创造力、批判性思维、沟通和协作能力；第二类为信息、媒体和技术技能，涉及有效利用、管理和评估信息数字技术和通信工具；第三类为生活和职业技能，包括灵活性和适应性、自我导向、团队精神、对多样性的欣赏、问

责制和领导力。新加坡最近提出了"21世纪技能"框架。其核心层是"品格与道德培养"，第二层是"社交和情感技能"，最外层是"面向全球化世界的关键能力"(全球意识、跨文化技能、公民素养、批判思维和信息与通信技能)。

总之，各个国家都面临着对于人才素质和能力的重新界定，这必将引发教育的变革，也将对教师的专业发展提出新的挑战。比如，最近美国开始在一部分学校探索一种性格教育，即Grit教育。Grit是指对长期目标的持续激情及持久耐力，是一种包含了自我激励、自我约束和自我调整的性格特征。Grit教育认为：决定孩子成功的最重要的因素，不在于教师给孩子灌输了多少知识，而在于教师是否帮助孩子获得了以Grit为首的七项重要的性格特质：坚毅(grit)、激情(zest)、自制力(self-control)、乐观态度(optimism)、感恩精神(gratitude)、社交智力(social intelligence)、好奇心(curiosity)。也就是说，一个六岁的孩子是否知道"3＋2＝5"根本不重要，重要的是在学习的过程中，他是否愿意在第一遍回答成"3＋2＝4"之后重新尝试，直到得出正确答案为止。

四、 提高信息素养， 应对教育信息化的挑战

当前在我国基础教育领域，一些地区和学校也在教育信息化方面进行了一些前沿探索，如云计算、移动学习、学习分析、3D打印、虚拟和远程实验室、游戏化学习、机器人教室等。但是，与此同时也带来了很多困惑：一方面教育信息化有助于自主学习、教育拓展、有效指导、创新思维、资源共享，由此推进学生的社会化进程；另一方面也受到不少质疑，如影响学生视力发育、影响人际交流、影响社会实践、影响心理素质等。一部分教师的习惯性保护和习惯性抵制也在新的教学理念和教学技术应用过程中显现出来。

那么，我们该如何应对教育信息化的挑战呢？在与瑞士有关部门的交流中，我了解到，他们在信息技术方面的投入是这样分配的：1/4用于硬件投入，1/4用于软件和资源开发，1/2用于教师培训。他们认为：如果没有将1/2用于教师培训，那么前面的钱就等于白花。由此可见，教师的信息素养在推动教育信息化这项历史性变革的过程中，起着决定性的作用。

提高教师的信息素养，我们应从信息意识、信息能力、信息教育理念以及信息道德四个维度入手。(1)信息意识。教师要认识到，要与时俱进，就要及时获取信息，准确判断和正确处理信息。(2)信息能力。信息能力不仅仅是单纯的信息技术应用能力，而且是适应信息化社会生存的全面能力。教师要提高信息能力，关键是提高获取、分析、利用和发展信息的能力。(3)信息教育理

念。我们要认识到，信息教育不仅是作为一门课程进入课堂的，而且是作为一种理念发起了对传统教育思想的挑战，作为一种新的教学方式推进着教学的科学化与民主化，推进着教育现代化。（4）信息道德。信息道德集中体现在维护信息资源的真实性与处理信息的社会责任感，它彰显着科学精神与人文精神的结合。因此，教师的信息道德水平展现着教师的人格尺度，实施信息教育的过程也是提高学生思想道德情操、塑造学生人格的过程。

五、 拓宽国际视野， 提高教育国际化水平

中国与世界各国的交流，无论在政治、经济领域还是在文化教育领域，无论是广度还是深度，都取得了前所未有的进展。我们的教育国际合作已进入了合作共赢的时代。如在课程领域，中国引进了部分课程和评价内容。引进的国际课程主要有三类：一是国际组织开发的课程，如 IB、PGA 课程等；二是国际性的考试课程，如 A-LEVEL、ACT 课程等；三是国别课程，如美国的 AP 课程、SAT 考试等。在中外合作办学领域，主要有合作办学和项目合作两种形式，目前合作办学的数量相对少一些，项目合作的数量很多。在学生交流方面，我国呈现了出国留学人数、学成回国人数、来华留学人数三个数字同步增长的态势。2014 年，中国出国留学人员总数为 39.96 万人，各类回国留学人员总数为 27.29 万人。

中国在全球竞争中的影响力与大国地位并不相称，主要原因是中国的国际化人才极为紧缺，在国际组织中的人才奇缺。我们人才库中的高端人才只占 5%，而高端人才中的国际化人才也只占 5%。在联合国教科文组织的 5000 多名职员中，仅有十余名中国雇员。中国已经是世界银行第三大股东，但其中的中国籍职员仅有十几人。因此，培养素质良好的各类专业化、国际化人才是解决问题的关键。

国际化人才应具备如下素质：宽广的国际化视野和强烈的创新意识；熟悉掌握本专业的国际化知识；熟悉掌握国际惯例；较强的跨文化沟通能力；独立的国际活动能力；较强的运用和处理信息的能力；具备较高的政治思想素质和健康的心理素质，能经受多元文化的冲击，在做国际人的同时不丧失中华民族的人格和国格。

基础教育应当重视拓展学生的国际视野，培养学生核心素养中的各项能力，同时加强国际理解教育，把学校教育和社会熏陶有机结合起来，为培养包括国际化人才在内的各级各类人才奠定坚实的基础；同时，必须拓宽干部教师

的国际视野，认真学习借鉴世界各国教育改革的理念和实践、经验和教训，同时，坚持洋为中用、开拓创新，做到中西合璧、融会贯通，促进我国教育真正实现现代化。

（本文作者系《中小学管理》编委会主任，国家教育咨询委员会委员、国家总督学顾问、亚太地区联合国教科文组织协会联合会主席）

教师专业发展应有大视野与大格局

成尚荣

教师专业发展已成为教育改革的核心话题。其一，教师是兴教之源。其二，专业发展是教师的本质特性和教师发展的根本任务。其三，教师专业发展永远是个过程。

专业发展让教师对教育规律有了更深刻的认知和准确把握，让教师拥有了专业价值和专业尊严。然而，从总体上看，当下中国的教师专业发展还缺少一种大视野和大格局，限制了教师的深发展和高提升。教师专业发展被局限在对一些"形而下"问题的纠缠上，缺少"形而上"的引领。

正视并研究这些问题，我们就可能从中寻找到教师专业发展的生长点，站到新的起点上，开始新的出发。

一、 对教师专业发展的反思与检讨

佐藤学对教师有一个新定义：教师是"反思型的实践家"。之所以是实践家而非实践者，是因为他具有反思的品质。我们也应对教师专业发展进行反思与检讨。

（一）教师专业发展与全面素养提升的失衡

毋庸置疑，教师专业发展对于教师整体素养的提升起着很大的作用，我们完全可以把专业发展当成突破口，进一步提升教师的整体素养；同时，我们也注意到，在教师专业发展的标准框架中，除了专业知识、专业能力两个坐标体系外，还有一个教育理念和师德水平的坐标体系，这些都关乎教师的全面发展，影响教师整体素养的提升。

专业素养与整体素养是一个整体，不可人为地分割。但是，当下大家都把兴奋点和重点放在了专业发展上，无形中把专业发展从整体素养中分离出来，就专业发展谈专业发展，导致教师整体素养的提升被淡化、被边缘化，甚至被

9

遗忘。专业发展绝不能取代也不能等同于教师的全面发展。教师整体素养应当是教师专业发展之源、之根基，教师全面发展了，定会影响专业发展的水平和境界。

(二)发展的外部动力与内部动力的失重

教师的发展，既需要外部动力，也需要内部动力，两种动力的结合才会建构一个完整的教师发展的动力机制。两种动力的形态及其对于教师发展的价值、意义及促进方式是不同的。外在动力着重于推动，帮助教师克服人惯有的惰性，摆脱由教师职业特点带来的重复感。内在动力在于激发教师内在的生命活力，开发教师的创造性，促使教师自主生长。

相比之下，内在动力比外在动力更重要、更关键。孟德斯鸠说过：任何他人的建议或意见都无法代替自己内心强烈的呼唤。当下教师的外部动力很强，内在动力却不足，一些教师常处在"被发展"的状态，久而久之，"被发展"不仅是未发展，还有可能倒退。这种状态不改变，教师的专业发展与全面发展就很难突破和跃升，自我超越的状态就难以出现。行政部门、教研部门、培训部门，对此应当给予足够的重视。

(三)对专业理解和把握的失偏

说到专业发展，很多人首先想到的是学科专业发展。这很自然，也很必要。但教师的专业发展是一个内涵丰富的概念，它不仅包括学科，还包括学科以外的有关教书育人的专业，而且这种超越学科专业的专业，在教师专业发展中的作用更大，立意更高，也更重要。获得 2012 年普利兹克建筑学奖(被称为建筑学界的诺贝尔奖)的中国建筑学家王澍说："我首先是个文人，然后才是一个建筑学家。"钢琴家傅聪说："我首先是个真正的人，然后才是艺术家，然后才是音乐家，最后才是钢琴家。"欧洲许多足球教练都告诫运动员："在足球以外有个更大的世界。"教育更是这样，在学科世界之外还有一个更大的世界。教师如果局限在学科专业内，没有宏大的知识背景和较为丰厚的文化底蕴，要有更大的发展是十分困难的，这是早就为无数案例所证明了的。当下，对专业理解和把握的褊狭是普遍存在的，但其局限性还未引起大家的更多关注。

(四)理念价值与技术价值取向上的失序

当下教师有一个普遍的看法，认为我们不缺理念，缺的是技术；确立、拥有理念较为容易，而把握上课的技术很难；把握技术比确立理念更重要，也更紧迫。这样的看法和要求有其合理性。但实际上，确立、拥有理念至少需要三个环节或要义：转变——从陈旧理念转到现代理念上来；转化——理念转化为教学行为；内化——理念内化为信念，内化为教师的人格特征，这一过程是十分艰难的。同时，技术的第一个特征是文化问题，许多技术问题、行为问题的背后其实是理念问题。理念的真正确立，可以促进教师改变技术、创造方法。过于追求技术，可能造成理念价值的失落，造成价值体系的失序，这一问题尤其要引起我们的警觉。

处理好上述几对关系，从"形而上"的角度进一步审视，可以使教师发展有一个更大的视野，形成一个更大的格局。同时，把"形而上"与"形而下"结合起来，教师专业发展会进入一个更高的境界。

二、大格局视野下的教师发展

我们反思、检讨的目的，是寻找解决问题的对策。对此我们应从整体上予以系统思考，寻找一些根本性的问题解决之道。这种整体性的思考、根本性策略的寻找，可以聚焦于"教师"这一定义，在关于"我是谁"的讨论中，进一步建构起教师发展的坐标。这样的思考和建构会让教师的未来发展有一种大视野、大格局。

（一）教师首先应当是真正的知识分子

自 20 世纪 80 年代以来，世界上许多地方的学者都在讨论一个问题：什么是知识分子？学者们认为，虽然对知识分子的定义依据的常常是他们的职业，但是，"定义知识分子的，不是他们做什么工作，而是他们的行为方式，他们看待自己的方式，以及他们所维护的价值"，"'成为知识分子'这句话所意味的，是要超越对自己职业或艺术流派的偏爱和专注，专注真理、正义和时代趣味这些全球性问题"；衡量知识分子的主要标准绝不在于知识的多少，也不在于与职业相关的专业能力，而在于对自己职业的超越，在于崇高的理想、自由的意志、社会的良知、批判的精神和能力、追求和维护的价值，等等。

知识分子是崇高的。教师应当是知识分子吗？这似乎是站在专业边界的"专业拷问"。其实，教师首先应当是知识分子，这应该是教师非常重要的身份。但是，"应当是"是一种应然判断，应然判断让我们有理想、有标杆、有追求。不过，"应当是"并不是"已经是"，从应然状态到实然状态一定有个"正在是"的过程状态。教师的专业发展恰处于"正在是"的过程中，唯有如此，教师才能真正成为知识分子。

作为知识分子的教师，其崇高的理想、自由的意志、社会的良知、批判的精神和能力等应集中体现在哪里呢？我深以为是坚定不移地实施素质教育。素质教育应是教师的"最大专业""最高专业"。在作为知识分子的教师心目里，办让人民满意的教育，首先是办对人民负责的教育，办对民族未来负责的教育。因此，教师应当坚信不疑地认为，成长比成功重要，比成绩重要，先成人后成才。值得注意的是，知识分子的文化生活正在平庸化。对此，作为知识分子的教师应当有一种警惕。当大家高声呼唤"知识分子，你到哪里去了"的时候，我们应当豪迈地回应："我们教师，是真正的知识分子！"

（二）教师应当是儿童研究者

教师要把儿童研究作为自己的"第一专业"。亚里士多德曾提出"第一哲学"的概念。他认为，"这个学问具有为所有其他哲学部门准备基本概念和基本规律的功能，其成果是所有具体哲学部门的预设性前提。因此，它应当是'在先的'、最先的，所以被称为'第一哲学'"。概念可以迁移。我认为，既然有"第一哲学"，就可以有"第一专业"，而且还可以借用亚里士多德的解释来解释"第一专业"。这个"第一专业"是超越具体专业，具有前提性、统领性的专业，因而一定是在先性的。假若找到、明确教师专业发展中的"第一专业"，那么教师的专业发展一定会更有方向感，有更高的立意、更大的动力，可以从根本上给教师的专业发展解困、解惑。

在阅读、思考的基础上，我大胆地提出：儿童研究是教师的"第一专业"。第一，儿童是教育的主题，儿童发展是教育的主旨。教育的基本立场应当是儿童立场。儿童，以及儿童的研究，应当是教师首先要建构的专业，当然应成为所有教育的"预设性前提"。第二，儿童学问是大学问、深学问、难学问。卢梭在《爱弥儿》中说："在所有一切有益人类的事业中，首要的一件，即教育人的事业，却被人忽视了。"在教育世界中，儿童学问是最重要的，又是最不完备的。我们必须研究它、把握它、运用它，否则，就会在关于儿童的教育事业中，恰恰把儿童忽视了。因此，儿童学问可以为教育准备基本概念和基本规律，它必然是"在先的"。第三，教学即儿童研究。这是教育改革的一个重要走向，亦是教育成功的重要标志。美国哈佛大学的达克沃斯就持这样的观点。儿童研究不仅仅是教学顺利开展的保证，而且其本身就是教学过程。教学与儿童研究融为一体，更要把儿童研究置于更高的层次去认识。

对于儿童研究这个"第一专业"，教师该怎样去面对、怎么去发展？我们可以把思考和建构集中在两个方面：爱的能力与研究儿童的能力。爱不一定是教育，但教育一定需要爱，一定要让爱走在前头。爱是一种能力，包括爱的开发能力、给予爱的能力、接受爱的能力。学会爱，的确是教师最重要的专业。研究儿童的主线应当是不断认识儿童和不断发现儿童，其主题是促进儿童的发展。如何观察儿童、研究不同背景的儿童，采用什么策略和方法，让每一个儿童都能发展，这种能力应当是教师最为重要的专业能力。当爱的能力与研究儿童的能力相遇的时候，教育就会更神圣、更精彩，教师专业发展就会达到一个很高的境界。

（三）教师应当是课程的领导者

教师专业发展的大视野、大格局在课程与教学领域的体现，是教师将逐步成为课程的领导者、课程的主人。教师将有以下一些转变。

从学科走向课程。长期以来，教师只有学科概念而少有课程概念，只有学科意识而少有课程意识，因而，往往把学科等同于课程，眼中只有所任教的学科，而且以此为大，以此为唯一。这样的视野必定是狭窄的，不会考虑学科在课程结构中的地位和功能，不会让自己任教的学科与其他课程发生必要的联系。课程是个更大、更丰富的世界，站在这样的世界里，才可能学会观察、学会审视、学会联系。有了一双观察课程世界的眼睛，才会有大视野，培育大胸怀，生长大智慧，也才会有大手笔。

从教学目标走向课程标准。长期以来，由于课程意识的淡漠，教师在教学工作中关注的、研究的往往只是依据教材中一个个具体的教学内容而设定的教学目标，缺少对课程标准的整体观照。教学目标的确定往往是随意的，因而往往是碎片化的，其结果很难达到课程标准的要求。从教学目标走向课程标准，教师的专业视角被扩大，专业面被拓宽，教师对目标的审视才会更全面、更有深度。

从教科书走向课程资源。教科书是课程资源的一种形态，而非课程资源的全部。倘若教师把教科书作为唯一的课程资源来对待，而忽视其他课程资源的开发，教学一定是单一、枯燥的。教师要在丰富多彩的课程资源的发现、开发、创造和使用中，丰富专业知识、生长课程能力。

从课程实施者走向课程领导者。课程领导是一个团体的概念，校长可以成为课程的领导者，教师也可以、也应该成为课程领导者。课程领导者的特征、权利和义务，在于参与课程决策，在于进行课程开发，在于创造课程和教材。这是一个重大的转向，既是课程管理的转向，也是教师身份的转向。在这种转向中，教师的专业视野、专业能力定会发生更积极的变化。

以上的"从某某走向某某"，不是对前者的否定，而是在基于前者的同时，更强调后者。这种种转向，使得教师专业发展在获得极好机会的同时，也面临着一次又一次的挑战。教师专业发展在机会与挑战中会有一个新的跃升。

三、 学校应成为教师专业发展的文化栖息地

教师专业发展的大视野、大格局，不仅是对教师的"专业考问"，而且是对学校管理理念、制度和能力的"专业考问"。教师专业发展是有"生态取向"的，不仅依赖于自身力量，而且依赖于其身处的环境。具有健康生态特点的环境，说到底是文化的氛围和力量，是"文化场"。文化是一种发展的力量，文化进步的本身就是一种发展。面对文化大视野、大格局下的教师专业发展，学校最重要、最积极的应答应当是：学校要成为教师专业发展的文化栖息地。

文化栖息地的含义丰富而深刻。其一，给教师文化上的保护。尊重教师，信任教师，对不同风格教师的宽容、谅解、支持，会让教师有安全感。其二，给教师以文化的影响。用学校的优秀传统文化、先进的教育理念引领和鼓励教师，确立起共同的理想，让教师有发展感。其三，为教师发展和创造提供保证。搭建平台，创造机会，提供支撑，让教师有幸福感。其四，最终让教师诗意地栖息在校园里。"人被允许抽身而出，透过艰辛，仰望神明"，又"将人带回大地，使人属于大地，并因此使他安居"。这是一种自由的境界。文化栖息地让教师有神圣的诗意。

创造文化栖息地，对学校最严峻的挑战是进行管理理念的转变和制度的创新，用文化的方式建设学校文化，从管理走向领导。

(一)要引领教师从内部"打破"自己，过自主的生活

李嘉诚先生曾用鸡蛋作比，他说，从外部打破，鸡蛋就成了别人口中的食物；自己"打破"自己，鸡蛋就诞生了一条新的生命。人生亦然，一直用外力打破，你永远是别人口中的食物；坚持从内部"打破"自己，就会获得一次又一次生命的重生。从内部"打破"，就是自我唤醒生命活力，就是不断地自我超越。只有超越自己，才会超越别人；而超越别人不是目的，自我超越才是目的，才会获得可持续的发展。这是真正意义上的自主生活。

(二)要引领教师过道德生活

德国教育家赫尔巴特在《普通教育学》里多次谈到道德问题。他认为："一个人必须用道德的眼光来观察他在世上的全部态度。"道德生活的要义是"必须用道德的眼光来观察"，是让生活"有道德的秩序"。教师过道德生活，就是对

生活进行道德判断，提升生活的道德意义，规范生活的道德秩序。在道德生活中，教师的发展才会有真正的道德，才会有大爱，也才会有意义、有境界。

（三）要引领教师过专业生活

教师的生活，尤其是职场内的生活，本应是一种专业化的生活。但是由于社会的浮躁、功利，"应试教育"的干扰等，原来的专业生活被淡化，甚至被异化。引领教师过专业生活是对教师职场生活的重新认知和再次确证。专业生活应当以课程、教材、教学为中心，学习、思考、研究、实践，形成教师的专业生活方式，培植专业品质，提升生活的文化品位，让教师享受专业的尊严和幸福。专业生活，必定让教师专业发展走向大格局、大智慧。

（四）要引领教师过阅读生活

加拿大的阿尔维托·曼古埃尔在《阅读史》中，开篇就引用福楼拜的话："阅读是为了活着。"接着他自己这么说："阅读，几乎就如同呼吸一般，是我们的基本功能。""我的生活中或许可以没有书写，但是不可以没有阅读。"阅读是教师专业生活的重要内容、方式和标志，我将其从专业生活的范畴中分离出来，是为了突出它的特殊价值。当然，这是一种大阅读，大阅读才会促使教师获得大视野，建构大格局。阅读生活将支撑起教师的整个生活大厦，使其形成开阔的、完善的知识结构。在这样的知识结构中，教师的发展有了可靠的根基，也有了丰富的源泉。

（本文作者系国家督学、江苏省教育科学研究所原所长）

创新型教师的培养从何处入手

梅汝莉

在 2013 年 10 月中旬的"京苏粤中小学青年校长高级研修班"上，北京市普教系统干部培训中心主任、该项目负责人胡淑云博士，针对当前中小学校长大多关注课程改革、学校特色和学校文化建设等问题，而较为忽视教师队伍建设这一根本问题的现状，把北京二中原全国知名物理教师聂影梅以及该校原领导米桂山教授请到一起，以二者为合并案例，以《为人为师聂影梅》（以下简称《聂影梅》）一书为"介质"，别出心裁地开设了一节关于教师队伍建设的研修课。

米桂山教授从 1946 年至 1982 年，在北京二中学习工作了整整 36 年，两度担任北京二中的"一把手"，后被调到北京教育学院从事教育管理研究工作。他从为什么要组织编写《聂影梅》一书入手，详尽地阐述了学校负责人"怎样才能比较全面、深入、具体地了解教师的工作"，深刻揭示了学校领导者在教师队伍建设中的重要地位。聂老师以自身几十年来献身教育教学的经历，到场现身说法。由聂老师的 60 多位学生撰写的《聂影梅》一书，有力说明了学生不仅是教师培育的对象，而且是教师成长的土壤，还是教师业绩终极评价的主角。

培训者别开生面地将校长、教师、学生这三大主体聚在一起，构成一门完整的校长研修课，使人们得以从"人学"的高度重新审视教师，将对创新型教师的研究提到重要的议事日程。笔者有幸受邀参与该课程的设计与实施，对校长如何认识与培养创新型教师有了更多的思考。

一、 创新型教师的研究走到了教师队伍建设的台前

现代"人学"理论和科学研究深刻揭示，人与人之间存在差异，连同卵双胞胎间都具有差异性。学校教师队伍同样存在多种多样的差异。校长必须依据教师实有的差异，对教师实施分类、分层管理。与许多有作为的校长一样，米桂山早就关注到这一点。

在 20 世纪 90 年代，北京市第一批中学校长高级研修班中的周柏年校长从学校内部以人为中心管理的视角，依据教师的工作成效，将教师群体划分为三类：不熟练型、熟练型和专家型，并根据国外发达国家的管理理论和自身的实践提出了相应的三种管理模式。米桂山认同这一分类观点。笔者则补充指出，现代认知心理学揭示：在专家型教师中还有一类是具有创造力的教师。后来，笔者在专家型教师中增加了创新型教师这一品类。

当前，创新人才的培养已经居于我国社会发展的战略地位，创新型教师对创新人才的培养具有特殊重要的作用。《聂影梅》一书中学生大量的反馈论述，就是最有力的说明。而当前我们对创新型教师的研究还很薄弱。

二、　对创新型教师的特质进行初步探索

创新型教师首先是教育专家，但是他们与一般的教育专家又有区别。我们以聂影梅老师为主要案例，对这类创新型教师的特质进行初步的分析。

(一)创新型教师常常"不按常理出牌"

专家型教师的教育教学思路十分规范，而创新型教师施教的思路与方法却经常与众不同。他们往往"不按常理出牌"，采取的教学方法有时令人感到"意想不到"和"不合规范"，这种教育行为甚至会使有的创新型教师或具有创新精神的教师境遇不佳。

(二)创新型教师的绩效在短期内不易评价

专家型教师优异的教育绩效一般很容易得到同人们的认可，而创新型教师的绩效则不一定具有时效性，有的甚至需要很长时间才能获得认可。聂老师有不少"异想天开"的教学设计。例如，当年她不留"作业"，甚至将北京市各区高考的模拟试题束之高阁，不让学生花时间去做。她的这些做法时至今日仍然遭到质疑。但是几十年后，学生们以事业成功的实例，有力证明了聂老师非凡的教育绩效。实际上，聂老师不是不留作业，而是不留题海式作业，只留让学生认真思考和理解物理核心知识与思维特点的"作业"。她的学生在课外思考和研究物理问题方面所花费的精力，并不比完成题海式作业少，但是学生们乐在其中，不感觉是负担，而且取得了十分理想的学习效果，不仅高考成绩总是名列前茅，而且为日后发展打下了坚实的专业基础。

时效性强的教育，不一定能培养出真正的创新人才。长效性强才是最重要的教育绩效，众多学生长期拥有聂老师激发出来的创造力，有力地证明她的确

是一位扶助学生走向创新人生的好老师，是一位成功的创新型教师。

(三)创新型教师往往具有独特的心理品质

专家型教师责任心都比较强，重视上级的要求，教育教学"中规中矩"。创新型教师的责任心也很强，但是，他们往往不循规蹈矩，甚至敢于不顾及他人的反应，而坚持自认为正确的见解。他们拥有如下一些突出的心理特征。

(1)具有强烈的自主性和能动性，不安于现状。经历"文化大革命"的冲击后，当学校领导诚恳地请她继续"出山"教授高中物理时，聂老师率直地对校长说："任教可以，但是，有条件。"领导十分惊讶："还讲条件？——什么条件？"她简洁地说："不要管我!"学校领导深知聂老师对自我的要求十分严格，学校不管她反而更能发挥她的独创性，就毫不犹豫地答应了她。事实证明，聂老师后来的教学更加富有创意，她自己也成为全国著名的中学物理教师，还担任了全国青年物理教师研究会的首席专家。这个"不要管我"，充分体现了像聂老师这类创新型教师强烈的自主精神和能动性。而该校校长"不去管她"，正顺应了这类教师的特性，使其获得了令人艳羡的自主空间，并取得了优异的成就。当然，米桂山也强调，对待像聂老师这样的教师，校长应当"放"而"不纵"，即不放弃对其教育质量和人格底线的要求。

(2)进取心强，一切从学生实际出发，不断更新教育的方式方法。聂老师教课常教常新，几乎没有"重样"。同样的物理定理，面对不同的学生，在不同的时段，她都能想出适宜的教学方法来。在这无穷的变化之中，确有她不变之理："一切从学生的实际出发!"聂老师总是把"熟读"每个学生放在教育教学工作的第一位。她教过一对同卵双胞胎兄弟，很多老师经常弄错他们，就连每天都与这对兄弟一起学习的同学都常常把他们弄错，而聂老师却能准确地识别他们，因为她用心"读懂"了这两位学生的个性特征。凭着这样的理念，聂老师教"名校"学生能成功，教基础薄弱校的"乱班"照样成功。我们的教育理想是"使每一个学生都得到发展"，而如果没有像聂老师这样从每个学生特点出发的教学，那么这一理想是万万实现不了的。

(3)有坚强的意志力，执着而充满激情地追求教育理想，甚至不惜冒险。聂影梅老师十分热爱教育事业，十分热爱学生。她在研修课上激动地说："我是拿命来工作的! 教育就是我的命，学生就是我的命!"听者无不为之动容，掌声四起。这种"拿命来工作"的激情，让她为了学生不惜一切。例如，为了引起学生学习圆周运动的兴趣，她在讲台上把盛满水的茶杯抡成一个又一个竖着的圆周，杯中的水竟丝毫没有溢出。学生感到十分新奇，也到讲台上来抡水杯，结果洒了满地水，全班学生立刻对圆周运动理论产生了浓厚的兴趣。我们可以想象，为了让学生学好难学的圆周运动，没有经过任何杂技训练的聂老师，竟然拿水杯苦练"水流星"实验，这是何等的执着，何等的大胆！学生在她这种精神的感召下，越来越爱学，也越来越用心地学物理了。

创新型教师的内心世界都十分丰富，如他们往往都兴趣广泛等，限于篇幅，此处不再赘述。

三、　突破扶助创新型教师发展的难点

创新型教师对创新人才的培养有着重要的作用。校长如何正确对待这类教师，是非常值得关注与研究的。

米桂山与聂老师交往已有 40 多年了，但在收到毕业生关于聂老师的追忆文章后，依然发现自己原来对聂老师的认识是十分表面的。在研讨会上，他语重心长地说，深刻认识每一位教师并非易事，但这是校长促进教师成长的前提，不可不认真对待；我们应当尽可能通过学生的反馈来了解教师。事实正是如此，教师的"绩效"最终体现在学生身上，教师只有拿到学生颁发的"毕业证"，自己的人生才算尘埃落定。学校只有从这个角度来改进对教师的评价，才能培育出更多的创新型教师。

深刻认识创新型教师创新活动的普遍意义和现实价值，是正确认识这些教师现实的教育行为的关键。我们倡导的"创新"应是"前人未曾有，后人不可无"的，它负有推进教育改革健康发展的作用，绝不能"花样翻新"贻误学生。北师大二附中原校长林福智曾提出，教育改革必须是"零误差"，体现了有作为的校长对教育改革高度的责任心和极端严肃的态度。但是，"创新"的价值往往不容易被人认识，它对校长的认知和学养具有挑战性。

笔者试以聂老师的一则教学案例来阐述上述观点。聂老师一贯重视匀速直线运动的教学，她认为这是高中物理课的核心知识之一，所以不惜花费一周的时间与学生共同学习这一内容。笔者有幸听了 2012 年她在北师大二附中就此内容上的一节复习课。课上，聂老师让一列学生回答什么是匀速直线运动，每个人的回答不能重复前人的内容，凡是重复的，就不算数。开始我十分惊诧，定义是唯一的，怎么可能有如此众多的答案呢？事实教育了我，学生正确的回答如下：

学生 1：物体在一条直线上运动的速度不变；

学生 2：物体在一条直线上运动，而且在任意相等的时间间隔内的位移

相等；

　　学生 3：物体在一条直线上运动的平均速度和瞬时速度是一样的；

　　学生 4：物体在一条直线上运动的平均速度的大小和平均速率也是相等的；

　　学生 5：物体在一条直线上做匀速运动的位移和时间成正比，用公式表示为 $s=vt$。做匀速运动的物体加速度为零。

　　学生 6：可以用一次函数图示匀速直线运动。

　　最后，聂老师进行了简要的总结，意思大致是：匀速直线运动并不常见，我们可以把一些运动近似地看成匀速直线运动。我们可用 $v=s/t$ 求得它们的运动速度，公式中，s 为位移，v 为速度，它为恒矢量，t 为发生位移 s 所用的时间。由公式可以看出，位移是时间的一次函数，位移与时间成正比。聂老师的总结，实际上是归纳了学生们不同的回答，涵盖了有关匀速直线运动所包含的系列科学概念。

　　聂老师的这节复习课，关注学生对知识的"领悟"，由于每个学生领悟的内容不尽相同，因此她要求学生的回答不得"重复"，这就有可能显示出学生对知识"领悟"的视角和程度。每个同学的回答都不相同，促使全体学生注意力高度集中地听取各种不同的回答，认真进行分辨和补充，用自己的"领悟"来表达概念，逐步达到了深刻理解的程度。聂老师竭力促进学生对知识的理解，而不满足于学生简单复述课本上的定义或者会"做题"。她的课，包括复习课，成功突破了教师"满堂灌"的传统教学模式，是实实在在的"以学生为学习的主体"。学生们由直觉到实证，多视角地理解科学概念，逐步深入科学原理之中，在互动中相互学习，甚至产生思想碰撞的火花，真正成了学习的主人。教师虽不动声色，却高屋建瓴地进行了有效的指导。这样的课堂教学，正是现代教育期盼激活学生创造潜能所倡导的教学模式。

　　本人经历了近十几年来的教育改革，深深感到，开发学生创造潜能的教学，必须把教学目标锁定在学生的"深刻理解并学以致用"上，校长和教师都需要对"理解"进行重新"理解"，聂老师的教学恰恰体现了这一理念。如果校长对现代教学变革的深刻性缺乏了解，那么对聂老师教学的举措，就只会觉得新奇，而看不见新奇背后蕴含的普遍意义和现实价值。这样就很难完成促进创新型教师发展的管理职责。

（本文作者系北京教育学院教授）

专家型教师思维特质研究

刘加霞

提高教师专业化水平、培养专家型教师是各国教师教育的重要任务，研究专家型教师的特征与培养途径也是教师教育重要的课题。

已有的研究主要是描述专家型教师的"状态"而较少分析其成长的内在机制，虽然目前大家公认"反思性实践"是优秀教师的标准，认为"反思"是专家型教师的重要特征，但专家型教师的思维特质到底是什么，思维特质是否是专家型教师之所以成为"专家"的内在机制，如何研究专家型教师的思维特质，诸多问题都有待我们深入研究。

一、 专家型教师个案的选取

本文在已有研究的基础上，尤其以杜威在《我们怎样思维》一书中对"反思"的界定（"反思"就是对某个问题进行反复的、严肃的、持续不断的深思），以及所提出的"反思"必备的态度（开放性、专注性、责任性）为理论基础，以专家型教师为个案，以与其进行深度的专业交流所获得的第一手材料为立论的原始素材，归纳概括专家型教师的思维特质。

本文选择小学数学特级教师华应龙为研究对象。华应龙现为北京第二实验小学副校长，从一名乡村教师成长为全国知名的特级教师，他最痴迷于"琢磨"课堂教学，在全国范围内设计并执教了很多有影响力的研究课。笔者与华应龙老师有很多深度的专业交流，共同备课、进行课堂教学研讨，以论文形式点评了广为小学数学教师熟知的研究课近十节，如"圆的认识""角的度量""分数的再认识"等。本文以这些研究课所积累的材料尤其是备课过程中华老师提出的"问题"为质性研究的原始材料，使用 H. Wolcott 提出的"转化质性材料"的策略：先对原始资料进行"深描"，通过细节呈现本质和文化回声；继而对资料中隐含的有据可依的主题、特征以及主题之间的模式化规律进行分析，将它们系统、有序地呈现出来；最后对资料的意义进行解释，达到理解的目的。

笔者用这种质性研究的方式归纳专家型教师的思维特质，难免挂一漏万，但相比宽泛地、思辨地论述专家型教师的特征，可能更为具体、深刻。

二、 专家型教师思维特质分析

教学就是一个不断做判断、不断做决策的过程，教学离不开教师的思维，研究教师的思维特质，最好从课堂教学研究入手，以在研究课堂教学过程中深思的"问题"为切入点，从教师思维的内容、方式（包括思考问题的习惯）两方面概括出专家型教师的思维特质。

（一）专家型教师思维内容的特质

专家型教师思维内容的特质是其善于追问两类"基本问题"：一是教育的基本问题，即教育的价值到底是什么；二是学科教学的基本问题，即学科的本质与结构的内涵与来龙去脉，以及学生是如何理解和学习的。

1. 始终思考"教育到底要给学生留下什么"

专家型教师一个核心的思维特征，是在教学全过程中始终思考"教育到底要给学生留下什么"，而绝不仅仅是知识、技能的教授，甚至问题的解决。

2008年6月，华应龙老师的跟腱不幸断了，这使他不得不暂别课堂。但他说：我收获了思考的闲暇，我思考"究竟什么是教育？""小学数学教学的目的究竟是什么？""自己的课堂魅力究竟在何处？""教师在课堂上的功夫究竟是什么？又如何在课堂上恰到好处地彰显'人师'的价值？"……

哪怕是一个"小故事"，也会引发他思考"教育到底要给孩子留下什么"。华老师曾记录了发生在一次研究课的课前交流中的一个故事：

学生：我叫董思诚，今年11岁，生日是8月9日，星座是狮子座，天天都过得很快乐，虽然成绩不算太好。（全场大笑，学生们更是笑得前仰后合，听课老师们也报以热烈的掌声。）

我笑着问："董思诚，老师们为什么给你这么热烈的掌声？"

一个学生抢嘴说："诚实——"我说："还有吗？"另一个学生笑着、抢着说："不怕丢丑。"（全场又笑了。）我接过话头："董思诚，听了你的介绍，我想到爱迪生上小学时，成绩就不好；爱因斯坦上小学和中学时，成绩都不好。"

这时，另一个小女孩不高兴地说："老师，您这不是打击我们成绩好的吗？"

……

面对不同的学生，华老师一直在思考：成绩优秀的学生不一定能成才，成绩不佳的也有可能成才，这是因为人生成功最关键的因素与学习成绩无关，但是他又追问：既然成绩优劣都能成功，那学生为什么还要苦学？华老师认为：苦学是一种儿童游戏，表面上看是为了考试成绩，实质上是为了达成一个游戏目标，体味和补充人生历练，积淀为目标而不懈拼搏的精神元素。

教育到底要留给学生什么？华老师说：应该有心态，有思维方式，有行为习惯……更重要的是留下自信、豁达、谦和、大度、宽容、纯朴、睿智、坚韧、冷静。对待学生的思维成果，华老师不是着眼在对还是不对，而是着眼于有价值还是没有价值，价值是大还是小，是现时价值还是长远价值。

善于随时随地追问教育的基本问题是专家型教师的思维习惯与思维特质。

2. 整体把握并追问学科的本质与结构

华老师在教学时最愿意追问的是学科基本概念、思想方法的来龙去脉，即学科的本质与学科知识的"深层结构"，而不满足于知道学科概念的定义、操作技能等"显性知识"。正如 Sternberg 所说，专家型教师的第一个核心特征就是：拥有高度组织化的"块儿"状知识结构，善于表征知识的"深层结构"。

在做研究课时，他最常说的是：我们设计一节课，主要考虑两个问题，一是教什么，二是怎么教。最根本的是要考虑"教什么"的问题。内容决定形式，教什么首先是因为需要教。做正确的事比正确地做事重要，而找准问题，才能做正确的事。

如在准备"角的分类"一课时他就提出了许多问题：研究角分类的价值何在？尤其对于生活的应用和后续学习的作用何在？角分类的标准是直角吗？为什么以它为标准？角还有其他形式的分类吗？第二学段"角的分类"，与二年级相比的生长点在哪里？如何增加角的分类的现实性？角的分类能与其他什么内容结合起来？角的分类有什么数学文化吗？……

这样的"问题"层出不穷，在后面"角的度量"以及"圆的认识"两课的研究中，我们可以更清楚地看到，正是因为华老师追问清楚了"角的度量"以及"圆的认识"的本质，两节课的教学才更有实效。

(二)专家型教师思维方式的特质

1. 专注与执着：长时间地研究一个问题

专家型教师更能保持对环境的敏感性，他们能够"看到"和"解读"那些日常教学情景中的问题，更重要的是，能够专注、执着地长时间研究这个问题，即不断从各种途径中寻求新的知识，以探索和实验的方式解决，也愿意在更高层次上重新表征问题，投入实践探索中。

杜威说：有了疑难的状态，也有了先前的经验，能够产生一些思考和联想，还不是反省思维。因为人们可能对观念没有加以充分的批判。人们只有心甘情愿地忍受疑难的困惑，不辞劳苦地进行探究，才可能有反省思维。

由此可见，普通教师与专家型教师思维的本质区别即在于，普通教师往往"既不能承受判断时的困惑，又不愿做出理智的研究，只想要尽快地获得结论"，而专家型教师则"愿意继承和发扬怀疑精神，以便更专注、更彻底、更深入地探究，不会轻易地接受任何信念或得出武断的结论"。

华老师说：每每备课，我都会深入挖掘教材，学习它，研究它。华老师剃须、吃饭、走路时都对它念念不忘，有时为了它废寝忘食。例如，在研究"角的度量"一课时，他经过不断思考和追问，认为该课的教学难点是学生"找不到量角器上的恰当'角'"，因此创设的教学活动应该让学生在量角器上"画角"。但量角器基本上都是塑料的，用铅笔、水性笔都无法在上面"画角"，油性笔虽然可以在量角器上画出"线"，但会影响角的测量。那该怎么办？他又琢磨了几天，一个周六的下午，他打开办公室的复印机，平铺开四个量角器，一按钮，复印出来了"纸量角器"，在这上面，学生随便用什么笔都能"画角"了！

华老师就这样创造了"纸量角器"，他让学生先在"纸量角器"上"画角"，然后再量角，之后再问学生："量角器上画了角，你就能看到角；不画角，就看不到角了？那就相当于，一个人穿着马甲，你就认识他；他把马甲脱了，你就不认识了？"通过系列"画角"和量角的活动，学生感悟出："量角其实就是把量角器上的角与要测量的角重合。"因此，无论给出多大的"角"，无论怎样摆放的"角"，学生都会测量，其关键是感悟出了测量角的本质。

《管子》中说："思之思之，又重思之，思之而不通，鬼神将通之。非鬼神之力也，精气之极也。"只有彻底投入，才能进入佳境，出神入化。而投入的过程，往往十分痛苦。要多大的毅力、多严明的自律，才能勒住意念的缰绳？半点消极怠工都会让你前功尽弃！因为那涅槃般的极致快乐就在认真单纯的求索后面，就在那必不可缺的苦头后面。

2. 批判与超越，敢于突破思维定式

专家型教师的特点就是敢于"没事儿找事"，敢于突破思维定式，敢于发现"问题"，敢于质疑自己或他人的教学经验，具有研究自己教学实践的开放心态和技能，敢于在教学实践中检验或修正已有的教学成果。他们正是在这种不断质疑、批判、探究中超越自我，实现教学中的创新。

是否敢于质疑和批判，是否愿意并有勇气超越自我，是普通教师与专家型教师的另一个本质区别。华老师经常说：找准问题，实际上就是要在无疑处有疑，要突破思维定式，不迷信书本和权威，不受现成结论和传统观念的束缚，不人云亦云，多问几个"为什么"，自己独立思考并持续地思考，不弄清所以然绝不罢休。

在研究"分数的再认识"一课时，华老师质疑自己的经验，质疑教材，更质疑"传统"：

"单位'1'"的概念究竟要不要揭示？"1"是重要的计数单位，是学生所熟悉的。没有"单位'1'"这一概念，对学生后续学习有没有影响呢？我们是否也该思考：学生不能很好地解答分数问题，是不懂得"单位'1'"，还是不明白分数的具体意义，不具有单位意识，没有分数思维？以前的先找"单位'1'"的解题步骤，表面上是找到了"单位'1'"，实质上是不是在让学生回头再看看题目，去理解分数的意义？看来，"单位"是重要的，"1"是重要的，"单位'1'"是不重要的。可以不讲"单位'1'"，但要重讲"分数单位"。

正如波拉特和斯卡达玛丽所言：专家型教师常常为自己设计稍稍超出自己现有行为范围的目标，人们正是在其"能力极限的边缘工作"时发展了自身的"专家知能"（教学专长）。如果总是把"问题"降低到可以运用学过的模式和程序来解决，就会使人停滞不前。该观点的实质即专家型教师必须要去批判、质疑，在行动中敢于超越经验，敢于超越自我，不满足于自己的成就。

三、　专家型教师思维特质形成的内在动力

质疑、批判、超越自我，专注而执着地研究一个问题，使得专家型教师"永远在路上"，永远在追问、探究中，这也是专家型教师思维方式的重要特质。如徐碧美所说：专家型教师不是"状态"而是"过程"。那么是什么激励着他们不断追寻、不断探索呢？

(一)纯粹的兴趣带来思考的激情

肯特·基思在《似非而是》一书中说：假如你能找到人生的意义，而无须这外界的掌声，那么你就自由了。专家型教师的思维特质是否也是在"无须这外界的掌声（纯粹的兴趣）"中形成的？

华老师曾说：我执教小学数学 25 年，很多小学数学教材上了一遍又一遍。可是，每每备课时，我总喜欢问："为什么要这么教？""真应该这么教吗？""还有没有更好的教法？"课备完后我常常会有种冲动，就像制作了一件特别神秘的

礼物急欲和学生分享。我保持着对课堂的好奇，只要一踏进课堂，我就"没办法来抵抗"课堂的魅力，"就像我们年轻时，喜欢漂亮的女孩子一样"。我一直认为，学生具有无限的可能性、课堂具有无穷的魅力，是一个谜，我饶有兴致地使出浑身解数来解谜。

正是对课堂教学研究的这种纯粹兴趣，激发出对课堂教学以及教学研究的激情，才能有其独特的思维方式。华老师在研究"角的度量"时就是这样工作的：有一天，我关灯睡觉。睡了一会儿，突然想到了白天琢磨的那个问题的解决办法，我开灯，把它记下来。记完了，关灯再睡。睡一会儿，又想到了，再开灯记，记完了关灯。再开灯，再关灯……我突然想，我家的床头灯不就像萤火虫吗？这样的状态是不是激情状态？人在激情状态下，想不创造都难。

(二)体验到自我实现的成功感

形成专家型教师思维特质的第二个内在动力是他们时刻体会到当教师的快乐、尊严与价值。

正如华应龙所说：我不认为自己是"勤奋""刻苦"的，我是在享受幸福，享受自己的全情投入，享受数学对我的青睐有加，享受生活对我的无微不至。

教师产生职业幸福感的源泉是什么？就是对学生无私的热爱。它是教师教育教学的动力源泉，是教师体验当教师的幸福的源泉。正是基于这种爱，教师才会把"当教师"作为一种事业来追求，而不仅仅是养家糊口的饭碗。

有了这种职业幸福感，教师才会有生活、工作态度的转变：诙谐、幽默、乐观的生活态度，必然产生愉悦、和谐、轻松的课堂氛围，必然影响教师的工作态度，而态度的转变又必然提升教师的职业幸福感，由此形成良性循环。

需要补充强调的是，教学方面的专家不等于其他领域的专家。徐碧美在谈及"专家知能"时提出"专家知能具有多样性和分布性"：一位教师也许能形成ESL教学的"专家知能"，但却不一定能在他工作的其他方面，如指导和咨询方面，成为专家。同时，"专家知能"具有分布性，即每个人都具有某种"专家知能"，而不是在方方面面都是"专家"，成长为专家型教师的重要前提是找准自身在哪方面具有"专家"的潜能，以此为切入点持续地探索和追求。

（本文作者系北京教育学院初等教育学院院长）

"金字塔"模型： 破译骨干教师专业成长的"密码"

吴欣歆

"一个民族，一个国家在某些方面取得的成就的大小可以在他们积累、发表文献的数量与质量上反映出来。"基于此，我们希望借助对教师研究成果的研究，破译骨干教师专业成长的"密码"，进而发现并构建其成长模型。为此，笔者基于对一位中学语文骨干教师进行的个案研究，提炼和构建了骨干教师专业成长的"金字塔"模型，通过典型样本访谈验证其合理性，进而探求该模型在教师专业成长中的应用价值。

一、 发现： 一位骨干教师研究成果的特征

目前研究者对教师专业发展阶段的划分不尽相同。钟祖荣将教师的专业发展阶段划分为适应期、熟练期、成熟期、发展期、创造前期和创造后期六个阶段，笔者将后三个阶段统称为创造期。在统计 2012 年北京市中学语文骨干教师研究成果的过程中，L 老师进入了我的研究视野。L 老师有 16 年教龄，2007 年被评为北京市骨干教师，进入熟练期；后开始发表研究成果，截至 2012 年，共发表 56 篇文章。

L 老师的研究成果大致可以分为经验描述、教学设计和反思、案例分析、教学论文和研究报告四类，其中大部分成果属于经验描述或者案例分析（见下表）。从文章的发表时间上看，L 老师有 95.4％的经验描述类文章发表在熟练期；81.3％的设计和反思类文章发表于成熟期；案例分析类文章主要发表在发展期；研究报告和教学论文则是其创造期的主要成果。

表 L 老师研究成果分类统计

成果类型	主要内容	数量	比例(%)
经验描述	教学方法、高考备考方案、教研组工作经验	29	51.8
教学设计和反思	某一篇目、单元或专题的设计或反思	18	32.1
案例分析	结合自身教学感受评价他人的教学案例	6	10.7
教学论文和研究报告	建构理论，阐释对语文教学的认识和思考	3	5.4

由此可以看出，L 老师的研究成果呈现出"金字塔"特征：以经验描述文章为塔基，随着专业发展阶段的变化，发表的研究成果数量逐渐减少，呈现出从现象描述到理论梳理的变化过程。笔者和 L 老师交流这一统计结果时，他表示自己从未关注过成果的类型，他把所有的成果都视为"教学论文"，他认同我的分类方法，表示要重新关注、梳理自己的成长与研究历程。

二、 探究： 一位骨干教师专业成长的核心能力与条件因素

按照 L 老师描述的轨迹，我再次梳理了他的研究成果，认为其中隐含着其专业发展需要的核心能力，在访谈过程中，我进一步探寻 L 老师专业成长的条件因素。

(一)整合信息："我是这样做的"

29 篇经验描述类文章是探究 L 老师专业发展核心能力的重要依据。据 L 老师回忆，每次课后他都撰写"教后记"，记录课堂上的关键事件，有时候是一段精彩的实录，有时候是遇到的问题或产生的困惑。隔一段时间，他会总结这些"教后记"，把同主题的"经验"整合到一起。例如，在《采桑子·重阳》《荷塘月色》《我有一个梦想》《〈呐喊〉自序》《将进酒》的"教后记"中，都涉及借助文本中的"限制性状语"引领学生深入理解作者情感的内容。于是，他将这些"素材"整合在一起，撰写了关于"限制性状语"的论文。

如何捕捉关键事件呢？L 老师直言：那时候我并不知道什么是"课堂关键事件"，完全凭直觉判断，我判断的标准就是课上得顺畅不顺畅。我认为，顺畅也许就暗合了某种教学规律，不顺畅也许就违背了某种教学规律，我将这些顺畅或不顺畅的事件记录下来，相信会在读到某种理论的时候为其找到依据。

L 老师这种凭借"直觉"捕捉关键事件的能力，符合适应期、熟练期教师的特点。"关键事件"即为 L 老师这一时期专业发展的条件因素。

(二)形成解释:"我为什么这样做"

进入成熟期后,L老师发表了很多经过打磨的教学设计和教学反思类文章。这类文章多为"约稿",是在他成功举办研究课或者参加课堂教学比赛获奖后,应某杂志的要求而整理的教学设计。例如,在一次市级研究课后,他发表了研究课的教学设计,确立了高中文言文教学的一般流程,阐释了这一流程的合理性。L老师分析:这些教学设计的发表对我来说意义重大,尽管备课、磨课时,有很多专家、同行指导我,但我常常"知其然,不知其所以然",甚至上完课也不知道为什么要这么做,听专家评课才略略有点感觉。但撰写教学设计一定要能说清楚我为什么要这么做。这时,我才真正开始思考。我对中学语文教学规律的理解就是从这些反思开始的。

L老师的经历是否能够呈现骨干教师成长的一般规律?我访谈了三位与L老师教龄相同、经历相似的中学语文骨干教师。三位教师都表示有过"被反思"的经历,即在教研部门、行政部门或者有关媒体的要求下,为自己的教学设计寻找理论依据。他们也认为"被反思"的过程是理解课程文件相关要求的过程,是明确中学语文教学规律的过程。做过研究课的教师有很多,为什么大多数人没有成为骨干教师?我又访谈了三位在成熟期多次参与研究课但专业成长陷入"停滞"状态的教师,三位教师共同的感受是:上完课就完事了,没有整理出达到发表水平的教学设计,主要原因是不能够清晰地解释设计意图。

上述访谈资料说明,专业期刊"约稿"成为L老师专业成长的一个契机。L老师抓住了这个契机,深度追问,最终对自己的设计意图形成了合理的解释,这种能力的形成和提高是促进L老师专业发展的关键因素。"教学规律"则是L老师这一阶段专业发展的条件因素。

(三)做出评价:"我为什么这样想"

伴随着教学设计的成熟,L老师能够更加客观地分析一节课,能够借助一些理论观点表达自己的认识与思考。例如,在关注高中语文选修课实施的过程中,L老师先后撰写了三篇案例分析。这一时期L老师的案例分析特点非常鲜明,即参照课程改革的理论选取案例,介绍背景和内容,依照自身的教学实践确定讨论案例的框架,深度诠释案例在高中语文选修课推进过程中的意义和价值。L老师回顾这一时期的研究成果,明确地认识到:

那个阶段我的专业发展大大前进了一步,我不仅能够看到自己,能够捕捉自身教学中的案例,而且能够深度观察他人,对照比较。另外,这一时期我初步形成了一些分析框架，虽然比较简单，但对我深入分析案例有很大的帮助。在进行经验描述和教学设计的过程中，我阅读了大量的理论书籍。我先是为自己的经验找理论，后来是依据理论分析他人的经验。这两个过程相互作用，帮助我初步形成了分析框架，在使用框架分析的过程中，我能够按照需要修改框架，使之渐趋合理。

这是L老师专业发展中的关键一环，理论储备帮助L老师从感性的判断走向理性的分析，使其跨越了经验描述和自我观照的阶段，走进了更为广阔的研究空间。大量的理论书籍为L老师的分析阐释提供了知识背景与理论框架，"理论视角"的形成是其该阶段专业发展的条件因素。

（四）建立联系："我认为应该这样做"

谈到发表的论文，L老师表示：有一次，我跟一位做教师培训的老师聊天，她说"您的专业发展又进了一步，因为您有了坚定的信念"。现在，我能理解她的意思了，原来我只是跟大家分享——我是这样做的；现在，我希望能够影响他人——我认为应该这样做。

L老师进行了三年的高中语文选修课实验研究，在教学设计、反思、案例分析方面发表了一些文章。在此基础上，L老师进一步撰写了这样几篇论文：对实施高中语文选修课的核心问题进行深度阐释；呈现自己的教学模式，构建高中语文选修课实施的一般模式；描述表现性评价在高中语文选修课中的运用，构建高中语文选修课的评价模式。至此，L老师将实践过程的各个环节建立起联系，形成了自己对高中语文选修课教学的认识，初步梳理出自己的观点。"教学信念"的确立成为L教师在这一阶段专业发展的条件。

三、 提炼： 构建骨干教师专业成长的"金字塔"模型

（一）"金字塔"模型的基本特征

基于对L老师的个案分析，以及访谈其他骨干教师资料的佐证，笔者认为可以从条件因素和核心能力两方面分析教师研究成果的特点，构建骨干教师专业成长的"金字塔"模型（见下图）。

上述模型具有以下特点：

其一，呈现出骨干教师学习、应用、形成理论的专业发展历程。经验描述是"塔基"，教师在经验总结的过程中逐渐学习理论、探究理论，为教学设计和反思、案例分析提供理论基础。教学设计和反思、案例分析是"塔身"，教师在

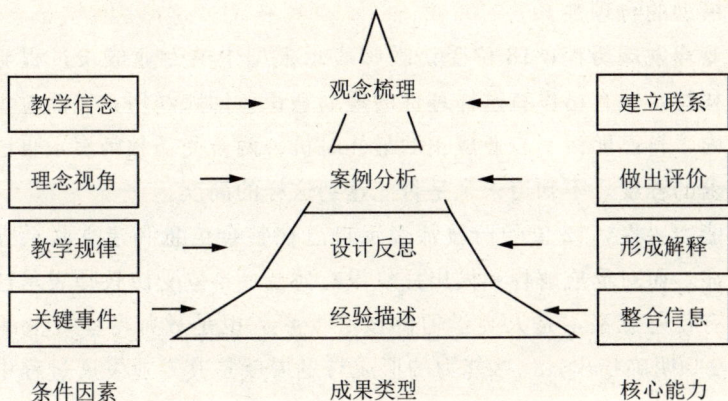

图　骨干教师专业成长的"金字塔"模型

这一过程中运用理论进行分析阐释，逐渐形成理性认识。教学论文是"塔尖"，数量不多，但撰写过程是教师将经验、设计、反思、案例建立联系的过程，是教师以实践为基础，形成理论的过程。

其二，提炼了骨干教师专业发展的核心能力。整合信息、形成解释、做出评价、建立联系四种能力与"金字塔"模型的四项内容有较为明显的对应关系。严格地说，四种核心能力是"套塔形"，是一层套一层的累积形式，每一层都是在前一层次基础上的提高，最高层次的能力能够涵盖前三个层次，但四种能力发展的过程没有明显的分野，而是相互渗透、融合的过程，四种能力与条件因素、成果类型之间也不是严格的一一对应关系。

其三，条件因素是支撑骨干教师专业发展的基础。教师专业成长需要"外显"的支撑条件。捕捉课堂关键事件、探寻一般教学规律、形成理论分析的视角、提炼自身的教学信念，这些条件因素可呈现、可描述，可被视为骨干教师专业成长的载体。

其四，研究成果的层次体现教师专业成长的层次。写作的高度彰显教师专业发展的高度。教师的专业成长是"自下而上"的过程，即从最原始的经验积累出发，逐渐沿着现象探寻理论，走向理论分析现象；逐渐从感性的判断发展为理性的分析，进而在经验、现象、理论之间建立联系、建构教学理论、形成教学信念。

(二)验证：确认模型的合理性

笔者依据区域、学校、学历和性别差异四个因素，从 2014 年新遴选出的北京市骨干教师与学科带头人中，选择了 20 名教师进行访谈，访谈的主题是

"金字塔"模型的合理性。

对于专业发展历程，18位受访教师表示模型中的专业成长过程与自己的成长经历相符，但自己没有这样理性的规划意识，回顾经历，突然意识到在某个时间段内，自己贻误了专业成长的最佳时机。两位受访教师表示自己尚未达到模型要求的程度，不知道未来是否能达到这样的高度。

对于能力要素，12位受访教师表示自己在整合信息和建立联系方面体现得非常明显，而对形成解释和做出评价没有感受。3位受访教师表示这四项能力要素具有普遍意义，是人类学习的核心要素，也是教师专业发展的能力要素。4位教师明确指出，这些能力的形成与发展就是其专业发展过程中的核心部分。一位教师表示能力是综合体现的，不宜划分明显的发展阶段。

对于条件因素，20位受访教师都表示这是模型中最有价值的部分，这些条件因素是促进其"登台阶"的关键，让他们意识到了自己是怎样发展的；如果他们能早些了解这些因素，就会缩短摸索的过程，专业发展的路径就会更清晰。

20位受访教师的观点，初步验证了这一模型的合理性，使笔者基本确认了这一模型的基本特征及其对骨干教师专业发展的引领价值。

（三）应用：为教师专业发展规划提供"路标"

其一，为教师专业成长提供可参考的路径。"金字塔"模型呈现的发展方向具有合理性和可复制性，可以为教师提供科学的专业成长路径。教师可通过研读专业文献补充自身条件因素的不足，将成果类型视为专业成长的"路标"，在不同发展阶段重点发展相应的核心能力。

其二，为教师确定自身的发展阶段、发展方向提供参照。"金字塔"模型提供了划分教师专业发展阶段的新的依据，教师可参照这一模型判断自身的专业发展状况，确定发展的方向与重点。

其三，为教师培训课程设计提供依据。"金字塔"模型基于教师专业发展的实际情况而构建，为培训者为不同发展阶段教师确立培训重点、设计超越现阶段的培训课程提供了相对准确的依据。

（本文作者系北京教育学院教师教育人文学院院长）

校长专业标准与校长核心素养

褚宏启

　　20 世纪 90 年代以来，美国、英国、新西兰、澳大利亚等国家先后建立起校长专业标准，其中有的国家还根据形势的发展，对原来的专业标准进行了修订。2013 年 2 月，我国教育部印发《义务教育学校校长专业标准》(教师〔2013〕3 号)；2015 年 1 月，印发《普通高中校长专业标准》《中等职业学校校长专业标准》《幼儿园园长专业标准》(教师〔2015〕2 号)。各界希望借助校长专业标准提升校长队伍素质，指导校长全面促进学校发展，进而提升教育质量。

　　考察欧美等国的校长专业标准，我们可以发现，其校长专业标准的框架主要由两个维度构成：活动维度和素质维度。活动维度是指"校长的职业角色和职业活动"，明确校长应该做什么。专业素质维度，一般包括专业知识、专业能力和专业精神等。如果说专业知识、专业能力解决的是"会不会""能不能"的问题，那么专业精神则更多地强调"愿不愿"。两个维度交叉后，就得出校长专业标准的框架结构：根据校长的职业活动，确定校长每一种职业活动应该具备什么样的专业知识、专业能力和专业精神，最后得出校长专业标准的各项具体指标。

　　从活动维度讲，我国校长专业标准把"校长的职业角色和职业活动"称为"专业职责"，主要分为以下六种：规划学校发展，营造育人文化，领导课程教学，引领教师成长，优化内部管理，调适外部环境。这六种活动是对校长工作的高度概括，既简明扼要，又系统全面。从素质维度讲，我国校长专业标准从专业理解与认识、专业知识与方法、专业能力与行为三个维度界定校长的专业素质，这与专业精神、专业知识、专业能力三个维度是相互对应的。据此，我国各种校长专业标准对于校长的具体专业要求基本都是 60 条，因此我们可以把我国的校长专业标准简称为"校长专业标准 60 条"。

　　这些专业标准对于促进我国校长队伍的发展至关重要。然而，专业标准所列举的诸多要求，对于校长发展和学校发展的作用并不相同。本文结合当前我国教育发展、学校改进、校长成长中存在的突出问题，阐明当前背景下我国普通中小学校长应具备的三大核心素养，以使校长为数不多的核心素养从 60 条诸多专业标准中凸显出来，便于教育行政部门突出重点开展校长评价考核，便于教育培训机构突出重点开展校长培训活动，也便于校长抓住重点自我认知、自主发展，以促进教育又好又快地发展。

一、 目标管理的素养

任何管理活动的起点都是目标，重点都是评价。没有目标，就谈不上真正的管理；目标出现偏差，管理就会走向歧路。"培养什么人，怎样培养人，为培养人提供什么样的支持"是校长必须关注的三大问题。其中，"培养什么人"最为关键，培养目标不明确，其他工作就会很盲目或出现偏差。

衡量教育管理、学校管理做得好不好，关键是看教育的结果和质量，即学生的发展状况。美国学者威洛尔指出："人们越来越把教育管理视为工具性的，视为实现组织目标和社会目的的一种手段。道理很简单。开办学校的目的是教育学生，而管理正是为此服务的。"在教育管理中，管理是手段，是为教育服务的；而教育也是手段，最终是为学生发展服务的。

在现实中，我们常常看到，理想的教育目标难以达到，理想目标与实际结果存在反差。学生总体发展水平不高，片面发展严重，可持续发展能力不强。以分数为本的教育导致了人的异化而不是人的解放，学生素质不能适应自身可持续发展的要求，不能适应经济社会变革的要求，不能满足国际竞争的要求。

现行的校长专业标准在"规划学校发展"这个专业职责中，对于学校发展目标谈得较多，而对于学生培养目标表述不够。实际上，培养目标是学校发展目标的出发点和归宿，也是落实"育人为本"的关节点和关键点。教育管理必须以正确的发展观、教育观、人才观、质量观为基础。建议将来在修订《义务教育学校校长专业标准》时，在专业职责一"规划学校发展"中，明确提出培养目标即培养什么人的问题，并予以深化和细化。

校长必须明确教育管理的目标在于促进学生发展，具体而言，在于促进学生的全面发展、个性发展、主动发展、可持续发展。全面发展与个性发展是就结果而言的，主动发展是就过程而言的，可持续发展是面向未来而言的。只有树立了这样的学生发展观，并以促进四个发展作为管理的目标，校长的教育管理活动才不会偏离正确的方向。

二、 综合管理的素养

明确"培养什么人"之后，"怎样培养人"和"为培养人提供什么样的支持"就成为关键问题。笔者之所以强调校长之综合管理的素养，原因有三：

其一，教育改革进入深水区，许多问题盘根错节，纠缠在一起，单项改革很难奏效，综合改革势在必行，而综合改革要求校长必须具有综合管理的素养。

其二，影响学生发展的因素很多，必须在管理上综合考虑这些因素，才能有效促进学生的发展。课程设置、教学方法、学习方法、睡眠时间、课业负担、考试评价、教师素质、管理方式、社团活动、家校合作、家庭教育等都会影响学生发展，需要对这些方面进行综合管理。

其三，学校管理也包括多项工作，从管理内容上看，包括教育规划、课程管理、教学管理、经费管理、人员管理、质量保障、督导评价等(《义务教育学校校长专业标准》把校长的专业职责确定为六项)；从管理流程上看，包括计划、决策、执行、控制等多个环节。校长不能顾此失彼，必须统筹考虑这些方面，进行综合管理。

校长的综合管理素养对于推进学校综合改革、整体改进、全面育人至关重要。综合管理实质上要求校长进行整体思维、系统思维、战略思维，从全局把握学校发展，实现包括学生学习方式、教师教学方式、学校管理方式在内的学校发展方式的整体性变革，使学校发展方式从主要依靠财力物力资源投入、时间投入(师生加班加点，牺牲身心健康)、强化考试技能(死记硬背，题海战术)，转向主要依靠课程结构优化、培养方式改善、队伍素质提高、管理方式创新的轨道上来。

三、 现代管理的素养

校长无论是实行目标管理还是综合管理，都应该具有明确的和正确的价值导向，都应该具备现代精神。而现代教育管理是指具有现代精神的教育管理。人们一般把教育管理的科学化、民主化、法治化作为现代教育管理的基本特征。与之相应，校长的现代管理素养是指校长的科学管理、民主管理、依法管理的素养。只有具备这些素养，校长才能被称为现代校长。现代校长的使命是：在学校中实施现代管理，兴办现代学校，培养现代人，为建设现代国家服务。

（一）科学管理：反对主观性和随意性

复杂性日益增强是现代教育的一个重要特征。复杂的教育系统，不能依赖经验管理，不能单方面地采用行政手段，也不能简单地遵照市场规则；而要在遵循教育规律与管理规律的基础上，运用科学的方法进行管理。

科学管理，是指教育管理的科学化或者理性化，是指教育管理的合理性，要求合理规划人力、财力、物力等教育管理资源的分配与使用，用尽量少的消耗，更好、更快地开展更多的工作，以促进教育目标的充分实现。教育管理的科学化，从要素上看，表现为适宜的发展目标、合理的管理体制、完善的规章制度与胜任的管理人员等；从过程上看，表现为科学的决策、有效的执行、及时的反馈与灵活的调节。

科学管理与教育管理的主观性、随意性相对立，管理应该以事实为依据，要"实事求是"，通俗一点讲，就是"讲道理"。学校的改革与发展也要讲道理，不能搞形式、瞎折腾，应该实事求是，校长应该以求实、平和的心态而不是浮躁的心态引领学校的改革。校长在从事管理工作时，应该深入实际调查研究，了解学生心理，尊重教育规律，以科学发展观统领学校的发展，以数据、证据为基础，开展管理活动，促进学校的健康、协调、可持续发展。

科学管理的前提是科学认识。这要求校长要提高自身的研究素养，做研究型校长，对于社会发展、人的发展、教育发展，以及教育发展与人的发展的内在机理等，对于教育管理的目的、内容和方式，要有系统而深刻的认识。校长需要改进自己的思维方式，切实提升发现问题、分析问题、解决问题的能力。

（二）民主管理：反对专制与独断

民主管理与专制独断相对立，是现代管理的基本特征。民主管理是科学管理的制度保障。民主制通过程序的理性化，保障决策的理性化，从本质看，它是一种程序化了的纠错机制和权力制约机制。改革开放以来，尽管我国教育管理民主化进展很大，但学校管理中长官意志、"一言堂"、个人专断等非民主做法仍然大量存在，"大事不商量，小事大商量"的现象并不鲜见。学校管理的民主化依然任重道远。当前，教育治理变革是中小学管理改革的热点，其实质是多元主体参与的民主管理。

校长要充分认识到民主管理的意义，并具备实施民主管理的能力与技巧，重点要做好以下工作：第一，完善集体决策制度。健全校内集体决策规则，完善决策程序，避免个人专断。凡是有关学校发展方向、基本建设、重大教育教学改革和师生切身利益的事项，都要充分听取利益相关者和专业机构的意见，要进行可行性评估，最后进行集体决策。第二，健全师生参与学校治理的制度。健全教职工代表大会制度，充分发挥其民主监督和参与学校管理的作用。扩大教职工对学校领导和管理部门的评议权、考核权，积极探索师生代表参与学校决策机构的机制。第三，建立健全家长参与学校治理的制度。完善中小学家长委员会制度，通过建立班级和学校两级家长委员会，使家长参与、监督学校管理，促进家校合作。

(三)依法管理：反对人治

依法管理学校是法治国家对于教育管理的基本要求，是法治思维在学校管理中的具体体现。教育法治化是教育秩序的基本保证，没有法制和法治，必然产生教育混乱。法治化是科学化和民主化的基石，科学管理的经验和做法、民主管理的规则和程序，都必须通过法治化才能具有强制力，才能成为约束管理行为的强制性规范。因此，通过法制手段、法治思维推进教育发展和教育现代化，是世界各国的普遍做法和共同经验。

依法管理的具体要求是有法可依、有法必依、违法必究、执法必严。法治反对人治，反对个人专制，反对"一言堂"，要求校长在学校管理中以规则为依据，尊重程序，避免长官意志、个人专断所带来的随意性和危害性。校长要做遵纪守法的模范，为全体师生树立榜样。校长要建立健全学校各项规章制度。当前加强现代学校制度建设、运用制度手段管理学校是法治精神的具体体现。在学校层面，以学校章程为核心的学校规章制度体系建设需要大大加强。需要通过制度建设，明确多元主体在学校管理中的权利、义务、职责，明确各主体参与管理的范围、程度，明确学校与教师、学校与学生、学校与家长等之间的关系，明确学校管理中的各种程序性规定。只有这样，才能形成良好的管理秩序，才能大大减低交易成本，从而提高管理效率。没有法治，就没有秩序和效率，"好管理"就无从谈起。

(本文作者系《中小学管理》编委，北京教育科学研究院副院长，北京师范大学教授，中国教育学会教育管理学科学术委员会理事长)

领航使命： 引领中国基础教育走向未来

杨志成

当前，我国正由人力资源大国向人力资源强国、由教育大国向教育强国迈进。构建适应未来人才培养需求的教育方式和教育体系，构建中国特色的现代基础教育体系，不断引领中国基础教育走向未来，需要一大批有思想、有情怀、有担当、有追求的领航者付出更多的智慧和努力。

这些领航者在哪里？如何让领航者更好地完成其使命？2014 年，教育部启动"校长国培计划"中小学名校长领航班培训工作。全国共推荐了 64 位首期领航班校长学员（以下简称"领航校长"），经过双向选择，将其分配到教育部小学校长培训中心、教育部中学校长培训中心、北京教育学院等八个培养基地，进行为期三年的培训研修。这是中华人民共和国成立以来我国中小学校长培训的最高层次的培训班。深入分析当前我国中小学校长成长的时代背景、主要特征、历史责任，有助于我们明确培养目标、厘清培养思路、规划培养路径，从而让这些优秀校长真正成为中国基础教育发展的领航者。

一、 启动名校长领航班的时代背景

启动名校长领航班，是时代和教育发展的必然要求。21 世纪，我国教育进入全面深化教育改革、全面实施素质教育、全面促进教育公平、全面提升办学质量、全面迈向教育强国、全面构建中国特色现代教育体系的关键时期，开启了中国教育发展的新时代。这个时代的教育发展具有以下三个特征。

（一）教育思想的再启蒙

如果说一百年前，现代教育被引入中国，中国开始建立现代学校，实为中国现代教育思想的第一次启蒙；那么，一百年后的今天，中国教育以素质教育为主题，开展的一系列迈向中国特色社会主义现代教育体系的教育变革，可以称为中国现代教育的再启蒙。

中国教育自清朝政府成立"京师大学堂"开始，就进入了现代教育的启蒙阶段。中华人民共和国成立后，中国教育进入快速发展时期，尤其是改革开放以来，中国教育进入了法治化的现代教育改革时期。教育思想再启蒙的重要标志是 1999 年召开的改革开放以来的第三次全国教育工作会议，出台了《中共中央国务院关于深化教育改革，全面推进素质教育的决定》(中发〔1999〕9 号)，标志着中国教育基于人本思想进入"素质教育"的时代。在 21 世纪初期，国家基于教育公平的思想又提出了"均衡发展"的战略，由此开启了中国特色基础教育发展新的时代。

(二)教育哲学的再回归

改革开放前，国家在关注让所有的孩子都有学上的基础上，更多地关注教育的政治性价值。改革开放后，教育逐步走向规范化的制度轨道。但伴随市场经济的发展，教育的经济性价值取向也逐步成为一种思想潮流，导致教育功利化思想严重，过度追求教育的效率，忽略了教育公平和人的全面发展。世纪之交，教育理论界和实践界经过近十年的思想大讨论，最终确定了"素质教育"的战略主题，从此我国教育回归了以人为本的教育哲学选择，回归了尊重学生生命发展、促进学生全面发展和可持续发展的教育价值选择。

(三)教育实践的再创新

教育思想的再启蒙，带来的教育政策的改进与重构，引领了教育领域综合改革的百花齐放。从教育治理的视角看，构建新的教育地图，促进教育均衡发展成为改革的亮点。从课程与教学角度看，全国一张课表、一套教材的时代一去不复返，以校为本、校本课程，校校课不同、人人一课表，正在成为学校课程构建的新方向。从招生考试看，互联网大数据为招生提供了基础平台，考试命题更加贴近学生生活和社会实践，教育公平得到了制度化保证。从学校管理看，教育思想的多元表达，为学校的特色发展奠定了理论基础，千校一面、同质化发展的状态正在被打破。很多学校都充满教育的激情，洋溢着改革创新的活力，展现着独具特色的精彩。

教育思想再启蒙、教育哲学再回归、教育实践再创新的时代，带来了中国当代中小学校长发展的春天。领航校长正是这教育春天中最美的花朵。

二、 领航校长是第四代校长中的杰出代表

回顾中华人民共和国一代代中小学校长的成长，我们可以发现：每一个时

代的特有属性，历史性地区分了不同时代校长的特征。如果说中华人民共和国成立初期的知识分子和军队干部可被称为第一代中华人民共和国中小学校长；那么改革开放初期，那些中华人民共和国成立初期培养的大学毕业生、中等师范毕业生等，逐步走上中小学校长的岗位，则可称其为第二代中小学校长。20世纪 90 年代开始，那批受"文化大革命"影响，没有连续接受系统的高等教育，后期在工作中逐步补学历，从优秀教师职位走上校长岗位的校长，可以被称为中华人民共和国第三代中小学校长。进入 21 世纪以来，改革开放后系统接受高等教育，在工作中逐步成长的一批优秀的中小学教师，走上了中小学校长岗位，这批校长可以被称为中华人民共和国第四代中小学校长。名校长领航班的64 位校长正是第四代校长的杰出代表。这是一批有着何种特殊品质的校长？

（一）领航校长是有思想、有情怀、有担当、有追求的一代校长

领航校长们大多出生于"文化大革命"后期，成长于改革开放初期，受过系统的高等教育培养，具有本科以上学历，又在教育实践岗位经历了 20 多年的历练，具有良好的理论和实践素养。他们有思想，对教育理论与实践有自己的深刻理解和思考；他们有情怀，对教育事业有发自内心的热爱和感情；他们有担当，经历了我国教育从改革开放初期的拨乱反正到 21 世纪的教育变革，是当代中国基础教育发展的弄潮儿；他们有追求，正努力为中国特色教育体系的建立做出贡献。

（二）领航校长拥有成功的教育教学和教育管理实践经验

首期领航班要求每省（自治区、直辖市）只推选两位校长参加，年龄不超过50 岁，因此 64 位校长年龄多分布在 40 岁至 50 岁。这意味着这批校长都拥有近 30 年的教育教学实践工作经验，是各省级教育行政部门推选出的杰出的中青年校长代表。他们已经在本职岗位做出了有影响力的教育教学和教育管理成就，他们将成为中国未来教育的引领者。

（三）领航校长面临一定的理论挑战和学术瓶颈

就校长治校理政的专业理论与实践看，中小学第四代校长普遍存在"有学历、弱专业"的问题。校长作为一个专业岗位，需要教育管理、教育学、人力资源组织与管理、学校经济与管理、教育哲学等方面的专业知识。领航班校长虽然都有大学本科以上学历，但其学历专业主要集中在各学科教育学方面。走上校长岗位后，校长们感觉到学校管理学等专业知识的欠缺。专业理论知识的缺失，将影响这一代校长的专业发展，也将影响我国中小学校的科学治理水平与学校发展方式。

三、 领航校长的历史责任

每一代人都面临不同的历史责任与使命。领航校长作为中华人民共和国第四代中小学校长中的杰出代表,面临的历史责任尤为艰巨。

(一)探索中国特色现代基础教育发展方向

领航校长要勇于创新,善于实践,不断引领中国特色现代基础教育体系的发展。教育强国需要有现代化的基础教育做支撑。同时,中国经济的增长、国际地位的提升需要大批与世界接轨的各领域人才。今天的中小学正担负着培养支撑国家未来经济、社会发展人才的历史使命。这就需要今天的中小学校长从更广阔的视角思考学校的发展,不断引领中国基础教育走向未来。

(二)不断引领和支持更多中小学校优质发展

为了进一步推进教育均衡发展,领航校长要在自我发展的基础上,主动担当,示范引领,辐射带动更多的学校发展。事实证明,领航校长们确有这样的担当。他们有的主动申请到相对薄弱学校工作,有的建立工作室和发展联盟带动更多学校发展,有的开展乡村教育生态研究,为促进教育均衡发展做出贡献。

(三)成为具有国际视野和本土情怀的中国教育家

领航校长要开放包容,不断拓展国际视野,站在世界教育发展前沿思考中国教育问题。中国教育已进入构建中国特色教育学体系、培养中国本土教育家的时代。而领航校长培训是中国未来教育家成长的良好平台,为此领航校长们应立足中国特色、中国风格和中国智慧,进一步拓展国际视野,站在世界教育发展的制高点,思考中国教育实践和中国特色教育理论体系,逐步走出有中国特色的现代教育之路。

四、 领航校长的培养路径

基于领航校长的历史责任和教育部领导的要求,各培训基地都为领航校长培养打造了系统、专业的培养路径。笔者主要以北京教育学院基地的培训方案为例,探讨领航校长培养的基本思路与实施路径。

(一)明确培训定位:理论与实践结合培养中国未来教育家

我们要按照中国未来教育家的目标培养领航校长,就需要培训机构在现有基础上，进一步分析领航校长的理论与实践短板，在培养过程中逐步弥补提升。为此，各培养基地根据教育部的统一要求，为每一位领航校长都配备了一位理论导师、一位实践导师，结合领航校长的成长经历和需求进行有针对性的指导。同时各基地为领航校长们编制了理论与实践相结合的培训课程，引领校长们进一步提升对教育理论与实践的理解，逐步形成自己的教育理论体系和实践风格。

(二)加强理论指导：在与历史和哲学的对话中提升校长思考力

根据名校长和教育家的目标要求，领航班校长要志存高远，具有远大理想；要丰富学识，具有教育思想。其中最为重要的就是要具有教育历史观和教育哲学观，在深厚的历史积淀基础上坚定远大的教育理想，在丰富的哲学素养基础上形成自己的教育思想。为此领航班培养基地为校长们专门设计了理论提升课程内容和阅读计划，尤其加强了基于历史和哲学的教育反思性课程，提升校长教育理论与实践的反思力。如通过中国现代教育史的学习，理解当前中国基础教育所处的历史阶段；通过教育哲学系列通论的研读，培养从教育哲学视角思考教育实践的能力。

(三)拓展实践视野：在系列访学中助校长领悟办学真谛

当今世界教育变革呈现多元化的趋势。领航校长应具有教育比较的意识，善于在纷繁复杂的教育样态中进行比较研究，找到教育的通行范式。为进一步拓展领航校长的教育视野，培养基地开发了系列实践访学课程。北京教育学院安排的中国现代教育历史寻根之旅，通过参观京师大学堂旧址、北京师范大学附中(前身为中国第一所现代意义基础教育学校)等代表性学校，让领航校长亲身感受中国现代教育的发展之路，坚定为中国教育发展贡献力量的决心和信念。

(四)优化研究方式：在行动研究中帮校长明确办学特色

行动研究是领航班校长们成长的重要过程。为此每位校长要结合办学实践和理论学习，选定一至两个研究课题开展行动研究，形成自己的办学特色。如北京教育学院基地安排校长们参加了国际教育与国际学校比较课程、学校组织变革比较课程、学校空间设计比较课程等比较教育研究项目，不断丰富校长们的办学视野，在辐射带动中帮助校长发挥引领示范作用。

(五)扩增培训效能：支持校长辐射带动更多学校发展

领航校长在自我提升的基础上，还要开展在当地的示范引领工作。为此，根据教育部统一部署，各省级教育行政部门为每位领航校长成立了一个领航校长工作室。领航校长培养基地为各个领航校长工作室提供学术支持和专业引领。目前，全国建立了 64 个名校长领航工作室，辐射带动了全国约 400 所学校和 400 位校长，实现了领航校长培养的效能扩增。

名校长领航班是中华人民共和国成立以来最高层次的校长培训项目，也是新的历史时期我国校长高端培训的新探索。接受这样的培训不仅是挑战和荣誉，而且是责任与使命。我们期待领航校长继续努力，为引领中国基础教育走向未来，为成为具有中国特色、中国风格、中国气魄、中国智慧的基础教育管理专家而不懈求索！

（本文作者系北京教育学院副院长）

从边缘走向中心：为"80后"管理者画像

柴纯青

　　"80后"正在"走向中小学校管理的前台"。"80后"中小学校管理者有什么特点？他们会给中国基础教育的发展带来什么样的变化？在"80后"中小学校长日渐增多的今天，我们有必要对"80后"管理者进行更为深入具体的研究。

　　我们选取了江苏、浙江、北京、广东四个省市的156名中小学"80后"（由于在1978—1989年出生的中国人是在一个基本相同的环境下成长，因此，本研究将1978—1989年出生的人都界定为"80后"）管理者（以下简称"80后"）进行问卷调研，对其中29名校长、副校长进行了深度访谈。在156人中，男52人，女104人；有47人担任校长、副校长，超过总数的30%，其余是学校各岗位的中层管理者；来自农村学校的占总数的53.0%，来自城镇的占34.0%，来自城市的占13.0%；来自中学的有31人，来自小学的有89人，来自九年一贯制学校的有36人。从取样情况来看，成为校长的"80后"数量还不多，大城市更明显少于其他地区。

一、　"80后"的总体代际特征：在"世故"基调中寻求开放与自主

　　在"80后"的成长过程中，有几大关键词——改革开放、独生子女、网络普及，这对他们的性格产生了重大的影响。"80后"精神品格总体表现为开放、自主，"不喜欢把所有的东西都与伟大的理想联系在一起"，不相信大道理，敢于质疑，有激情和行动力，但容易情绪化，缺少坚持。

　　充满矛盾的成长过程，让"80后""对成长过程的总体感受"是自信与自卑同时存在：受访者中，"优越感较强，很自信"的只占8.9%，"比较自信"的占54.9%，"不够自信也不自卑"的占25.9%，"比较自卑"的占10.3%。

　　与质疑、开放和自主等精神品格相比，"世故"成为"80后"身上的一种文

化烙印，约束了他们精神品格的发育。在"80后"身上，我们看到谨慎与开放、顺从与自主同时存在。他们的这种特性，将对社会变迁产生一定的影响。在社会学家看来，世代形成带来的代际冲突是社会变迁的根本动力之一。

二、去边缘化：寻求"这一代"的独立价值

对"80后"的调查和访谈表明，他们在进入中小学管理舞台的过程中还表现得比较"青涩"，但他们正在努力改变这一现状，这是一个"去边缘化"的过程。"80后"在强调自己的责任感和创新能力的同时，更看重自己的管理风格和基本理念。如果说此前他们更多的是用行动来表明自己的代际存在的话，那么，现在，他们越来越多地表现出对"这一代"的独立价值的追求。

（一）工作状态：有较强的责任感，但对管理岗位的适应不够

1. 敬业，有较强的责任感

年龄最大的"80后"已工作15年左右，职业状态趋于稳定。问卷调查表明，"80后"能较好地履行自己的职责。74.2%的人"没有换过任职学校"，"换过一次"的占16.9%，"换过两次"的占4.1%，"换过三次以上"的占4.8%。在换过学校的人中，66.0%是因为"公办学校间调动"，34.0%是因为"个人生活需要"。大部分"80后"是在同一所学校内从教师工作岗位逐步走上管理岗位的，有着较好的一线工作经验。

在学校管理岗位上，他们表现出良好的敬业精神，有着较强的责任感（见表1）。

表1　"80后"对自己工作状态的评价（%）

	非常	比较	一般
对现有工作的热爱程度	49.2	48.4	2.4
对自己学校的关心程度	75.2	24.8	0
对现有工作的投入程度	53.0	45.0	2.0

2. 管理角色转变尚未完成，工作状态不够稳定

"80后"成为学校管理者的时间多数不超过五年，而成为校长或者副校长的时间基本都在两年内。这导致他们的角色调整与适应尚未完成。

尚未适应管理岗位影响了"80后"的职业目标。受访者中，希望成为"好校长"的只有14.4%，希望成为"教育官员"的占15.2%，而希望成为"好教师"的

则占到 62.4％，也有 8.0％的人的职业目标非校长、教育官员和教师。这一数据让人感到，"80 后"的心思还在教师岗位上，他们在准备不足的情况下就被推到了前台，还没有适应自身角色的变化。

因此，在当前的管理岗位上"充分发挥"了才能的受访者为 22.1％，"基本发挥"的有 75.8％，"体现不出来"的有 2.1％。一些受访者的职业成就感不强，认为自己"目前工作的成就感""非常强"的仅占 13.2％，"比较强"的有 62.0％，"一般"的有 24.8％，"几乎没有"的为 0。在回答"自己为任职单位做出的贡献"时，表示贡献"很大"的只有 5.6％，"比较大"的有 56.8％，"一般"的占到 33.6％，"比较小"的有 4.0％。后两者相加，总数接近四成。

在对"工作状态的稳定程度"的评价中，34.5％的人认为自己"非常强"，62.1％的人认为"比较强"，3.4％的人认为"一般"。有几个因素与他们的工作状态相关联：一是有 22.0％的人"不太安心"现有岗位。调查表明，还有 8.0％的人希望跳出教育行业。二是由于样本中来自农村的"80 后"比较多，他们希望跳出农村学校，这也影响了他们工作状态的稳定性。三是"80 后""容易情绪化"，激情来的快，去的也快。

3. 职业疲惫感严重

"80 后"进入管理岗位不久，就"时常感到身心疲惫"的占 74.0％。在这种"疲惫"状态下，6.5％的人认为自己"偶尔迟到早退还觉得无所谓"，5.7％的人"在上班时间偶尔干非工作的事"，4.1％的人有"故意拖延工作"的情形，4.8％的人有"推诿责任"的情形，4.9％的人甚至"不愿意干活"。

通过访谈我们发现，学校要应付的各种行政事务太多是造成"80 后"疲惫感严重的重要原因。

(二)能力分析：总体不错，但有明显弱项

1. 各项能力总体不错

对于自己工作能力的总体评价，12.1％的受访者认为自己"很强"，"较强"的有 71.6％，"一般"的有 16.4％，"力不从心"的为 0.9％。对于管理者应该具备的基本管理能力，平均有超过一半的人认为自己各项业务能力能打 4 分（满分为 5 分）。53.0％的人认为自己的"管理绩效"也达到了 4 分的水平。

2. 心理素质是影响职业能力的第一因素

对于工作中存在哪些"表现不足"的问题，"80 后"在"吃苦精神、心理素质、沟通技巧、接纳包容、合作精神"等有 12 个选项的多选题中，认为自己在

"心理素质"方面表现不足的人最多，占 23.9%。分别只有 2.8%、1.7% 和 2.8% 的人选择"吃苦耐劳""自我管理"和"接纳包容"。我们希望，这些品质能在一定程度上弥补"80后""心理素质"的不足。

3. 认可自身的创新能力

创新能力关系到学校未来的发展。有 19.6% 的"80后"愿意在既有框架内"主动尝试创新"，33.5% 的人在已有框架内"想办法改变"，14.7% 的人认为工作"还是稳重一点好"，另有 32.2% 的人"敢于打破固有模式"。在不改变已有框架的前提下寻求改变的人相对较多，这与"80后""谨慎""顺从"的代际特征可能有较大的关系。

"80后"比较认可自己的创新能力，对意志力和情绪管理能力认可度更高（见表2），这明显不同于一般的社会评价。我们倾向于认为，承担管理责任有助于提高"80后"的信心。而他们明显的弱项是"审美情趣与欣赏水平"，这个弱项有可能成为他们今后管理创新的局限。

表2 "80后"创新能力自评(%)

	很强	较强	一般	较差
关注新事物	15.0	62.0	22.0	1.0
变通能力	13.0	52.0	30.0	5.0
开创能力	8.0	48.0	36.0	8.0
意志力	20.3	65.3	14.4	0
情绪管理能力	11.9	62.7	17.5	7.9
审美情趣与欣赏水平	7.5	40.0	44.2	8.3

(三)管理风格：民主管理成主流

与"60后""70后"不同的完全在改革开放的大背景下成长的经历，使自由、民主等思想渗入"80后"的头脑。这可能重塑中小学校的管理风格。

1. 对同代教师有比较高的认可度

表3 对同代中小学工作者的评价(%)

	非常高	比较高	一般	比较低	非常低
对教育事业的热爱程度	20.8	71.2	8.0	0	0
对教育的责任感	16.0	72.8	10.4	0.8	0
做事的认真程度	21.8	70.6	6.7	0.9	0

从三个评价项目之间的内在关联来看，"80 后"对他们的同代人有着共同的认识。这种认识是民主和尊重等管理风格形成的重要基础(见表3)。

2."走进去"是融洽教师间关系的重要途径

调查表明，"80 后"更愿意将自己作为教师的一员。他们愿意"走进"教师。"走进去"的基本方式是与教师进行思想交流。交流次数"很多"的有 24.6%，"比较多"的有 65.1%，二者相加达到 89.7%。而"不太多"的有 9.5%，还有 0.8%的人表示"几乎没有"。

(三)"民主和尊重"是建设团队的重要理念

调查表明，在"如何带领教师队伍"的问题上，64.9%的"80 后"认为要"靠文化价值引领"，16.0%的人愿意和教师"商量着来"。当然，还有 13.0%的人认为要"恩威并重"，6.1%的人认为要"靠行政命令"。

"80 后""崇尚平等和团队精神，容易配合，不计较名誉得失""更注重扁平式和平行沟通""多看彼此的闪光点，强调从别人角度看问题""倡导鼓励教师参与学校管理"。这表明"民主"是实现文化价值引领的核心内涵。

(四)政校关系处理：注重变通与调和

有 85.4%的人认同"工作让领导高兴是应该的"的观念，甚至有 7.3%的人认同"为了让领导者喜欢，说些违心的话也没关系"的做法。这是"世故"代际特征的表现。

他们处理政校关系的办法是变通与调和。当"不认可行政部门要求"时，28.5%的人愿意"听从安排"，64.2%的人表示将"坚持自己的看法，也有变通策略"，"比较被动地坚持自己的看法"的有 7.3%。访谈表明，"80 后""不是一味地遵从上级指示"，而是"思考行政命令是否有意义，是否有操作性"，然后"会创造性地完成"，因为自己"领悟命令的能力好"。也有部分人表示，自己"不会去看管理者的脸色，猜测他们的想法，并修正自己的处事方式"。

"80 后"确实是很矛盾的一代。传统的社会秩序对他们有着非常强的约束力。"80 后"希望摆脱与行政部门建立"信任与被信任""理解与被理解"的关系，就像他们对待自己学校的教师一样。

(五)教育观念：偏于保守，期待变革

为了解"80 后"的基本教育观念，问卷列举了近年来 11 个教育热门话题，请他们对其中的观点进行判断。结合访谈，我们可以看出"80 后"在师生关系、教育改革、教育多样化等方面的基本认识。

1. 主张创建民主、关爱、重视学习过程的学习环境

例如，针对"江苏启东某学生在国旗下讲话批评教育现状，学校不关麦克风，不'秋后算账'"这一话题，"80后"表示"非常赞同""赞同"的比例相加高达82.5%。这表明，"80后"尊重学生的表达自由，包容学生，认同该学生对教育现状的批评。

"80后"认为，课堂应该是师生共同营造的"民主和自由的教育环境"，他们关注学生的动态生成，倾向于以独立创新的方法让学生领会内容，从而实现生命成长。

2. 略显顽固的道德洁癖

例如，对"李天一事件后，大家对其家庭教育进行批判"这一案例，83.2%的受访者"非常赞同""赞同"对李天一的家庭教育持批判态度。可见，"80后"对传统道德伦理的维护非常坚决。

3. 在制度困境中挣扎

对更多学生放弃高考、低龄留学、吴涛批判复旦并退学、在家上学等案例，我们发现，平均约70%的人表示"不赞同"和"很不赞同"，这是一个非常高的比例。可见，"80后"总体是保守的。他们在"谨慎"中追求开放、在"顺从"中期待自主的代际特征，从他们对教育多样化发展的态度中可见一斑。

三、 分析与反思："80后"会给未来中小学的发展带来什么

访谈表明，"80后"学校管理者对待教育改革是积极的。受访的"80后"校长认为，上代人曾经表现出对他们的失望情绪，他们对此有着深刻的记忆。因此"80后"校长们希望自己表现得足够好，以证明"我们能行"。

(一)比较一致的学校发展愿望

在"80后"看来，学校应各有特色。对学生发展方向的期望，应该从"弄懂学会"向"动手创造"方向发展。学校的管理总体上应该实现"以人为核心"的"民主管理"，带领教职工"形成共同愿景"；要"改革评价制度"，以"激励创新"，实现学校的未来变革。

(二)民主管理将逐渐改变学校管理权力运行的方式

民主理念与"80后"浑然一体。在"80后"管理者日渐增多的中小学校管理领域，我们至少会在以下两个方面看到明显的变化。

1. 管理分权将成为常态

"80后"认为，学校分管领导的权力将更加完整，此后的学校变革行动将更加考验分管领导的自主推进能力。在他们看来，上一代管理者对于分管领导不仅交代任务，还会告诉他们如何去做。"80后"认为，如何做是分管领导的事，他们会过问，但不会强制施加影响。

2. 核心权力的民主协商将成为常态

在"80后"看来，上一代管理者非常看重人权和财权，而他们将会把这些权力置于全校民主协商的范围之内，根据协商结果执行。

(三)新技术应用于教学的速度将更快

"80后"是最早尝试将网络等技术应用于教学的一代教师，这与上一代有着明显的不同。"80后"更愿意利用网络等新技术和新元素实施教学，采用新型的教学方式。这些新技术还被他们应用于与家长的交流。

(四)善于在行政权力格局中寻找学校发展资源

尽管现在很多行政领导的行事风格让"80后""敬而远之"，但他们在"顺从"中寻求自主的特征使他们会选择更多的"变通"办法，即"善于将自己学校的一些发展思路与上级部门积极主动沟通"，目的是"争取支持"，尤其是要"取得行政部门的信任与肯定"，以"办好心目中的学校"。或许，等到"80后"主管教育行政时，这个格局会有更大的改变。

（本文作者系《中小学管理》杂志社社长）

我看真实的优秀校长的核心素养

程红兵

2013 年 2 月,教育部印发了《义务教育学校校长专业标准》;2015 年 1 月,印发《普通高中校长专业标准》。研究制定这些标准的初衷是好的,但是在这样的标准中,我们看到的大多是抽象的概念、条条框框的说明,看不到活生生的、有血有肉的校长。在这个问题上,我主张讲述"真概念",讲述鲜活的、有意义的理想校长,讲述校长的真实修为。那么,我心目中理想的校长应该是什么样子?换句话说,我心中一个真实的优秀校长应该具有哪些核心素养?

我曾经做过十多年的学生,作为学生,我希望校长是一个和蔼可亲的邻家大伯。他总是微笑地望着我们,从不厉声呵斥我们,从不跑到家长面前告我们的状,从不把期中、期末考试分数挂在嘴边,从不把我们的分数排名张榜公布,从不把处分、开除作为对待我们这些经常顽皮的孩子的手段。我们有事无事时,都可以找他聊天;我们心中有烦恼时,可以找他倾诉;我们遇到困难时,可以找他帮忙;我们若有心仪的人,可以请他参谋;我们若有开心的事,愿意与他分享。每天早上上学的时候,我们都能看到他在学校迎接我们;每天傍晚放学的时候,他总会目送我们离开学校。当我们偷偷养的小宠物不被妈妈所容、被赶出家门,带到班级后又被班主任发现、被赶出教室时,校长看到了,会二话不说,就让宠物在校园里安家,并让生物老师告诉我们如何当好宠物的"爹地""妈咪"。当我们的成绩在初中阶段遥遥领先,而步入高中后却每况愈下时,他会把我们领到海边,看波澜壮阔的大海,看一浪高过一浪的海水,看高远的天空。当校外的一些人欺负我们的时候,他会一反温文尔雅的常态,大声呵斥他们,挥动铁拳,毫不犹豫地砸向他们。当毕业很多年之后,我们还盼望着回到母校,看看他的白发是否平添了许多,额上的皱纹是否深刻了许多,脚步是否依然矫健,身子是否依然硬朗,声音是否依然洪亮。他,就是那个让我们终生牵挂、永远难以忘怀的校长。

　　我曾经做过三十多年的老师，作为教师，我希望校长是一个经验丰富的智慧导师。当我刚刚走上讲台的时候，他总是默默地坐在教室的最后一个空位上，听我讲完课之后，便把我叫到一旁，和我一起回放这堂课，一起切磋分析，给我许多善意的批评和实用的建议，让我感动许久，盼着他第二天再次走进我的教室。当我作为一个中年教师，为自己进入瓶颈状态不知如何是好的时候，他总是现身说法，回忆自己当年相似的情形，讲述他曾有的烦恼，以及如何找到新的生长点。当我踌躇满志准备申报特级教师的时候，他一方面很欣慰，另一方面会善意地提醒我答辩时都注意些什么；如果一时兴起，他也许还会充当临时答辩委员，为我来一次模拟考试、模拟答辩，让我信心百倍地走上人生重要的考场。当我们取得了一点小小的成绩，受到肯定或表彰时，他一定会在第一时间向我们贺喜，向全校老师贺喜，笑容里充满着由衷的喜悦。当我们步入老年，记忆力大不如前，一不小心也会在课堂上犯一些低级错误，面对学生在"教师评价问卷"中毫不客气的批评，我们自己却不以为然的时候，他会很诚恳地和我们聊他自己一次次的过失、一次次的遗憾和一次次的反思，直到我们最终明白他的苦心。当我们退休之后，说起最想聊天的对象，总会不约而同地想到校长，想到那个自诩是我们小弟的校长，而他也会与我们把盏品茶，共话当年一起教书时那些细碎的琐事和那些让人忍俊不禁的逸事，然后一起开怀大笑……

　　我曾经做过十年校长，作为校长，我希望校长是一个身正为范的同行知己。我很希望我们的校长都有一种正直的品格，他能公平地对待每一个老师、每一个学生，身上有正气，做事有原则。他不巴结上级领导，不欺压教师、学生，不在各种场合无端贬损其他同仁，也不把被某某领导接见的照片到处炫耀。我希望校长同仁不要做那些毫无意义的升学竞争，不要把本校的升学率挂在嘴边。我希望我们的校长同仁是言行一致的人，不在公开场合大谈素质教育，回到学校却加班加点，周周练、月月考、次次排名。我希望与我们的校长同仁一起，共同营造一个真正和谐的校际生态空间。

　　我曾经做过三年教育发展研究院的院长，作为院长，我希望校长是一个学高为师的学者。校长是书生，身上应该有书卷气。爱因斯坦说：人的差异在于业余时间。我希望经常在图书馆里、书店里看到校长的身影，校长不应该经常出现在餐馆里，更不应该经常出现在棋牌室或洗脚房里。校长不一定要承担各级各类课题研究，因为我深知，今天的很多课题研究已经充满了泡沫；但是校长一定要有问题意识，而且要经常找老师聊聊天，找学生开开座谈会。他要知道学校管理的问题、课程的问题、制约教师发展的问题分别在哪里，知道课堂里发生了什么变化，出现了什么带有普遍性的问题。校长不一定要出版所谓的专著，因为我知道，现在买一个书号，或者出版一本包销书，实在太容易，而有些校长的专著除了署名，其他内容基本都不是自己的——或者是粘贴来的，或者是"枪手"代写的。当然，如果完全是自己的作品，没有占用学校的公共资源，校长按照正常的出版程序出版自己的专著，那还是应该肯定的。校长不一定要有很高的学术水平，但多少要有一些理论修养；我不希望校长满嘴跑理念、经常喊口号，但希望校长对教育有自己的认识，对课程有自己的理解，知道学校课改的切入口在哪里，并有切实可行的具体思路。我不奢求校长对门门课程都精通，事实上也不可能做到，但希望校长首先精通自己本学科的课堂教学，然后触类旁通，能够走进所有学科的课堂，听课评课，说出切合实际的意见和建议。或许有的校长曾经是一个学科名师，甚至是特级教师，但是他毕竟要把更多的时间和精力用在管理上，为了保持对教育教学的敏感度，校长除了要经常走进课堂听课，最好能亲自执教一个班的课。这样，他就能够感知当下学校教育教学的实际情况；就能在一定程度上缩小和青年教师之间的代沟，缩短和学生之间的距离；就能发现当下学校的问题所在，从而做出比较切合实际的决策。

我曾经做过一年的教育局副局长，作为教育局长，我希望校长是一个勇于担当的领军人物。一个校长不应该有"官气"，动不动就把自己当成政府官员。当下确实有不少校长以官员自居，如处级校长、科级校长等，而且很感荣耀，甚至常常颐指气使地对待老师、家长和学生。我希望校长能把学生的安危和成长放在首位，学生在学校里是否有安全感，是否能健康成长，在课堂里是否有收获，这些都应成为校长最重要的关切。校长不能在学生出了安全问题时，诿过于他人，将自己的责任推得一干二净。身处校长岗位，我们就要勇于担当。这种担当，不仅是出现问题时的担当，而且是激流勇进时的担当。当下，社会的发展急需教育的变革，而教育界因循守旧、故步自封的现象却非常严重。一个对社会发展有高度责任心的校长，理所应当要承担起改革创新、破除陈规陋习的责任，要基于国家的使命、民族的发展，组织教师进行课程改革，针对学校和学生的实际情况，大胆而严谨地进行国家课程校本化实施，实实在在地提升学生的综合素质。我不要求你的学校编写多少本校本课程教材，但希望你的学校课程真实地服务于学生的成长；我不要求你的学生一夜之间分数提高多少，但希望你的学生学会面向生活，学会分析社会现象、解决实际问题；我不要求你的学校两三年内升学率提高多少，但希望你的学校管理以人为本，校园里有着充满人性的文化氛围……这就要求校长要基于孩子健康、阳光、智慧成长的需要，凝聚人心，集聚智慧，乘风破浪，扬帆远航！

总之，基于"真概念"，校长应该是一个有思想、有情义、有气质的活生生的人！

（本文作者系上海市建平中学原校长、上海市浦东教育发展研究院院长，广东省深圳市明德实验学校校长）

"封面印象"： 近 15 年来中小学校长自我叙事的变迁

赵树贤

从 2001 年我国启动新一轮基础教育课程改革以来，很多研究都聚焦于当前的热点问题及其变化趋势。但是，鲜有研究从教育管理实践者的视角出发，观察探讨新课改给实践工作带来的冲击和挑战，以及实践者的应对与适应。

在新课改过程中，学校管理者是怎样适应并且实施变革的？这些适应和调整是否能体现在校长的自我叙事当中？校长自我叙事的变迁是否能呈现出某些共性和规律？基于这样的出发点和研究现实，本研究将研究内容确定为探讨新课程改革年代校长自我叙事的变迁过程，即发现 2001—2016 年校长自我叙事的变与不变。

一、 用"关键词编码"的方式对 158 篇封面文章进行分析

本研究将校长的自我叙事界定为一位校长对其学校管理实践活动在公共媒体上的完整的但又有选择性的表达。本研究认为，校长自我叙事的选择性，大致是基于两种考虑：第一，新课改中学校管理现实的核心矛盾；第二，制度环境的压力，即迎合教育行政部门、社会以及学校内部成员各种言明的及未言明的期待，以获得学校办学实践的合法性。校长自我叙事的变迁首先就体现为对叙事内容及语言的选择性表达的变迁。

本研究的分析对象是 2001 年第 1 期至 2016 年第 12 期《中小学管理》"封面"专栏(2001.01—2002.12"人物园林"专栏，2003.01—2014.12"封面人物"专栏，2015.01—2016.12"封面"专栏，以下统称为"封面"专栏)全部文章，研究选取公立学校校长对自我办学经验进行总结和分析的表达为分析样本，删掉以下内容：(1)以民办学校校长为叙述主体的文章(公立学校与民办学校办学的制度环境存在差别)；(2)以记者记事逻辑推进的文章；(3)推广名校成功模式的文章；(4)叙述主体叙事时的身份已非中小学校长的相关文章；(5)介绍校长长

期管理经验的文章(失去时效性)。最终从 191 篇文章中选定 158 篇,对这 158 篇文章做关键词编码的内容分析。

本研究的编码过程是研究者对文章通篇阅读,提取文章重点内容的关键词原词,计算词频,不做聚类处理。为保证编码信度,本研究采用了研究者一人两次编码的方法。

二、 "校长叙事"在新课改 16 年中的变化趋势

自新课改以来,校长自我叙事呈现出如下特点。

(一)叙事结构逐渐形成相对完整的模式

从宏观看,校长自我叙事的叙事结构并未发生大的变化。从 2001 年以来,校长的叙事结构逐渐形成一个相对完整的模式,即个性化的办学思想、以人为本的核心价值、管理制度(机制)建设、课程教学改革实践探索及教师发展五个基本部分。表 1 呈现了 2001—2016 年校长叙事基本结构的稳定性,其中需要说明的是,几乎所有的文章都能呈现校长的办学基本理念,但具体的概念从校长自叙的角度(而不是记者叙事的角度)提出到 2003 年才陆续出现。

表 1   校长叙事的基本结构

	办学思想	以人为本的核心价值	管理制度(机制)建设	课程教学改革实践探索	教师发展
篇数(百分比)	—	63(40%)	56(35%)	84(53%)	86(54%)
第一次提出概念原文的时间	办学思路(2003.04)办学理念(2003.09)办学思想(2003.10)	以人为本(2001.02)生命价值(2001.07—08)生命(2004.05)	制度(2001.02)	教学改革(2001.01)课程结构改革(2001.11)	教师考核(2001.01)教师聘任(2001.01)教师队伍建设(2001.05)教师专业发展(2006.06)

(二)叙事载体稳定,多采用经验事例

从微观看,校长自我叙事的故事载体非常稳定,多讲述"青年教师"和"后进生"的故事。校长叙事喜用经验事例,在这些故事中,往往讲述"青年教师"

的发展历程和"后进生"的转变历程，在时间分布上没有大的变化。表 2 呈现的是以"青年教师"和"后进生"为载体的校长叙事故事的分布特征，其中"后进生"的故事也包括"问题教师"的转化故事。

表 2　以"青年教师"和"后进生"为载体的校长叙事故事

	青年教师	后进生
篇数(百分比)	27(17%)	23(15%)
第一次出现时间	2001.01	2001.01
时间分布	2001.01—2004.12(5 篇) 2005.01—2009.12(8 篇) 2010.01—2016.12(14 篇)	2001.01—2004.12(4 篇) 2005.01—2009.12(9 篇) 2010.01—2016.12(10 篇)

(三)叙事主体、主题和方式均发生明显变化

在过去的 16 年中，校长自我叙事的叙述主体从校长个人向学校本身转变，主题从学校整体办学经验介绍向突出学校个性化发展情况转变，叙事方式从单纯地讲述办学实践转变为阐释"如何基于办学理念体系践行办学实践"。

1. 叙事主体从突出校长个人到强调学校主体地位

具体来说，校长叙事主体的变化出现在 2007 年。在此之前，所有分析文章的标题均突出校长个人，而在此之后则出现了显著的文本变化，即从突出校长个人转变为强调学校的主体地位。在 2007 年以前，文章标题的基本样式为：主标题为"校长办学理念"，副标题则突出某某校长；2007 年以后的标题则以学校为概念主体，基本取消副标题。

2. 叙事主题中学校文化逐渐成热点选题

在 2004 年以后，叙事主题中比较常见的选题是教师管理、课程建设和学校文化，其中教师管理在时间分布上未见大的变化，而在 2006 年以后学校文化则一直是校长叙事的热点。

3. 叙事方式从实践叙述走向研究反思呈现

校长自我叙事方式变化则经历了三个阶段：2001—2006 年以直接叙述办学实践为主，2007—2010 年呈现为直接叙述办学实践与"在理念指导下的系统实践的叙事"混杂，2011 年以后则很少见到以纯粹的办学实践为主题的文章。直接叙述办学实践的特征是开篇即说学校的各项工作具体是怎样开展的；而"在理念指导下的系统实践的叙事"的文本特点是先围绕学校的特点、办学目

标、遭遇问题进行一系列理论上的思考和分析，基本上有学校整体办学理念体系的明确陈述，然后再以理念体系为中心展开对学校实践工作的说明。两类叙事最明显的差别在于前者的管理实践比较零散，多为呈现校长如何去做；而后者则体现校长如何去想再怎样去做。需要特别强调的是，校长自我叙事方式在2012年第一次出现以研究的形式替代经验叙事，截至2016年，这种全新的叙事方式共出现7次。表3呈现了校长自我叙事的主体、主题和方式发生变化的情况。

表3　校长自我叙事的主体、主题和方式的变化

	主体		主题		方式		
	校长	学校	学校整体	强调特定方面	实践	理论与实践	研究
时间段、篇数及占该时间段文章数的百分比	2001.01—2007.12 55篇 (87%)	2008.01—2016.12 70篇 (74%)	2001.01—2004.12 27篇 (77%)	2005.01—2016.12 教师管理17篇 (14%) 学校文化32篇 (26%) 课程教学9篇 (7%)	2001.01—2006.12 44篇 (83%) 2007.01—2010.12 21篇 (51%)	2011.01—2016.12 39篇 (61%)	2012.01—2016.12 7篇 (12%)

（四）校长自我叙事中办学价值取向的变与不变

1. 坚持学生主体，呈现从"学生"到"儿童"的表达微调

新课改以来，校长叙事坚持学生主体的价值取向，在表达上有从"学生"到"儿童"的微调。具体来说，2001—2016年，"学生主体"（或有几处为"学生自主"）稳定地出现在校长叙事中，共53篇，占分析样本总数的34%。值得注意的是，从2009年第9期开始，对"学生"的称呼中出现了"儿童"，后来还出现了"孩子"的替代性称呼。值得注意的是，从2013年开始，在这样的场景中，"儿童"则全面替代了"学生"的称呼，成为校长叙事中学生观的显性表达，即采用"发展中的个体"的视角来看待受教育者。

2. 坚持"变革"和"创新"的发展思路

"变革"和"创新"在校长自我叙事中有非常高的出现率，特别是2001—2005年，在18篇文章中，这两个词占据了文本标题（包括文中的次级标题）的显著位置。在2005年以后，标题上少见这两个词汇，但是在文本中仍被频繁提及。

3. 办学价值取向呈现从宏观"现代化办学"向微观"生命与幸福"表述的变化

在学校具体的办学价值取向上，校长表述则呈现出明显的从关注宏观到聚焦微观的变化过程。2001—2006年，"现代化"是学校办学价值取向的显性词汇，有22篇文章都出现了其概念原文，占同一时间段文章数的42%。从2007年开始，对"现代化"一词的使用几乎是戛然而止，取而代之的是以"生命"和"幸福"为代表的另一套微观的价值话语系统，还包括"生长""成长""生活""绽放""种子"等"农业话语体系"。以"生命"和"幸福"为例，提到"生命"的校长叙事是39篇，占到该时间段文章数的46%，特别是2014年9月以后，"生命"被提及的频率几乎是100%；与之类似，在2008年11月以后，"幸福"被提及的次数是29次，占该时间段文章数的34%。

4. 教师管理中体现从"强调竞争"到"促成合作"的变化

从2001年至2005年2月，与"量化考核""岗位聘任""岗位工资制"教师激励制度相匹配出现的是鼓励"教师竞争"的氛围，在37篇文章里有9篇明确提出鼓励"教师竞争"。2005年8月，校长叙事中第一次出现了鼓励教师"竞争与合作"，在其后则较为频繁地出现指向"教师合作"的词语，比如，"团结协作""合作""同伴互助""共同担当""共同分享"等。这是一个非常值得注意的校长自我叙事的价值取向的变化。正如前文分析，校长叙事的话语选择往往与制度环境和办学核心矛盾有关，这种指向教师发展的价值取向的变化在制度化环境大体未变的情况下，很可能传达出了当时校长办学中遭遇的现实困境。

5. 体现学校教育实践活动对新课改理念的适应和微调

从2001年开始，学校课程教学改革实践活动一直是校长叙事的主体，但是其具体用词则体现了在不同时间段新课改指导理念上的变化和发展。比如：2001—2002年，校长多用"教学改革"和"课程结构改革"来表达学校课改实践；而2004年伊始，"校本课程"和"教学模式改革"（以"导学案"为主）则成为高频词汇；2008年以后开始出现"课程资源整合""课程开发""课程体系建设"等表达；2010年出现"学科整合"的表述；2011年以后课程改革实践陈述载体多为

"活动"。这些词语上的变化在事实上反映了学校新课改实践对制度环境的适应，这样紧跟形势的做法和表达为学校办学提供了比较有力的合法性支持。与新课程理念相匹配的还有"评价改革"工作，从 2008 年 7 月开始，"评价改革"出现 26 次，占该时间段文章数的 29%。

另外，在践行新课程改革理念过程中，校长叙事呈现出对"专家"支持的强调，2002 年 12 月第一次出现原词，在此之后此词成为一个高频概念。与之类似，反映校长理念对新课程改革适应的调整还有对家长和社区资源的整合与强调，2004 年 11 月，校长叙事中第一次出现"家长和社区"的表达，从 2010 年 10 月起该词成为高频词汇。

三、 两个有价值的个案： 对校长叙事的再认识

量化分析只能分析校长自我叙事在践行新课程理念方面的变化趋势，但是一些有价值的、不符合该变化趋势的个案则容易作为特例而被忽略掉。引起研究者注意的两个个案分别为 2001 年第 7—8 期的《素质教育爱为先——访北京第二实验小学校长李烈》和 2008 年第 8 期的《我的困惑与惭愧》。

对于前者的关注在于李烈校长的叙事明显超前于当时时代，"办学理念体系""教师生命价值"等叙述体系预言了将近 10 年以后的校长叙事方式，这不禁让人惊叹名校和名校长的引领作用。对后者的关注则源于其对制度环境的挑战，对于一些校长"制度化表达"真相的言明。比如：校长直言"教育也要讲博弈，也要周旋于社会、政府、家庭与各种团体之中，也要迎合时尚与潮流""愈演愈烈的生源大战""人本主义的道德姿态""越来越多的校园课程秀"。以"博弈"来说，从教育管理学理论来看，学校办学一定是处于外部资源环境和制度环境压力下的实践，但是通观横跨 16 年的"封面人物"，只有包括此文在内的两位校长隐约提到了学校与政府行政部门的博弈十分不易。这也印证了文章开始的假设，即校长的自我叙事本质上是一种制度化的表达，它只在某种程度上表现了学校工作实际，在更大程度上，它反映了校长对新课程改革这一巨变的适应和调整，是一种迫于生存合法性的叙事方式。

（本文作者系北京师范大学教育学部教育管理学院副教授）

第二篇

专业发展

心灵唤醒心灵： 有温度的教师"管理"

汪正贵

担任校长多年，我经常听到人说：学校可不好管啊，那里是知识分子成堆的地方，老师最难管，他们都是文人，水平高，要求也特别高。这句话的潜台词是，学校中对教师的管理，应该区别于企业和行政机关中的人事管理。教师从事的教育教学工作具有高度的个体性和复杂性。如果管理者对教师采用简单、刚性的管理方式，那么其自然不能奏效。

管理的最大奥秘在于激发人内在的主动性和创造力。马克斯·韦伯提出，人的社会行动具有四个方面的理性：价值理性、工具理性、情感理性和传统理性，人们的社会行动并非只以其中的某一种方式为行动取向，四种行为理性往往交织在一起，成为驱动人的社会行为的动力。在教师管理实践中，我们可以依循上述四个方面的行为理性，综合采取相应的引领策略：价值引领、需求驱动、情感联结和文化涵濡。

一、 价值引领——让灵魂在高处飞翔

教师的工作是育人，是人与人的对话，是心与心的交流，是用人格培养人格，以情操陶冶情操。教师培养的是社会的未来，是明天的希望。这样的工作蕴含着极高的教育价值和社会责任。正如杜威所说："教师不仅仅是在培养个体，同时也在培养正确的社会生活。每个教师都应该认识到自己职业的尊严；教师是社会的公仆，被专门从人群中选出来担负维持正当的社会秩序并确保社会健康发展的使命。"

学校管理者的责任是将这些崇高的使命与价值内化为教师自身的追求和愿景，成为教师的行动准则，指引教师的行为。北京市十一学校（以下简称"十一学校"）提出"创造适合学生发展的教育"的使命，提出"将'十一学生'塑造成为一个值得信赖的卓越的品牌，把十一学校建设成为一所受人尊敬的伟大的学

校"的愿景，以此激励广大师生员工，这就是价值引领。通过较长时间的梳理，十一学校确立了 20 条核心价值观，几经修订，达成共识，最终制定了《北京十一学校行动纲要》（以下简称《行动纲要》），共 15 章 116 条，从教育到教学，从课程到决策，都有具体的价值准则。以第 17 条为例。

第 17 条　学生在你心目中的地位有多高，你在学校中的价值就有多大。任何一位老师都可以有自己的个性甚至缺憾，但都不可以轻慢学生、忽视教学；我们可以原谅许多，但永远不能原谅的是对学生和教学的轻慢态度。

这些带着浓浓的教育情怀的语言，不是规定，也不是制度。在我看来，这 116 条是对"学生第一"这个核心价值观的解析，是学校管理的价值准则，是教师的行动哲学。每年十一学校新教师入职培训的第一节课，就是学习《行动纲要》，理解学校的核心价值观和行为准则，并且在日后的工作中践行这些准则。用价值引领教师的行为，可以提升教师的境界，培育教师的教育情怀，让灵魂在高处飞翔。

二、　需求驱动——发现、引领和创造需求

需求是理解人性的一把钥匙。需求指人的现状与其期望之间的差距，当这种差距出现时，他的系统平衡就被打破了，并产生一种张力，也因而产生重建平衡的动力。需求得到满足，就建立了新的平衡；需求得不到满足，或者受到抑制，会引起负面的心理情绪和行为指向。这就是人性，管理应该在道德和法律允许的基础上顺应人性。从某种意义上讲，管理人就是管理人的需求，学校管理者应该将"需求管理"作为一种重要的柔性管理策略。

人的需求有生理性需求、社会性需求，还有更高层次的自我实现和自我超越的需求。管理者首先是发现教师的个性化需求，不断创造条件满足教师的合理需求。教师作为知识分子，其需求更为多元，需求的层次更为丰富，也更偏向于社会性的需求，如得到尊重、关怀和信任，如成就感的获得、个人价值的实现，等等。管理者应该顺应和回应教师的个性化需求，避免因长期不关注其需求而引发教师的负面情绪与消极行为。

需求管理不仅是发现和满足教师的现实需求，更重要的是引导教师的未来需求，将教师的需求引领到更高层次，为教师搭建平台，推动教师的专业发展和个人价值的实现。很多中小学教师出现职业倦怠，其实是需求感的丧失：缺乏需求，也缺乏被需求。管理者要适时创造需求，帮助教师重新发现其内心深处潜在的更高层次的需求，以激活其内在的动力。比如，十一学校在教师职称

之外，设置校内教师职级制，分为教学和学术两个发展方向，共 10 个等级，为教师的专业成长提供了更多的平台与期望，也提供了更多的挑战与激励。再如，十一学校设置教育家书院，为不同层次教师的专业成长提供不同的服务，培养课堂里的教育家。

需求是一把钥匙。"需求就像用钥匙发动汽车一样，在激发力的驱使下，一拧就着。"管理者还要进一步将教师的个人需求与学校的组织目标结合起来，将教师的个人发展与学校的愿景使命统一起来，发挥需求的内驱力，实现个人成长与组织发展的双重目标。

三、 情感联结——给予关怀、 爱、 信任与尊重

在学校组织中，人与人之间主要依靠情感联结。关于学校的隐喻很多，在我看来，最恰当的隐喻是"家"，"学校如同家庭，是孩子们成长的特殊地方"。家的隐喻符合学校的组织特征，也揭示了学校组织的特质：关怀人的成长。如果说维系行政组织的纽带主要是权力和秩序，维系企业组织的纽带主要是利益，那么维系家庭和学校的纽带主要是情感，是关怀、爱、信任与尊重等。

在学校这个大家庭中，我们应注重关怀和爱，关怀的本质是从他者出发，从对方出发，给予理解、同情与关心。如果领导常常自问：若我处在教师的境地，我希望怎么办？教师常常自问：若这是我自己的孩子，我会怎么办？那么很多答案就会自然产生。我们要让爱充盈其间，弥漫其中，让爱与被爱、关怀与被关怀成为人际的重要关系。管理者可通过引领、对话、关怀与认可的方式，培育开放、包容、团结、协作、民主的精神气质，追求"和而不同"的内在和睦氛围。在一个家庭中，所有的家庭成员总是关怀最弱者，而不是打击或抛弃他；学校也是这样，管理者应该最关注、关心、关怀那些处在边缘的教师，而不是打击或放弃他们，要将学校办成教师心灵归依的精神家园。

信任也是一种重要的情感形式。27 年前，我刚大学毕业，在安徽省马鞍山市第二中学（以下简称"马鞍山二中"）教授初中历史。当时初中历史课程的设置是，初一全年开设中国古代史，初二上学期开设中国近现代史，下学期开设世界史。我想，可不可以将中外历史混编在一起进行教学呢，特别是近现代史，如果学生能在世界历史的大空间中学习，会更好地理解中国近现代史的进程。在教授了一学期的课之后，我给当时分管教学的汪延茂副校长写了一封信，谈了我的设想。汪校长非常支持我的想法，他鼓励我进行尝试，允许我在一个班进行试验，重新编排教学目次，重新组织教学内容，自主命题考试，其

实就是重新开发这门课程。汪校长还利用在北京开会的机会，向人民教育出版社的苏寿桐先生汇报了我的教学改革。近 20 年后，我国高中历史课程改革采用的正是这种中外历史合编的教材编写方法。回想当年，学校领导对一个刚刚大学毕业的新教师，给予如此的信任，令我终生难忘。在我的教育生涯中，也正是很多这样的信任激励着我在教育教学上不断探索、前行。我一直认为，信任是人与人之间最高尚的情感之一，在某种意义上，信任与被信任甚至超过了爱与被爱：爱有可能是偏爱、溺爱，但信任是纯粹的、利他的；被爱产生幸福感，被信任会激发内动力。

情感具有可积累性和互动性，使人与人之间的关系在正向互动中不断积累善意，走向良性循环。当人的行动与情感联结起来，就具有了温度与色彩。当然，学校管理者应该重视情感的力量，但不应该感情用事，这也是一个基本原则。管理者在学校中不可以亲亲疏疏、搞小圈子，或将庸俗的人情关系带入校园生活之中。

四、 文化涵濡——桃李不言， 下自成蹊

有位校长告诉我，他所在的学校上学期尝试取消上班考勤签到制，一学期下来，效果不好，现在正纠结着是不是"退回去"。其实问题并不在于考勤签到本身，而在于学校的文化。我以前工作的马鞍山二中，以及现在工作的十一学校，从不考勤签到，虽然偶有迟到早退现象，但更多的是教师早来迟走，主动加班加点，学校的宽松与教师的自律，构成一幅和谐的校园绿色生态图景。从本质上讲，教师的行为不是依靠制度和纪律管制出来的，而是靠文化涵濡出来的。文化是长期以来形成的习惯与传统，对于人的行为具有潜移默化的内在规定性。制度是个底线，只能让人不去做不准做的事，文化却可以让人做得更好；制度可以让人露出八颗牙齿，文化却可以让人从内心发出微笑。

文化的最高层面是精神文化，管理者需要以一些典型事件、典型人物为契机，进行长期的有意识的培育。如十一学校的"树与石"，就承载着特定的文化意蕴。2011 年 10 月 11 日，学校购得九棵大树，为抢时间，总务处安排工人连夜栽种，致使住在公寓南侧的学生休息受到影响。第二天，总务处向学生们公开道歉。由此，学校将每年的 10 月 12 日定为道歉日，并勒石以记。其文化寓意是提醒师生敢于自省，勇于承担，学会表达歉意。后来，在每年的毕业典礼上，学校专门设计道歉卡，让学生有机会向过去三年中对不起的人表达自己的歉意。2012 年 3 月 5 日，美国杰出教师雷夫到十一学校访问，参观了王春

易老师的学科教室，对王老师真诚的微笑留下深刻印象，并达成"微笑是一种很好的教育力量"的共识，随后，雷夫与十一师生共同栽下象征"微笑"的五棵苹果树。学校刻石纪之，其传递的是一种人与人交往的微笑文化，是激励学生的教育力量。

十一校园里还有很多这样有故事的树与石，它们长久地立在那里，无言地传递着文化的信息。如学校里栽有一棵纪念因病去世的方习鹏老师的"思方树"。2015 年 11 月 14 日，毕业 10 年的 2005 届高三（10）班毕业生代表——方习鹏老师任班主任的最后一届学生，与学校领导、部分教师代表、后勤人员等在学校玉兰广场栽植了这棵树。"行圆思方"是十一学校的培养目标，学生们为这棵树命名"思方树"，一语双关。这是一种朴素而隆重的低调的纪念，传递的是真挚的师生情感，积淀下来的是关于师生关系的文化。

文化是学校的优良传统和精神财富，学校文化的形成是一个复杂的过程，需要长期的培育和积淀。但是学校文化一旦形成，就会具有潜在的无形的感召力量，长久而深刻地影响着师生的行为、态度和价值观。桃李不言，下自成蹊。这是文化的力量。

教师的工作是人培养人的工作，是心灵唤醒心灵的工作，需要教育者内心充满温暖，并将这份温暖传递给学生。因此，教师需要的不是外在的、冰冷的管理与规训，而是内在的感召与引领、关怀与培养、尊重与信任。

（本文作者系安徽省马鞍山市第二中学原校长，北京十一学校分校校长）

基于"成长追溯系统"的教师专业发展管理机制

恽敏霞　刘　辉

饲养阳澄湖大闸蟹的蟹农给每只螃蟹贴了一个二维码,扫描二维码,就可以知道螃蟹的各种基础数据和成长过程,例如,何时育苗、饲料配方、生长周期等。这就是阳澄湖大闸蟹的"成长追溯系统"。这样的"成长追溯系统"目前已经被广泛应用于各个行业,其实质是一种可以对产品进行正向、逆向或不定向追踪的生产控制系统,适用于各种类型的生产控制和质量控制,可以满足大数据时代对数据进行采集、积累和分析的需要。

当前教师管理机制中存在的一个突出问题即缺乏这样的对专业发展路径的全程记录,教师管理主要还是依靠人事档案管理,其所呈现的教师专业发展过程是静态的,不能对教师的发展历程进行追溯,也无法对一些能够说明教师专业素养的数据进行深层次分析并提供反馈和建议。如人事档案中只包括人事信息和业务信息两部分,对教师专业发展过程、历史、路径的记录不完整、不全面,对课程改革后要求的教师参与课程开发、培训、校本教研、经验辐射等专业发展情况都没有记录。

针对这些问题,上海闵行区基于区域教育发展实际,试图建立信息化教师专业发展档案系统,借助信息化手段,呈现教师的动态履历,及时、准确地对教师工作过程中的关键事件进行记录和管理。我们认为,这是一种值得关注的、新型的教师专业发展管理工具。

一、 区域教育发展呼唤新型的教师专业发展管理工具

上海闵行区共有 123 所中小学,并以每年新增 10 所学校的速度递增;目前全区有 1.2 万余名中小学教师,每年还要新进教师 600 余名(其中 1/3 以上是初任教师)。闵行区的教育信息化水平走在上海市前列,区域教育管理部门、教育业务部门和学校都有较高标准的信息化管理平台,如教师基本信息平台有

上海市学分银行、闵行区教职工数据，教师业务平台有闵行区课堂教学研究网等，但各个平台的业务数据分布散杂，仍然是信息孤岛，没有实现数据贯通，各部门拥有的数据无法整合。教育科研和德育研究部门还没有专门的数据库和管理软件，无法实现信息化平台的数据采集和汇总。区域教师专业发展的管理与评价需要全面、准确的数据和信息，这样才能更有效地提升宏观教育决策的科学性，提高办学质量绩效评价、教师工作绩效评价、教学研究和教师培训的精准度。

教师专业发展是一个长期的过程，建设信息化教师专业发展档案系统，能够为教师的发展性管理和长期评估提供条件。将其作为教师专业发展的管理工具，能够为教师建立动态履历，对事业规划、学术鉴定、考核评职有支持作用；对教育实践和研修经历进行记录，能够实现数据汇总、统计、深层次分析的功能，为推动教师专业成长提供依据；可以通过了解每位教师详细的基础信息及成长经历，对其专业成长轨迹进行多角度的分析，为教育行政管理部门、业务指导部门、学校和教师个体反馈各指标的达成度，明确下一阶段的目标和任务；可以作为教师个人的学习空间，为教师提供反思的平台。

二、 信息化教师专业发展档案的内容框架： 基础信息＋成长档案

闵行区的信息化教师专业发展档案由"教师基础信息"和"业务成长档案"两大板块组成。教师基础信息主要是对教师的个人基本信息及学习和工作经历进行记录，体现教师个人发展的动态过程。参照国内外关于教师专业素质的观点，教师专业素质要求包括多层次复合专业知识（包括普通文化知识、所教学科的专门知识和教育学科知识）、专业态度和专业技能。基于教师专业素养评估的三个维度——专业道德与价值、专业知识与理解、专业技能与实践，我们将教师"业务成长档案"划分为发展规划、师德修养、教育实践、研修经历四个领域。同时，信息化教师专业发展档案也纳入了"上海市中小学生学业质量绿色指标"的部分内容，如师生关系、教师教学方式、课程领导力等。

"业务成长档案"中的内容如下：

其一，发展规划。主要记录教师是否能根据个人特点及发展需求制订合理、科学的个人职业生涯规划，并按照规划予以执行。在具体操作中，主要按照适切度、达成度两个指标进行检测，包括教师是否制订了科学合理的个人三年发展规划，其中包括对个人发展的目标定位、参与研修的计划、教学计划，

以及科研计划的完整性、清晰度、合理度及最终的规划达成情况等。它不仅是行动前的蓝图，更是"设计—实践—反思—重建"的循环过程。规划应该是可以修订和调整的。

其二，师德修养。包括教师的职业道德、人文素养两个指标。其中，职业道德指标具体从教师的职业理念、学校的师德考核结果、在日常教育教学过程中是否存在违反师德标准的行为，以及教师获得的各类荣誉称号等方面进行检测。教师的人文素养则主要从个人的兴趣爱好、各类书籍的阅读量及类别、参与社会公益活动情况、社会责任感四个检测点进行数据采集与记录。

其三，教育实践。这是信息化教师专业发展档案框架中最重要的一部分。为鼓励本区教师积极投入各类教育实践及研究，我们将教育实践领域划分为课程开发、任教情况、班团队工作经历、课堂教学、教学质量五个指标。

其四，研修经历。我们将该领域进一步细分为培训课程、校本研修、教研活动、教育科研、辐射引领五个指标。这五个方面反映了教师参与市区级培训课程的学分记录，参与教研活动的情况，开设公开课及研讨课的情况；教师领衔或参与课题(项目)的情况，论文、案例的撰写及获奖情况；在促进学校乃至区域教育发展中所起的辐射引领作用，主要包括教师参与课程建设、在市区校的带教情况、为教师开设培训课程的情况、在教研活动中的主题发言情况等。

三、 开展基于电子档案的区域性教师专业发展评价

(一)信息化教师专业发展档案系统的运作方式

其一，建立电子档案。闵行区结合区内已有的课堂教学改进教师专业发展平台、教师培训平台、学业质量分析平台等，利用其已有的数据记录，构建区域教师专业发展档案指标体系，为区内每一位教师建立专业发展电子档案。其二，构建评价体系。开展教师专业发展的信息采集、数据整合及数据挖掘分析，构建具有关联性、整合性的评价体系。其三，开展管理评估。进行基于教师专业发展信息的教育管理和评估，助力区域教师专业素养的提升。

(二)基于信息化教师专业发展档案的专业发展评价

我们开展了基于信息化教师专业发展档案的教师专业发展评价。从个人、学校、区域三个层面，对本区教师的专业成长情况进行综合、科学、系统的分析，在此基础上，了解本区教师在专业成长中存在的问题，并将结果反馈给教育行政管理部门、业务指导部门、学校及教师。

　　需要注意的是，在信息化教师专业发展档案系统建设中，要打通数据流，形成信息回路，打破信息孤岛；要将已有的中小学学生成长电子档案、中小学学业质量分析系统与教师专业发展档案等进行业务整合，实现贯通。

　　基于信息化档案系统的教师专业发展管理，目前在理论研究、技术处理和实践操作方面都还存在一些有待解决的难题，比如，信息化教师专业发展档案系统的数据如何回馈给科研、教研等业务系统？以何种方式为教师提供服务？如何确定数据、挖掘主题，寻找影响区域教师专业发展的主要因素？如何进行教师专业发展的量化评价？如何提高教师的使用率和参与度？这些都是我们下一阶段需要突破的关键点。

（本文作者系上海市闵行区教育学院教师）

从"高原"到"高远"： 助力骨干教师再发展

张　红

　　相当多的骨干教师在被评为各级教学能手以及学科带头人之后都出现了专业发展停滞不前的现象，很难再上一个台阶，此即教师专业发展的"高原现象"。其产生原因除了教师的主观因素外，也与教师所处的环境和组织有着密切的联系。安徽省合肥师范附属小学（以下简称"合师附小"）有全国模范教师、省特级教师、省先进工作者和省教坛新星，仅市区级学科带头人和骨干教师就达 70 余人。如何帮助骨干教师尽快走出高原期、找到再发展的突破口？合师附小进行了有益的探索。

一、 支教乡村校区： 演绎回归的精彩

　　有的骨干教师在评上小学高级教师后，在职称方面很难有进一步的发展，于是产生职业倦怠心理。如何促进骨干教师的再发展？合师附小安排骨干教师轮流到学校的乡村校区支教，到最苦的地方任教，撰写学习心得，回来写支教报告，并将反思心得应用于实践。暂时离开熟悉的岗位、变换角色、吐故纳新，改变了骨干教师一成不变的工作生活轨迹，当他们回归原岗位时，大都会从新的角度、用新的眼光看待自己的教育教学工作。

　　蔡老师是有着 20 多年教龄的老教师，早已评上了小学高级教师职称，而再评中高或特级都很难。在学校，青年教师逐渐在教育教学各领域中承担重任，他不需要再到公开课评比的赛场上去拼杀，不需要再参加教学基本功练兵，不需要在学生知识竞赛时忙前忙后，原先在学校里挑大梁的他仿佛失去了用武之地，空前的失落和孤寂包围了他。这时，学校"到最美乡村校区"支教活动开始了，他毅然报名。来到保兴校区后，他看到乡村孩子对美术的热爱与师资缺乏的矛盾，教师的职业责任感被激发出来，于是自己花钱买宣纸，和孩子们一起画国画；他到水塘边挖泥巴，指导孩子们玩"陶艺"；他亲手刷白了校园

的整面围墙，带着孩子们在上面快乐地涂鸦……孩子们的每一张作品，他都拍下来，放到自己的博客上。他说："来到保兴，我又一次体会到了自己的价值，看着孩子们对艺术渴望的眼神，我被深深震撼了，我要带领他们一起描绘他们的童年，这是我最宝贵的学习机会！"变换岗位、实践锻炼，让一位陷入倦怠的骨干教师重新焕发了职业热情，虽然他可能一辈子都与"特级教师"这个称号无缘，但在学生的心中、同事的心中、他自己的心中，他已经是最棒的了。

二、"拂晓名师工作室"： 搭建学术研究的平台

我们发现，有的骨干教师的思想深度已经远远超过同伴，但由于学校没有提供适合他们发展的高层次平台，所以他们依然处于发展的高原期。于是，我们提出，"教师能爬多高的楼，学校就搭多高的梯。"学校组建了"拂晓名师工作室"，本着"骨干教师需要什么，我们就给什么"的宗旨，为骨干教师搭建对话和交流的平台，使他们实现教学经验的共享、教育思想的碰撞。学校每年为工作室提供相应的活动经费，对工作实绩显著的成员给予表彰。名师工作室承担起全员培训和校际巡讲的任务，为教师开展专题讲座，执教公开教学，为参赛教师磨课，向结对学校送教，等等。

骨干教师教学风格独特、研究理念各异、教育愿景不同。所以，在课题选择等方面，学校充分尊重他们的意愿和个性，开展百家争鸣式的自选课题研究。喻老师是一位有着执着教育理想的特级教师，她思考的问题常常超越了大家思考的领域，不再是常规教研活动中的大众话题。所以在集体教研活动中，她很难找到提问的机会，一些很好的创意常常被搁置，更高层次研修平台的缺失令她一筹莫展。学校的"名师工程"启动后，骨干教师可以自主申请组建"拂晓名师工作室"，开展个性化的课题研究。她在招募大会上发表了热情洋溢的演讲，畅谈自己的教育理想和研究理念，介绍自己正在策划的"绘本作文"项目研究……一群与她志同道合的骨干教师为她深邃的思想所折服，纷纷加入她的工作室。在学校的大力支持下，喻老师成为合师附小教师个人获得省级课题立项的第一人。她与工作室成员一起研究教学、分享经验、总结提炼；他们与浙派名师张化万同台授课，参与长三角名校教师网络研讨，与省级课题专家面对面交流。一次次的研修、一场场的碰撞、一回回的突破，造就了这批骨干教师日臻成熟的教学风格。

"拂晓名师工作室"成为骨干教师学术研究的后花园。他们徜徉其间，流连忘返，行走在从优秀教师到卓越教师的康庄大道上。

三、"教育教学督导联盟"： 由"骨干"走向"顾问"

有研究表明，一些有相当长教龄的骨干教师，因受到多方因素的制约，无法获得纵向的职位晋升或横向的业务范围拓展，步入了职业发展高原期。为了解决这一问题，合师附小创造性地组建了非行政组织——"教育教学督导联盟"，让资深教师通过"校本督导"的形式，参与学校的常规管理，行使民主监督的权利。

"教育教学督导联盟"是一支由品行端正、业务能力强、敢讲真话、脚踏实地的资深教师组成的"校本督导"队伍。他们的共同特征是：在合师附小工作年限长，拥有丰富的教学经验，深谙学校的工作要求；学校文化已经深入他们的心灵、融入他们的血液；他们与学校荣辱与共、息息相关。

为了充分发挥资深教师的优势，学校坚持"资深教师有什么，我们就用什么"的原则，出台了校本督导的职责：督导们要对素质教育、课程实施、教学质量等方面进行经常性督导考核；对教师及管理人员的工作质量进行督察；对上级做出的重大决议和学校形成的重要决定的落实情况进行督察；对教学进行研究，听课评教，调研学生的学习动态，发现问题，向学校领导及有关处室提出改进建议……学校放手让他们大胆地监督和指导，赋予他们职责和权利，树立督导的权威，将奖惩性督导和发展性督导相结合。

在这一系列的工作中，资深教师们开始重新审视自己的专业能力，看重自己在被督导人心目中的形象，认识到只有自身具备过硬的专业能力，才能胜任督导工作。他们主动学习、积极实践、深入探究，在与伙伴的携手共进中体会自身的价值。

已过不惑之年的王老师是"教育教学督导联盟"的首轮"盟主"。开学初，她就和联盟成员商议制定了本期督导内容：走进开学第一课，检查开学准备是否充分；期中教学督导，检查备课作业是否规范；月度年级组视导，检查日常教学是否达标。

这是一群多么关注学校发展和教师成长的老教师啊！然而，王老师坦言，随着年龄的增长，她一度迷失了自我，觉得自己做的很多事情都是在重复。但当她加入这个联盟后，自己的责任感被激发，她发现，原来自己对为之工作了大半辈子的学校是如此"情有独钟"，自己对于这个学校是有价值的。她开始加强学习，更加关注学校发展。她时常能感受到新教师与合师附小在理念上的差距，总能发现青年教师在工作方法、教学行为、班级管理上存在的问题。每每这时，她都会不厌其烦地告诉他们应该怎样去做。看到青年教师在自己手把手的帮助下获得提高时，她由衷地感到高兴。

（本文作者系安徽省合肥师范附属小学校长）

"未名教育家"活动： 让学校成为学者型教师的摇篮

周振宇

优化教师的研修生态，追寻教师的职业幸福，其关键不在于行政推动力量的强弱，而在于增强研修方式的吸引力，让每个教师情不自禁地投入。江苏省海安县实验小学"未名教育家"系列活动就是在这样的思路下诞生的。

"未名"者，尚未成名也。我们鼓励教师把自己看成一个尚未成名的教育家，通过一系列自己喜欢的方式进行研修，让每个人都有机会展示自己的芳华、绽放自己的思想，这样，他们就能真正体会到作为一名教师的幸福。

经过不断探索，我校逐步构建了"未名教育家"系列活动体系，通过强大的团队力量来帮助教师"包装"自我，放大、完善教师在教育教学生活中的"灵光一现""真知灼见"，从而帮助教师实现自我价值。

一、"未名教育家"赛场： 促进青年教师快速成长

我校教师以 30 岁以下的青年教师为主，他们大部分刚刚入职，如果等待他们自然发展，那么通常要到 30 岁以后，他们才能成长为一名成熟教师。"未名教育家"赛场旨在通过合理的评价和外力推动，让青年教师快速成长起来。"未名教育家"赛场分为两个层次。

(一)在校内的青年教师之间开展各类竞赛

这种竞赛不仅涉及教学，如备课、上课、说课、课件制作等，而且涉及教师的特长、爱好、气质等。我校每学期开展一两次这样的竞赛，借此充分认识每位青年教师的个性特点，帮助他们确定专业发展的方向和路径，并为他们选择与其风格最为相近的师傅。

(二)推选青年教师参加上级部门组织的教学竞赛

我们推出的参赛教师都是在校内赛场中胜出的新人，这样做的目的就是拓

展他们的视野，让他们看到广袤的天空，从此不断奋发向上。为此，学校总是想方设法，调动一切能调动的力量：在人力上，组织优秀教师一起研课议课，甚至上示范课；在物力上，为参赛教师尽可能地提供便利。青年教师在备赛的过程中，逐渐领会各位优秀教师的理念并加以内化，教学能力亦突飞猛进。当然，参与辅导的教师也会从中获益。

二、"未名教育家"舞台： 帮助成熟教师锤炼、 展示自我

青年教师入职四五年后，通常开始进入成熟期，成熟期的教师需要更为广阔的平台来锤炼、展示自我，"未名教育家"舞台就是为这部分教师而设计的。

(一)为成熟教师设置四级课堂展示平台

四级课堂展示平台，指组内教研课、个人自荐课、校级展示课和对外展示课。组内教研课是指教师听本教研组内成熟教师的课，听后大家一起议课；个人自荐课是教师把自己觉得比较成熟的课向学校申报，学校邀请一些学科带头人、专家型教师听课，对其提出合理化建议；校级展示课是打磨以后相对比较成熟的课，面向全校教师开放，在较大范围内开展评课议课活动；对外展示课是教师精心打造出来的、能体现个人风格和学校特色的课，教师代表学校参加各种教学交流活动。

(二)鼓励成熟教师利用博客平台与他人交流和共享成果

我校的博客平台名为"共生教育博客"。近三年来，平台已经拥有教师和学生用户 400 多个，家长用户近 100 个，用户累计发表博文近万篇，评论近万篇，点击率近 200 万次。教师们在博客上发表教案设计、教育随笔、课题成果、读书心得等，帮助学生开设班级博客，进行知识梳理，评点学生习作，还创建了英语走廊、百家讲坛、每日演讲、生活小智慧等一大批特色栏目，受到了学生和家长的追捧。博客成为教师、学生、家长交流的平台。

(三)鼓励成熟教师开展微型课题研究

每位成熟教师都会在开学初确定自己最感兴趣的教研话题，向学校申报微型课题。学校批准立项以后，教师就可以独立开展研究。这种微型课题研究开口小，贴近教学实际，研究的是真问题，容易见效果，深得教师的喜欢。教师通常以一学期为研究周期，在学期结束时提交研究成果。学校通过匿名评审的方式，对征集到的微型课题研究成果进行评审，把最好的成果评选出来，然后召开专门的成果交流会，让获奖教师通过丰富多彩的形式向全校教师介绍研究

成果。教师们在这样的研究、展示、再研究、再展示的过程中，获得了研究的快乐和成功的体验。

三、"未名教育家"书屋： 助力骨干教师突破发展瓶颈

进入骨干期的教师常常会因为"功成名就"而失去前进的方向和动力，进入专业发展的瓶颈期。因此，设计合理的平台，让这部分教师焕发热情、更上一层楼是非常必要的。"未名教育家"书屋就是这样一种尝试。

我们提倡骨干教师多读书，多充电，"带一袭书香进校园"，从书本中汲取力量。我们倡导教师读书个性化、多样化、精品化，同时还专门建立了一个读书的小圈子，吸引校内约 20 个读书"发烧友"参与，同读好书，及时研讨，聊至深处，如醉如痴，真正体验做"书虫"的乐趣。

这种开放的读书氛围吸引了更多的教师，他们纷纷要求参加读书会。为了提高效率，我们建立了一种读书漂流制度，为大家精选了九本书，其中既有理论的又有实践的，既有国内的又有国外的。我们期望通过阅读这九本书为教师搭建基本的理性思维的框架。我们按照年级部，有计划地在教师中漂流这九本书。此外，我们还在博客平台上建立读书圈子，在校园网络上建立读书推介专栏，每学期末组织评选读书心得佳作等活动。

四、"未名教育家"讲坛： 激发名师荣誉感和进取心

"未名教育家"讲坛是面向学科带头人、精英教师的，分为课堂教学和学术报告两种形式。学科带头人、精英教师都是在各级比赛中叱咤风云的名师，已初步形成了自己的教学思想和风格。他们是学校教师的精神领袖，直接指引着学校教师专业发展的方向。

每位精英教师、学科带头人每年至少要向全体教师开放一堂课，这堂课不是自己选的，而是由广大教师选择难的、具有挑战性的课题，然后再点名，推选由谁来上这节课。学校把广大教师的点人点课表收齐后再汇总，通知被点名的精英教师，与他们商定上课时间。时间确定后，上课教师就要悉心研究、认真备课；正式上课后，还要说明自己的设计意图，回答听课教师的疑问，甚至在网上开设研究主题帖开展沙龙研讨，力争通过自己的授课为教师们提供一种范例或导向。这样的形式既促进了这部分教师的成长，也使更多的教师受益。被点名上课的教师虽然要花大量的时间和精力备课、说课、上课，但是他们都以能被点名为荣，这激发了他们内心深处的荣誉感和超越自我的进取心。

学校还为这部分教师提出了作学术报告的要求，请他们把自己的研究心得和成功经验总结、梳理出来，让全校教师参听并填写信息反馈表，并先后开设了"初识孔子""澳洲考察印象""课堂观察，我们做什么""简约教育与课堂生态优化""共生课堂——一种基于教育生态学的新思考"等讲座。听多了专家学者的理论讲座之后，教师们特别喜欢这种来自一线教师的草根式的报告。一位刚调进我校的教师参与了"未名教育家"讲坛活动后给校长写了一封邮件：

在一个安静的午后，报告厅的灯光如水般地淡淡洒在各位教师的脸上，显示出一种宁静的温暖。"未名教育家"讲坛就在这时进入了我的视线，直击我的心灵。教育中的花开花落不是可以预见与控制的。但留住花开的美好瞬间，除了影像，我们还有文字。

曾经的我，从没有像今天这样专心致志地聆听报告。校长您告诉我们，您在听陈老师报告时都流泪了。今天的我，听报告时也流泪了，一开始只是眼角湿润，后来泪水就慢慢流下来……我从没有在会议中和会议后如此地思绪万千。这里的工作不断给我带来惊喜，这里的教育科研不断给教师的生命以新的注解。转到实小，我无悔的选择……

"未名教育家"系列活动的开展，改变了教师的精神面貌，促进了教师研修生态系统的优化。我们可以清楚地捕捉到教师在课堂上的变化：语言更精练，教材挖掘更深入，师生互动更和谐。我们从教师的脸上看到了更多的自信，从他们的身上感受到了思想者的气息，他们总是带着问题、在研究的状态下工作，他们的表现也让有关专家对我校发出了由衷的赞叹："学者型教师的摇篮"。

更让我们兴奋的是，教师们以研修为手段，悄然改变了自己的教育生活方式，读书、笔耕、彼此交流、学术争论成了他们的最爱，他们互相学习、互相欣赏、互相促进，每个人的生命都显得熠熠生辉，这是我们开展"未名教育家"系列活动最大的价值。

（本文作者系江苏省海安县实验小学副校长，特级教师）

名校托管新校：促进青年教师群体发展

邓智刚　喻　君　袁金秀

名校托管新校，一般是指在教育行政部门的委托下，由名校派出领导、教师创办和管理一所全新的学校。湖南省长沙市长郡双语实验中学创建于2009年，是当时长沙市唯一的一所名校托管的市属公办学校，由长沙市政府投资建设并委托百年名校长郡中学管理，学校新进大学毕业生超过教师总数的80％。六年来，学校充分挖掘名校资源，采取适合新校的管理措施，锻造了一支素质较高的青年教师队伍。

一、依托名校——传承名校文化精髓

作为被托管学校，长郡双语实验中学积极挖掘长郡中学的文化精髓，通过多种途径，让其在学校扎根、发芽、开花、结果。

(一)充分挖掘名校资源，深度理解核心文化

长郡中学是百年名校，积淀了深厚的精神文化："朴实沉毅"的校训是学校的"魂"，它要求教师以"朴拙"为本真，以"务实"为作风，以"沉勇"求出路，以"坚毅"求卓越；"以人为本，追求卓越"是贯穿于学校方方面面工作的办学理念；让学生喜欢、让家长放心、让同行认可、让学校放心的"四让"标准，是教师工作的导向。长郡双语实验中学深度理解长郡中学的校训、办学理念和教师工作标准等文化精髓，以形成长郡人的共同特质。

(二)将名校核心理念落地

长郡双语实验中学通过多种方式，将名校核心理念落地。其一，创设环境。长郡双语实验中学在建校时，注重保留长郡中学的象征性标志，如积淀长郡精神的澄池、记载长郡光辉的院士路等。其二，构建制度。长郡双语实验中学依据长郡中学的管理制度，结合新校特色，构建了《绩效考核制度》《教研组考评制度》《备课组考评制度》《优秀青年教师评选制度》等制度，并将这一系列

制度汇编成《长郡双语教师工作手册》。其三，开展集团活动。长郡双语实验中学与长郡中学一起召开教职工大会，进行教师培训，每两周与长郡中学行政领导一同召开行政会。通过开展校际联动、校际研讨等集团活动，教师感悟名校的核心文化。

二、 立足新校——促进青年教师群体的发展

长郡双语实验中学结合学校实际，以核心文化为引领，重点抓青年教师的群体发展。

(一)为青年教师营造家园般温暖的校园

学校成立教工团支部，建立"成长1＋1"青年教师志愿服务队，为青年教师开展集体庆生、团队素质拓展等活动；学校还定期为青年教师组织联谊、相亲等活动；根据部分教师身体、家庭等特殊情况，经常开展走访慰问及帮助其维权等工作。青年教师面临组建家庭、适应新工作等压力，学校就邀请专家到校开展讲座和咨询活动，帮助青年教师答疑解惑、释放压力。学校鼓励教师组建有益于身心健康的团体。目前，长郡双语实验中学已有十余个自发形成的教师团体，如以运动为主题的羽毛球俱乐部、篮球俱乐部、自行车俱乐部、瑜伽班、健身操班、舞蹈班等。上述举措，让青年教师感受到家庭般的温暖，获得安全感和归属感，从而安心、快乐地工作。

学校还制订了"3A"绩效考核方案，将教师的常规工作与绩效考评挂钩。"3A"是指工作表现、工作业绩和工作能力三个维度，每个维度分为三个等级。这样做有利于实现"保障基本、奖励优秀"的目标，满足了青年教师的基本需求，同时推动青年教师将更多的精力放在事业上。

(二)为青年教师搭建专业成长的平台

学校将青年教师的发展分为"三年模仿、五年超越、十年形成自己特色"三个阶段，为青年教师搭建平台，促进他们的专业成长。

(1)建立有明确考核标准的"青蓝工程"成长机制。

学校构建了"青蓝工程"培养体系：每位新入职教师要跟着师傅学习三年，三年内，师傅必须完成相应的指导任务(每学期听评徒弟教师三节随堂课，指导其上一节公开课等)，徒弟必须在教学、教育、教研三方面有所建树才能填写"出师表"，向学校申请"出师"，经学校评审合格后，方可参加"出师仪式"。自2012年起，学校每年组织一次温暖、隆重的"出师仪式"。目前，已有44位徒弟教师顺利"出师"。

（2）锻造有凝聚力的团队。

一方面，学校按不同类型组建了多个团队，如按学科建立了 11 个教研组、28 个备课组团队，按年级搭建了年级组、楼栋办公室团队，每个团队均有自己的特色和文化；另一方面，学校将所有教师组成一个大团队。学校重视全员参与，增强教师的主人翁责任感。比如：成立"团队导师制"，每位教师均须在自己任教的班上担任一个团队的辅导教师；再如：每位教师都要参与编制"校本作业"，通过多次审稿、校稿，不断提升专业水平。

（3）创设丰富的活动。

学校从教学、教育、教研三个方面开展活动，锤炼青年教师的能力。在教学工作中，学校鼓励青年教师找准定位，形成并彰显自身的教学特色。其一，鼓励教师探寻适合学科特点和自己风格的教学方法。其二，提倡教师开设凸显自身爱好、特长的校本选修课。学校现已开设 43 门各具特色的校本选修课，通过校园网站，定期进行展示。其三，开展教学比赛活动。例如，每年定期进行十分钟片段教学、师徒结对徒弟汇报课、微视频制作等比赛。在每次活动中，徒弟与师傅一起寻找符合自身特色的取胜之道，比赛可谓百花齐放、异彩纷呈。

在教育工作中，学校注重"自主教育"，鼓励青年教师在符合常规要求的基础上发挥自身教育管理方面的特色，学会"智慧"地放手，最大限度地发挥学生的主动性。学校开展"成长 1＋1"活动，如每周举行"班主任沙龙"等活动，促进班主任交流，探讨教育中的问题及其解决方法。

在教研方面，学校提倡"问题即课题"的研究思路，引导青年教师在工作中发现问题，将其转化为小课题，形成工作、研究相互促进的良性循环。此外，学校注重教师反思意识的提升。教师除每节课写反思笔记外，还要在假期读书并撰写反思文章，"以我手写我心"，学校择优结集出版，将教师的反思物化为教研成果。

（三）表彰优秀青年教师，带动群体水平的提升

学校每年通过自荐、同伴评价、学生评价、教师评价、领导专家评价等，考评出"优秀青年教师""魅力教师"，借助校园网、学校橱窗等途径进行宣传。学校安排优秀青年教师登上庄重的"长郡大讲坛"或在更大的舞台上进行经验介绍。这些优秀教师为青年教师群体带来了正能量，带动了青年教师群体水平的提升。

（本文第一作者系湖南省长沙市长郡双语实验中学原校长）

实践·反思·重构：
优秀班主任专业成长路径的个案研究

刘永存

在班主任成长的过程中，哪些决定性因素导致了他们专业成长路径的分殊，进而影响他们的班级管理水平和教育水平？本研究拟采用个案跟踪的方式对此进行探究。

2010—2013年，笔者先后承担了800余名中小学班主任的短期面授培训和长期网络跟踪培训。笔者从中筛选任教年限、任班主任年限、初始学历、学校所处地域经济和社会状况相似的四名班主任作为研究对象（见下表），研究历时33个月。本研究的分析材料均来自被调查对象的自我报告与研究者的深度访谈。本研究排除班主任专业成长过程中情感性的因素，比如热情、正直、意志力强等，只寻求优秀班主任成长具体的实践路径——是哪些具体的做法导致优秀教师与普通教师专业成长的差异。

表　四名被调查对象的人种学特征统计

对象	性别	年龄（岁）	任教年限	班级管理年限	初始学历	最后学历	专业	自我报告及研究者核定
A	男	36	16	15	专科	本科	中文	优秀
B	女	36	16	16	专科	本科	英语	普通
C	女	35	16	16	专科	本科	政治	普通
D	女	34	13	13	专科	本科	数学	优秀

一、 实践： 班级管理初始经验的来源

班级管理是一项实践性较强的工作，教师关于班级管理的初始经验来自哪里？实践性框架是如何建构的？四名被调查者从大学毕业即担任班主任，他们的自我报告都显示：在大学期间，学校没有开设有关班级管理的相关课程，他

们没有班级管理理论的支撑。

班主任 A、B、D 的自我报告显示，他们的班级管理初始经验都来源于自己受教育的经历，即借鉴读中小学时自己班主任的经验。"比如，排座位、安排卫生、选拔班干部等都来源于自己的受教育经历，我的班主任当时是怎么做的，我就学着先来一遍，摸着石头过河，试看效果。"班主任 C 报告他的初始经验来自向校内老班主任的请教。尽管 C 在大学里选修过管理学，但"依然不知管理为何物，幸好自己比较灵活，乐于接近其他前辈。所以，我急急忙忙向老班主任请教相关事项，确实对我'镇'住那个讲台帮助很大"。

无论是向老班主任请教，还是模仿自己上学时班主任的班级管理模式，从专业成长的角度看，几位班主任的班级管理初始经验多来自实践而非理论。实践性的、具有较强操作性的管理框架对他们更具吸引力，对于新班主任来说，重要的是解决问题，而不是在理论上找到落脚点。

二、 反思： 专业成长分殊的开始

四名被调查者从新手到能够胜任班级管理工作的平均年限为 3.5 年。最长的是 A，他用了 5 年；最短的是 D，只用了 1.5 年。

D 的专业成长最快，相较而言，她的实践路径更清晰："我是一个很喜欢想办法的人，遇到一件事情，我会努力把事情处理好，而不是去想理论上是可行还是不可行。我相信理论是随着时代变的。刚开始，我的好多方法都来自老班主任，我会抓住一切机会向他们请教。大家都在一起吃午餐，我会向他们请教。课间操的时候，只要我发现哪个班的学生比我们班的学生到得早，我就会问这个班的班主任是怎么做到这一点的。同时，我喜欢验证从不同班主任那里得到的不同的方法，比较哪些方法更容易让学生接受，效果更好，哪些方法学生的接受度差些。慢慢地，我就形成了自己的一套班级管理方法了"。

可见，D 善于反思既有经验与实际管理情境的吻合性，通过反思，积累和建构适合自己的方法。

A 的成长来自于一本书的相遇："我的人生是比较幸运的。管理班级是个累活儿，一开始我按照自己的经验来，后来，我通过观察，向其他做得好的班主任学习。我比较内向，不爱开口问，但喜欢观察。我的转变来自一次偶然的际遇。有一次，我去同学家玩，他母亲是个高中班主任，家里放着一本魏书生写的《班主任工作漫谈》。我那时候还不知道魏书生是谁，随手一翻，就被里面关于班级管理的精彩内容吸引了。他的'人人有事做，事事有人做'，我觉得非常有道理，于是就按照这个原则和方法操作起来，做了一段时间后，我从中找到了乐趣。对照我以前的班级管理方法，我发现自己管得太死了，自己累，学生也累，只是表面看起来很好罢了。我想如果我轻松一些，学生快乐一些，班级管理成效更大一些，那不是更好吗？"

这种反思能证实 A 内心的反思系统是完善的，是处于激活状态的，否则，这样的刺激无法产生后面的反思行为。

相较而言，B 的管理行为是被动的。B 的班级管理是按部就班的，"我每天都按照学校的标准来做我的管理工作，不好，也不差。当然我的压力很大，我每天都盯着学校的评分黑板，每天都在紧张中度过。每个学期我最期待的事情就是放假"。

B 在自我报告中很少提及思考和反思，她更多的是按照上级的要求来做。只要一达到目标，她就会觉得很自在。至于对方法的改善，她很少反思。

C 有偶然的反思，"我也会看看书，看书是我喜爱的。我也知道李镇西、魏书生这些人，也会通过他们的做法来对照自己的做法，比一比。有比较才会有成长，有比较才会知道差距在哪儿。跟他们比，我的差距确实很大"。

调查获知，四名班主任在任职的前四年都有获得校级优秀班主任的经历，班级管理工作获得学校认可。

笔者仔细比较他们的自我报告并通过进一步的深度访谈发现，A、D 的优秀蕴含着方法上的改善；C 意识到自我与他人的距离，她的优秀伴随着心智上的成熟；B 只是单纯地获得了学校的认同，迎合了小集体的利益诉求，并没有从方法和心智上去反思和完善。

三、 重构： 走向真正的专业化

在跟踪研究中，我要求四名被调查者对自己任班主任十年以来的班级管理状态进行描述和总结，以此探究他们专业成长差异的更深层次原因。A 的表述是："通过十年的学习、摸索和修正，我已娴熟地掌控班级管理的各个流程，初步形成了自己班级管理的风格，学生和家长对此都比较认同。我现在不觉得班级管理是什么负担，而是觉得和学生在一起'有点爽'。你看，别人当班主任当得累，感叹待遇低，我还能到处做做讲座，把我管理班级的经验与广大一线班主任分享，这是一件多么快乐的事情啊。同时，做讲座还促进我不断思考、改进我的方法。我看到其他地方的一些好做法就拿来用，又丰富了自己的做法。做好了再出去讲，形成了良性循环。"B 的自我报告是："我感觉有点倦怠了。刚开始那几年，我还是比较有激情的，但后来觉得学生越来越难管了，一届比一届不懂事。所以，我就觉得特别痛苦。好想只当一名任课老师，这对我来说是个梦想。"C的自我报告最长，其中谈道："当时我还是有一些想法的，只是没有胆量付诸行动，挺可惜的。我也想过要做一名像李镇西那样既做得好，又总结得好，不断推陈出新的好班主任。但作为女教师，我要改革，会面临更多的压力。现在，我年龄大了，再来做，有些力不从心。"D的格调显得轻松和自信："看准了就去做，班级管理都是做出来的，不是玩嘴皮子玩出来的。我就笃信不断借鉴、不断摸索、不断积累，早晚会形成自己的风格。别管别人怎么看你。要想到对家长和学生负责，而不是单纯地围绕指标转，做教育的就要有对教育梦想的守护。"

显然，A的"娴熟""实践自己的想法""良性循环"，D的"看准了做""摸索和积累""不围绕指标转""教育梦想"，与B和C的"压力""一届比一届难管""痛苦""力不从心"形成了鲜明的对比。同样对班级管理有着特定梦想的班主任，起步相当，在十年后差距是如何形成的？为什么A、D走进良性循环，而B、C步入倦怠的边缘？

A的经验是要有勇气去实施自己的想法。"尤其是2003年新课程改革以后，学校的管理变得越来越规范，各种指标性的评比越来越多，这个时候，一个班主任要想做一些创新性的工作得需要勇气。也许我是男教师吧，所以，我暗地里下决心要展示男子汉的气概给学生看。当然，我也有许多失败。还好，我的风格已经形成了，学校也慢慢理解了"。

在对B、C的深度访谈中，她们更多地表示：没有勇气去重构自己的班级管理方法。B说："当初我想到过要进行改革。但是，我作为女教师，来自家庭的牵绊太多了。你要改革，必须去投入更多的精力去关注未知的东西。我知道自己肯定没有那么多精力去深入想这些，干脆放弃了。按照学校的要求来呗，反正也不会错到哪里去。"C也表示："不敢改，我连续带了五年毕业班，哪敢轻易动原来成功的管理模式呢？到后来我就是按部就班，自己的激情也慢慢不见了。我想如果我有意识地去改变的话，现在可能会在班级管理方面取得一点成就，毕竟自己对班级管理的某些问题还是有过一些深入思考的。不过，现在年龄大了，也懒得去理会了。"

D表示，自己的家庭负担轻一些，再加上是个细心的人，所以会慢慢琢磨，慢慢修正。"我采用的改革办法一般都是我自己通过观察悟到的，有时候会对一个新的想法兴奋不已，就会偷偷地先做，等做出成绩来了，学校领导问了，我才会说。我事先不会说，否则压力太大了。"

看得出来，造成他们对班主任工作的态度和行为在十年后截然不同的因素中，有无勇气将反思后的经验运用于班级管理实践中、重构或者是修正原来的管理行为是核心因素之一。B、C 由于各种压力或精力不济，以保守的、缺乏创新的模式重复过去的实践，导致职业倦怠。在后期的自我报告中，B 和 C 很少从管理方法、管理理念上进行自我反思，而是将各种与自我预期不吻合的现实归因于外部环境。A、D 主动改革，学会从改革中反思和享受由改革带来的快乐，获得一种心理上的成就感，形成"反思改变—获得成就感—再改变"的良性循环。

2011 年，笔者对 1082 名中小学班主任班级管理行为的问卷调查数据显示，76.4％的被调查者在班级管理活动中沿袭已往的成功做法，屈服于学校短期性的可见利益导向；82.6％的被调查者认为，当班级管理变革行为受到学校评价机制制约时会选择放弃。可见，班主任在进行班级自我变革方面的阻力较大。这也无形中加快了优秀班主任与普通班主任的分化。从四名被调查对象专业发展的个案看，在反思的基础上有无做出改变或修正的行为，促进自己的班级管理朝符合学生发展实际的方向改善，是班主任能否走向专业化的关键因素。

（本文作者系湖北第二师范学院教育学院副院长）

专业学习社群： 台湾教师教学效能提升的尝试

谢传崇　吴元芬

从事教职 20 年，总觉得时时日日都在学习，从教授、校长、同侪，甚至从学生身上，我们都能有所获益，但对我们影响最大的还是 ICT 信息融入语文社群——这个支持我们成长，历经数年却仍努力前行的社群。

ICT 信息融入语文社群是以信息与通信技术(Information and Communications Technology，ICT)为媒介，通过实践与反思，探讨如何精进语文教学的一个自发性团体。它成立于 2007 年，是台湾新竹教育大学附属实验小学(以下简称"竹大附小")一群热爱语文教学、希望在自己的专业领域不断成长的伙伴所组成的教师社群。在新竹教育大学教授的长期帮助下，这个小小的语文社群历经萌芽、抽枝而逐渐茁壮。

一、 学习社群的运作： 专业对话、 合作与分享

竹大附小教师专业学习社群的前身是工作坊。早在 2005 年，学校就成立了一些工作坊，希望教师们选择自己感兴趣的课程、学科或知识，通过讨论、对话、分享的模式，精进自己的专业知识。

语文社群成立之初，笔者便参与其中，担任社群的"领头羊"，深受社群文化的洗礼，也深刻体验到社群的美好。从开始的识字教学、阅读教学、数字写作教学到目前的数字识字教学，我们始终执着于初衷——通过不同的教学方式来提升学生的学习成效。资深教师的经验传承，新进教师的创意与学习，伙伴无私的合作与分享，让社群成员受惠良多。

每个学期初，语文社群都会拟订一学期的专业对话计划。每名社群成员根据主题设计课程，在进班教学前，先通过所有伙伴的检视，确认流畅度与有效性；进班教学后，多双善意的眼睛帮忙观察与记录教学与学生小组讨论的点点滴滴；教学后，大家再围绕焦点问题进行讨论，针对教学的过程与学生的反应

88

来修正、增减教学活动；修订完成后再换班教学，再次确定修正后的教学是否能有效提升学生的学习成效。整个流程结束后，教学者书写教学案例，记下心路历程，进行反思。教学者是主核心，伙伴教师是次核心，大家共学、共享，相互提携，共同成长。

在语文社群中，伙伴们各司其职："领头羊"在联系、沟通、协调与领导的岗位上努力，带领整个社群走向专业；教师领导负责落实计划，是教师专业学习社群成功的关键，没有教师领导，教师专业学习社群将是空泛的。在社群成员进行教学时，观察者则带着一双善意的眼睛，提供与分析教学现场的实况，担负旁观和咨询的任务；教学后，教学者从各方建议中归纳、修正，提出更妥善的模式，奠定下一次教学的基础。每个成员在不同的主题下尝试不同的角色，整个社群发挥共学、共作、共享、共荣的精神，正向的循环让社群成员累积能量，精益求精。学校行政也善尽职责，给予排课、场地、录音录像设备等支持，让社群无后顾之忧。

社群的运作不是没有遇到过难关，但伙伴间的关怀、信任、尊重、认同，敞开心胸接纳批评、正视自己缺点、勇于尝试和努力改变等特质，让社群充满正向的氛围。

二、 学习社群的核心价值： "学习"与"反思"

"学习"是社群要努力彰显的重要价值之一。专业学习社群是校内的学习型组织，具有专业工作、共同目标、合作学习、知识分享、力行实践、结果导向和持续精进七大特征。竹大附小语文社群的实践确实能验证这个理论，尤其是在合作学习方面，在每次教学过程中，团队的功能都发挥到极致，这不仅让大家感受到彼此的支持与温暖，更取得了事半功倍的教与学的效果。此外，"共享教学实务"，也让教师透过同侪间的教学观察与回馈，增强了个人与组织的能力。同样的教学策略，不同的教师能发展出不同的课程与活动，通过观课与分享，诱发不同的新思维。此外，经验的传承更能缩短新教师摸索的过程。

语文社群能持续精进，"反思"的机制功不可没。教师专业学习社群强调的是教师间的平等对话、支持合作及分享讨论。威斯康星大学的学校组织与再造研究中心(Center on Organization and Restructuring of School，CORS)的研究指出，"专业社群"有五个要素，其中第二个要素——"反省性的对话"要求教师之间针对课程、教学、学生学习进行定期的讨论，包含支持性的、批判性的或称为评鉴的讨论。语文社群的焦点讨论，不论是进班观察前还是教学后，总能经由对话、辩证、澄清、讨论，激荡出不同的火花。这样的历程，给教学者提供了反省与检视自己教学的多重视角，也让伙伴们通过观察、讨论，思考这样的教学想法如何在自己的班级中运用。这样宝贵的专业对话与省思历程，是社群的特有产物。"反思"，将是再出发的原动力。

通过语文社群的实践，我们可以发现，教师专业学习社群就是一群有共同信念与愿景的教师，借由团队合作学习、专业省思对话的模式，分享实务与经验，以达到专业成长与提升学生学习成效的目的。

三、 学习社群的功效： 提升教师的学术乐观度

建立专业学习社群是教师为了回应改革而一起学习、一起领导的重要策略，也是教师参与学校文化重塑的重要路径。在专业学习社群中，教师之间是一种基于尊重与信任的关系，整个组织体现出一种民主、和谐、进取的学习氛围。在这种氛围中，教师相互理解、相互协作、相互支持、分享实践，不仅增进了教师间的情谊，减少了教师之间的孤立和隔阂，而且形成了集体智慧，促进了教师的成长。几年来，竹大附小的 ICT 信息融入语文社群的伙伴们一起学习、一起领导，参与学校文化重塑，教师的学术乐观度明显提升。语文社群频获肯定，成为台湾教师专业学习社群的成功案例，社群伙伴常常到各校分享社群实务。2013 年 5 月，又成为台湾地区 2013 年度北区十县市精进教学策略联盟追求有效教学的标杆，承办了语文教学数字设计暨语文教师教学演示活动。

（本文作者系台湾新竹教育大学教师）

跨学科学研共同体： 实现教师、 学校共发展

武树滨

　　怎样建设一支师德高尚、专业素养过硬的名师队伍？山东省济南第二十七中学经历了一个由教师分层研修到团队共研的转变过程。

　　2003 年，我校制订了《名师梯队建设工程实施方案》，将教师的发展分为新苗教师、新秀教师、骨干教师、首席教师、功勋教师五个层级。在实践中，我们发现，依靠骨干教师的"单打独斗"，教师专业发展的动力明显不足，缺乏冒尖的信心；而学校的一些教育教学难题往往需要团队攻关。怎样才能形成一个科研氛围浓厚、积极追求事业发展的骨干教师梯队，最终形成一支名师队伍？学校通过慎重研究，决定组建一支骨干教师学研团队。2003 年年底，济南市市中区教育局命名了第一批区学科首席教师，笔者当选为物理学科首席教师。学校为了充分发挥区首席教师的辐射带动作用，于 2004 年成立了以我的姓名命名的教师跨学科学研共同体——武树滨工作室。成立数年来，这支团队的成员相互支持、互相帮助、合作共研，实现了教师与学校的共同发展。

一、 初探阶段： 用责任与热情撑出一片天

(一)确立目标

　　学校培养教师一般采用两大策略：一是"木桶定律"策略(针对普通教师)，二是"孤峰定律"策略(培养专家型教师)。我们工作室的目标是培养专家型教师。学校之所以用教师的姓名命名工作室，就是因为"只有适度的压力，才会有超强的动力；只有明确责任，才会抓好落实"。

(二)团队定位

　　与单学科研究团队不同，我们建立的是一支跨学科的研究团队。不同学科的教师聚在一起到底研究什么？我们认为，优秀教师的成长至少需要两个发展

过程：第一是从教学新手到经验型教师的转变，第二是从经验型教师向专家型教师的转变。教师仅有第一次发展是不够的，对教师起决定性作用的是第二次发展。教师在第二次发展中，理论学习至关重要，专业反思和专家指导不可或缺。经过反复思考、多方论证，我们最终决定围绕同伴互助、读书养性、专业引领、案例讨论、行为跟进等几方面开展活动。我们认定，教师经历过实践—反思—调整，才能真正提高教学水平；把听懂的东西做出来，把做出来的东西说出来，才能真正促进教师的专业成长。

（三）成员组成

工作室由三部分人组成：研究人员（学校骨干教师）、待培青年教师、特聘专家。前两部分人都是教师报名后，学校根据一定条件挑选的。工作室开始共有 8 个学科的 13 名教师，聘请了 6 名指导专家。

学校之所以选择一部分青年教师加入工作室，是希望突破原有的用师带徒的方式来培养青年教师的单一模式。师带徒固然利于青年教师从师傅身上学到经验，但如果师傅有明显的缺点和问题，就会影响到徒弟的发展。如果用团队培养青年教师，即一批骨干教师带几名青年教师，就能很好地弥补这一缺陷。骨干教师有很丰富的经验，但往往无法将教育教学经验提升为一般规律，以致影响到这些宝贵经验的推广。工作室的特聘导师都是山东省知名专家，定期指导骨干教师学习和研究教育理论，不断校正其研究轨迹，逐步使其成长为研究型教师。

（四）建立章程

工作室从成立至今，只有一个文件：《工作室章程》。《工作室章程》确定了工作室的性质：学校内部学习和研究性团体；提出了工作室的宗旨：培养有发展潜力的青年教师，打造科研型、专家型的学科骨干教师；对人员选聘、活动任务、经费来源等都做了细致的规定。《工作室章程》经学校教代会审议通过，成为学校的"法律性"文件，确保该团队不因学校领导和工作室成员的变更而改变或消失。

（五）活动方式

工作室每周集中活动一次（周四下午），地点在专用学习室。学校为工作室配备了沙发、桌椅、书橱，并提供购买书籍所需的经费。

跨学科的教师是有共同语言的，因为我们面对的学生是一样的，相关学科间很多内容是相通的。先前，很多相似甚至相同的问题，因为学科不同，大家在语言表述、教学要求等方面存在诸多差异，这些人为制造的"鸿沟"，影响到学生对知识的理解。比如，生物的蒸腾与物理的蒸发，物理与化学的密度内容，理化生的科学探究步骤，数学与物理的函数图像要求，英语和语文的语法要求、句子主谓成分分析等。现在，我们组织相近学科成员就相似或相同问题共同备课、听课，深化成员对学科知识的认识与理解。同时，跨学科教师跳出学科看教育教学，互补性很强。跨学科研讨有利于实现教师间真正的互助互学、共同提高。

二、 发展阶段： 任务驱动， 促成员快速发展

(一)围绕学校中心工作开展活动

怎样才能使工作室的发展迈上一个新的台阶？2005年年底，学校开展向杜郎口中学学习的活动，尝试进行合作学习教学改革。教改之初，困难重重：如何指导学生预习？学生互助学习课时占用量大，教师无法完成教学任务怎么办？在小组讨论中，"学困生"搭便车，无所事事怎么办？等等。很多教师开始怀疑、彷徨、埋怨。为了使教改顺利实施，学校把先期的实验工作交给了工作室。

(二)做学校科研的排头兵

(1)寻找解决共同问题的对策。工作室成员召开专题会议，研究实验方案，决定建立实验班，工作室成员担任实验班的教师。我们对实验班学生进行了全方位的合作学习培训：从板书的速度、工整性，到讲解的语气、语调及小组成员的分工等。工作室成员们每周一起备课、听课、评课，将在课堂观察中发现的问题带回工作室，每周的研讨话题均围绕合作学习实验中遇到的一两个难题展开，大家群策群力，力求寻找到解决问题的办法。工作室成了难题会诊地、信息收集厂、设想孵化器、成果发布源。工作室成员回到自己教研组，着力宣传、实践初步的设想，带动更多的教师积极参与到教学改革中来。

(2)通过案例分析，归纳好的方法。2006年，学校在七年级开始全面实施合作学习教学改革，为了尽快将工作室研究成果有效推广开来，学校拨付专项资金用于工作室成员整理合作学习教学案例，刊印问题解决汇编资料。这些资料对于有效推动教改具有非常重要的作用。

(三)在研究中成就团队教师

"中心话题准备人制度"促进教师深入思考问题。话题准备人是一次活动的

组织者，负责在活动前向大家推荐文章和学习材料；在集体活动时，介绍收集的专家观点，对活动进行总结。这一制度的好处是：首先，确保每次活动内容不空洞。话题准备人必须根据上次活动的实际情况，决定另选话题还是继续话题。所选话题必须是近期教育教学中切实存在的困难或热点问题。其次，提高了教师深入思考问题、广泛收集信息、有效整理信息的能力。最后，激发了教师的创新思维。在中心话题准备人发言后，其他成员必须另辟蹊径或提出非常独到的观点，不能人云亦云。

有效、多彩的研究活动是促进每位教师快速成长的催化剂。导师的指导，开拓了成员的学术视野，为成员指引了研究方向；读书活动让成员走近经典，深入思索，形成独特的教学思想；沙龙研讨激发教师深入反思，不断总结，生成创意；团队交流、相互听评课，促进成员间情感交融，实现互助双赢；面向全校开设讲座论坛，为教师深入研究、提升专业水平搭建平台。在工作室最初的 13 人中，现已有校长 2 人，齐鲁名师 1 人，济南名师 1 人，区首席教师、首席班主任 6 人，在全国、省、市优质课评比中获奖 12 人。

三、 提升阶段： 团队发展与学校命运紧密结合

工作室成员的变化，不仅体现在学术成就上，而且体现在思想和行为的转变上。

(一)促进青年教师脱颖而出，发挥自身的辐射作用

每次工作室成员上公开课、研讨课之前，大家总会听试讲、提意见、出谋划策。在工作室中，成员可以得到更多的发展空间和机会，特别是青年教师的发展更是迅速。在 3 年的培养期中，有 4 位成为区学科带头人，全部获得市级优质课一等奖。成立的最初 7 年，工作室共培养了 11 名青年教师，现在都已成为各学科骨干教师。在自身取得进步的同时，工作室成员在其所在教研组也起到了很好的辐射作用。

(二)重视学习和研究，初步形成教育教学风格

买书、读书、写反思、记札记已成为每个成员的工作常态，成员不断反思和研究自己的教学行为，初步形成自己的教育教学风格。

(三)编写校本教材

工作室成员深入研究课程标准，多方收集各种版本的教材进行研究，着手编写适合自己学生学习的校本教材——学案。目前我校的学案已编印成册，成

为教师上课的蓝本、学生自学的帮手和开展合作学习的脚本，它的使用极大提高了教学效益，实现了轻负担、高质量的目标。

（四）研究学情

成员在教学设计和管理中特别关注学生的感受，把研究学情放在首要位置。工作室成员灵活多变的教学方式、高品质的教学氛围、优质的教学质量，深受学生喜爱。

（五）关注学科发展和学校整体教学

工作室逐步成为学校领导的智囊团。学校出台制度、方案和举办活动，都事先征求成员的意见；工作室成员对学校各项重大改革，总是积极献计献策。

（六）工作室成为学校学研型团队的孵化器

工作室鼓励核心成员分化，成立自己的学研团队，以吸纳更多的教师加入团队之中。目前已孵化为 3 个学研共同体：首席教师工作坊、支柱教师研究室、青年教师合作体，共有 43 名成员。

四、 由工作室引发的几点思考

（一）建设一支平等的学术团队

团队成员间应是平等的，没有校长、主任、教师之分。只有平等，大家心理上才安全，才会有学术争鸣，才能萌发创新的灵感。工作室的管理是扁平的（对内日常活动由中心话题准备人组织，对外由负责人进行协调），宽松的，没有考勤记录，没有评价。但是几次活动不参加，成员就会明显感觉有些"落伍"，所以吸引教师的是丰富、深刻的活动内容，是参与活动的收获。

（二）具有共同的目标，实现具体的任务

团队在运行中必须有明确的目标，通过完成一个个具体任务来提高教师的专业水平。读书与教育教学实践的紧密结合，让教师在活动中感受到研究的辛苦与快乐。

（三）获取学校支持的关键在于团队的作为

影响教师发展最重要的因素是学校的氛围。要想让学校给予更多的关注与支持，团队就要为学校做出更大的贡献。因此，教师团队的活动应当与学校工作紧密结合，通过解决学校的重大教育教学难题、科研课题，来增强团队的影响力。

(四)领头人至关重要

工作室的成功,领头人至关重要:对内对外的多项活动,都需要领头人进行协调,以确保工作室的健康发展。此外,学校的教师团队人员要少,可以从一个骨干团队开始培养,精心打造团队核心成员,为今后的异彩纷呈积累经验。

(五)将名师培养与全员发展紧密结合

为进一步提升教师的素养,我校确立了二维校本培训机制,教师学科专业素养提升主要通过教研组的教研活动来完成。在学校层面,主要对教师进行综合素养提升:一是靠工作室,依托工作室培养科研骨干和名师后备人才;二是靠每周的教师全体大会,使大会成为培养教师综合素养的平台。我们开列教师综合素养培训菜单,主要聘请校内特长教师和校外专家为讲师。如请音乐教师讲"交响乐的欣赏""京剧赏析",请美术教师讲"西方绘画赏析",还开设"茶艺""文物与珠宝鉴赏""齐鲁历史沿革""论语心解"等专题讲座。学校每学期为教师选择 20 本必读和选读书目,开办读书沙龙;请各教研组作合作学习成功小案例解读。实践证明,学校只有关注全体教师的发展,才会形成良好的学术氛围,名师成长才有好的土壤。

(本文作者系山东省济南第二十七中学校长)

"有机团队"： 基于内向设计的教师校本成长

郭宏成

以校为本促进教师专业发展已成为许多学校管理者的共识。但正如陈雨亭等学者指出的那样，无论从哪个层面对教师进行培养，都无法改变一个简单的事实：除非教师的内在自我产生了转变的意愿，除非教师具有坚定的关于怎样做教师的内在标准，除非教师关于教学的理念发生了真正的转变，否则，无论学校或者教育主管部门如何要求教师改革，也很难使教师的课堂教学产生真正的转变。无论对于教师的个人发展，还是对各种教师专业发展设计来说，教师自我的发现与重构都有至关重要的作用。与此同时，我们处于一个对于合作竞争、双生共赢有着更高要求的时代。结伴、协同、互通、互助并形成团队，已成为个体及群体谋求更大发展空间的有效方式。基于上述原因，自 2008 年起，我校积极探索校内教师间的协作发展机制，鼓励和支持具有共同愿景和共同发展需要的教师组建"有机团队"。

MBA 智库百科中这样描述"有机式组织"的特点：低复杂性、低正规化、分权化，不具有标准化的工作和规则、条例；是一种松散、灵活的具有高度适应性的组织形式。我校的教师"有机团队"也具有这样的特点。它的合作动力来自教师本身，合作的主动权掌握在教师手里。教师自愿参加、自我管理、自由选择搭档伙伴。在"有机团队"中，教师彼此间不存在等级上的差别，没有主次之分。这有助于发挥教师的个体潜能和协同效应，营造资源共享、群体互动的合作文化。

现在，我校教师已自主组建了青年教师联合会、教师成长志愿者联盟、师说——心语成长沙龙等 13 个"有机团队"。这些团队的合作目标及行动计划等，均是教师集体商讨后共同确定的。通过几年的实践我们感到，基于内向型设计而产生的"有机团队"，是调动教师专业发展的内在动力、满足其自我发展的现实需要、提高其协作意识、增强凝聚力的有效途径。

一、 青年教师联合会

几年前，我校有些青年教师抱怨，学校里没有他们发出声音的渠道，更没有他们展示才华的舞台。针对他们的意见，学校对青年教师的特点、优点与需求，以及如何激发青年教师的活力等问题进行了广泛的调研。根据调研结果，学校决定鼓励青年教师成立自己的组织——青年教师联合会（以下简称"青联会"）。

"青联会"由一批心怀教育理想与热情、年龄不超过 32 岁的青年教师组建而成，主席、秘书长一律通过竞聘产生，每届任期三年，联合会的章程和活动计划经民主协商产生。每届"青联会"主席团都会提出任职规划、发展目标和活动方案，交"青联会"全体成员审议通过。青年教师通过组织开展学生社团活动及各类比赛活动、参与社会公益活动等，实现了个人成长与团队提升的统一。他们自主发行电子刊物《最青春》，展示他们的活动成果和团队风采。近年来，这一团队中已有 11 人代表烟台市参加山东省优质课评选，8 人获一等奖，3 人获二等奖；还有 7 名教师获烟台市"十百千万工程"优质课奖，20 多人获芝罘区优质课奖。"青联会"的第一任主席姜涛，现已成为学校信息中心主任；第一任秘书长娄金刚，现已成为学校团委副书记。

姜震感慨地说：我要感谢"青联会"，作为学校第一届"青联会"的主席团成员之一，以及第二届"青联会"的主席，我一共在"青联会"服务了 5 年，我对这个团队充满了感情，从它成立的第一天起，我就喜欢它的年轻与活力、温暖与和谐，更喜欢它的快乐与团结。从组织教师羽毛球比赛，到参与组织校园开放日活动，再到带领学生徒步行走 60 华里、参与创建文明城市的志愿者工作，"青联会"这个平台让我有了更多的机会参与到学校工作中来，投身到为所有青年教师服务中去，这让我得到了锻炼，得到了认可，我在工作中成长，也在工作中享受。

二、 教师发展志愿者联盟

近年来，学校多次邀请专家来校作讲座，但有的教师听讲座的积极性并不高。因此我们想把专家讲座提供给有需求的教师，以增强培训的针对性。那么，谁需要这种培训呢？我们建议教师自主成立一个自愿发展组织，学校为他们的发展提供帮助和支持。教师发展自愿者联盟（以下简称"联盟"）就在这样的背景下诞生了。

"联盟"是教师自主成立、自愿加入的学习型组织，是由具有专业成长愿望和教育激情的 66 名教师组成的"有机团队"。教师自主推选"盟主"和秘书长，团队下设 7 个行动小组。秘书长刘慧娟老师说：从起草"联盟"倡议书，到向全体老师发出《倡议书》，再到组建特色小组、制定《发展联盟章程》、组织成立大会……一路走来，在逐渐浓厚的教师专业发展的氛围中，我的思想、我的角色也在一点点发生变化，我不再是一个"观众"，我也想当"演员"，我渴望成长，渴望与"联盟"成员共同发展……

"联盟"采取分散学习与集中活动相结合的方式，有时分析某一个教育现象，提出解决某个管理难题的思路，有时推广一本教育专著，倡导写一篇教学随笔等。"联盟"创立了学术刊物《复色光》，为教师提供成果展示的新舞台；创立"联盟"博客群组，寻找教师与名师对话的新途径；通过开展网络环境下"教师优质资源中心"建设、"与优秀教师同行"、同课异构、课题研究等活动，引领更多的教师更新观念，开拓进取。

例如，"联盟"全体成员以"分享"为主题，开展课堂教学研讨，大家依据"说具体教育案例、做具体教育改变、写具体教改体验"的理念，以"打磨优质课堂教学"为重点，以小组为单位分享了各自课堂教学中的亮点与困惑："梦想起航"小组刘宁老师分享了课堂亮点——"慢下来的课堂""把握学习中的思维规律"，并提出了自己的困惑；"一叶繁花"小组刘春霞老师分享的经验是"让学习真正发生"，主要围绕对数学的认识、用好导学案、让学生成为课堂的主人等，畅谈自己的教学感悟；"让梦想照进现实"小组的曲朝霞老师分享的经验是"繁华过后品真淳"，她认为，"阅读活动＝语言活动＋思想活动＋情感活动"……

"联盟"成立后，学校给予其细心的呵护和支持。针对教师在写作方面不自信的问题，学校决定为"联盟"出版教师的教育叙事刊物《复色光》，它的诞生带给我们特别的惊喜：教师们自己组稿、排版、联系印刷。这本小小的刊物见证了每一位撰稿人专业发展的轨迹。如今的他们，学会了积累，学会了写作，更懂得了分享。

三、 师说——心语成长沙龙

在日渐浓厚的专业发展的氛围中，一批教师迅速成长。其中有 6 位教师获得国家心理咨询师资格证书，他们愿意将自己的专业知识和教育实践相结合，并希望借助一个平台发挥自己的所长。恰巧，那些新入职的教师对学生提出的一些问题感到难以应对，不擅长处理与学生的关系，迫切需要点拨和引领。于是，师说——心语成长沙龙（以下简称"沙龙"）应运而生。

　　"沙龙"内有 6 位导师和 10 位入职两年内的青年教师。针对新入职青年教师的特点，6 位导师结合各自的优势，对其进行不同方面的帮助和引领。在帮助青年教师解决各种困扰的同时，每位导师的学习和思考也更深入了。在一年多的时间里，"沙龙"举办了"教学成长过程中的'道'与'术'""爱，就是要在一起"等 13 次活动，促进了青年教师和导师的双向成长。

　　　　　　　　　　　　　　　　　（本文作者系山东省烟台第三中学校长）

"新师徒制"： 寻找教师成长合伙人

李希贵　赵继红　王树超　沈祖芸

　　无论是互联网时代的迅速发展，还是为未来社会培养更多有独立人格和独立思想的公民的需要，都要求我们把学校办成一个智慧勃发的场所。在这里，每位师生都应该有自由的空间、明确的目标，都应最大限度地发挥自己的潜能。成长，成为师生的共同需求；学习，成为没有开始不再结束的终身姿态。

　　在这样的学校里，必然会有适度的失控，但也只有在适度失控的环境中，我们才能感受到向上生长的力量。在这样的思考下，北京市十一学校致力于探讨面向未来的学校管理解决方案，在新教师的培训中也走了一条与众不同的师徒共生、互促的双赢之路。

一、 研究课题： 新教师培训的路径选择

课题主持人：赵继红

　　近两年来，十一学校新入职的教师人数增加、学历提高。作为负责本校教师培训的学术机构，教育家书院希望找到一种适应新变化的教师培训方式，努力将"服务于每一位教师专业发展"的理念落到实处。我们认为，新教师的培训不应只是老教师单向的倾情传授，而应是新老教师双向互惠的相互激励、相互学习、相互点燃教育智慧的过程。在这个过程中，培训者与被培训者都应获得知识的增值和各自的"福利"。

　　本着这一原则，我们改变了新教师培训的思路。(1)在传统师徒制的基础上，我们带领新教师用头脑风暴的方式，梳理、提炼出教师入职之初可能遇到的 19 个话题(问题)。(2)将这 19 个问题的解决与老教师的实际做法相对应，每个话题都由新教师推崇的不同学科的老教师回答。(3)新教师通过自荐和推荐的方式认领话题。(4)新教师以访谈、听课、聊天等自己喜欢的方式，向老教师学习，并获取解决相关问题的具体方法、小工具、小策略等。(5)新教师

以案例分析的形式记录采访过程，并融入自己的思考和实践，在不断分享、修改、完善的基础上，梳理出带有共性的解决相关问题的方法与工具。（6）对老教师提供的小方法、小工具、小策略冠以知识产权，将其汇集成册，作为下一年度新教师培训的手册；担任主笔的新教师将成为下一年度新教师培训的培训者。

在这个过程中，一方面，新教师可以快捷地获得实用、有效地解决问题的方法，拉直自己成长的"弯路"；另一方面，新教师的提问又"逼着"老教师对自己的经验进行反思、提升，以将最简洁、最有效、最容易操作的方法教给新教师。新老教师在真诚的交流中增进了感情，达到了"双赢"的目的。

下面我们以摘录新教师的访谈成果、呈现媒体人的评论及校长的观点等方式，帮助大家进一步了解"新师徒制"的实践及其价值。

二、 案例呈现： 如何设计能激发学生深入思考的"好问题"

访谈人：王树超

作为入职不久的教师，我常常为自己设计不出能激发学生深入思考的"好问题"而苦恼。比如，我经常从习题册或网络上搜寻相关问题，或者回忆自己中学时代常遇到的问题，可是往往效果不佳。那么，"好问题"究竟在哪里，如何才能抓到它呢？我采访了几位老教师，以下是他们贡献的带有共性的几个"高招"。

（一）到学生的疑问中、生活中寻找"好问题"

于振丽（物理学科，教龄 30 年）："好问题"多来源于学生。教师在平时要特别注意积累学生的疑问。有的典型性问题，可以"拿来"就用；有的问题虽然不好直接用，但经过我们精心改造，往往也能变成"好问题"。来源于学生的问题，会更贴近学生的实际。

另外，"好问题"必须贴近学生的生活。比如，十多年前我们讲"电感"时，往往以日光灯的启动原理为例；而现在，这种日光灯早已被淘汰，我们就应该重新选择案例，让其尽量贴近学生的日常生活。

（二）具有挑战性、开放性的问题多为"好问题"

闫存林（语文学科，教龄 25 年）：教师应该多设计一些具有挑战性、开放性的问题，以激发学生的研究兴趣。如学《苏武传》时，我引出李陵的《答苏武书》，并将文学史上的一个公案——有学者说《答苏武书》系后人伪作——亮给学生，同时给出一些论据，要求学生在熟读两文后，搜集资料，分析人物性格，尝试判断《答苏武书》的真伪。这样安排，不仅可以让学生两文共学，而且可以促使他们去调研苏武和李陵的时代背景、性格特征，甚至可能促使他们研究西汉文风与后代的差异，其间也必然涉及后人对此问题的研究。而这一切都是在愉快的探索中完成的。

"好问题"在激发学生兴趣的同时，也要有深度，这样可以培养学生的高阶思维。

(三)"好问题"一定是能帮学生"搭桥"、构建知识体系的问题

于振丽："好问题"应该是能为学生在新旧知识之间搭建桥梁、推动他们深入思考的问题。我们要通过设计问题，帮助学生在旧知识和新知识之间建立联系，并使学生在独立思考中获得成就感。"好问题"之间应该有内在的逻辑关系，而这种内在的逻辑关系是学生构建知识体系的关键。比如，在学习"万有引力"一章时，我曾布置学生调研人类对天体运行的认知史。在调研中，学生不仅能够了解到各位科学家解决的具体问题，而且也能注意到这些不同问题之间的内在联系，这有利于他们理解与构建知识骨架。

三、 第三方看法： 每位教师都是一座富矿

发言人：沈祖芸

这一做法的精妙之处在于双轮驱动新老教师的共同成长，其核心意义是充分认识到"每位教师都是一座富矿"，即便是初入职的青年教师也非一张白纸。它一改以往听专家讲、跟"师傅"学的单向接受模式，把新老教师放置在同一个问题解决平台上，促使双方充分"开采"出自身资源，并与他人的优势产生链接，在相互协同中构建积极的自我认知，进而形成"看得见的自我成长轨迹"。

这其中，有三个关键词值得关注。

一是"激励"。以往，新教师多扮演"被激励者"的角色，而十一学校的实践则让我们看到双向激励可能带来的正能量。

二是"发现"。十一学校的实践告诉我们，"在做事中看见意义"，才是教师专业成长的题中之意，而意义的核心即发现与自我发现——不断从老教师的好做法中提取价值，并与自己的优势对接，最终形成专属于自己的教育教学方式。

三是"增值"。老教师愿意把自身在走过很多弯路、吸取很多教训之后形成的核心经验和盘托出的动力是什么？这不能仅仅靠觉悟，更重要的是要让老教

师感受到，只有将经验分享出来，才能得到更多改进的智慧，进而实现增值。

总之，十一学校通过为新教师提供"前人栽树后人乘凉"式的支持工具，实现了培训方式创新、成长规划协商、学习共同体建设的多元组合，其根本价值在于促进了每一位教师成为更好的学习者。

四、 校长评议： 建立供需"双赢"的对接闭合系统

评议人：李希贵

从表面上看，这种让新教师请教"师傅"、寻找问题答案的方式并没有什么新意，但它的生长性却令人喟叹。与传统的教师培训方式相比，其根本的变化来自供需对接的开放性，以及由此而生的"双赢"的特征。

当一位新教师可以面向全校教师甚至在更大范围内请教"师傅"的时候，他的问题生成就会更为大胆而开放，他的成长渴望就会愈加"可求"且"可遇"。当一位被请教的"师傅"面临着随机性的请教者以及随机性的问题时，其长期积累却又沉睡很久的经验就可能在挑战中被激活，至少，他必须在应对中对已往的经验加以抽象概括。而尤为重要的是，在与更多样的"徒弟"的碰撞中，"师傅"们能深切感受到自身经验的广泛价值，这有利于他们强化积极的自我概念，升华经验，深化思考。

总之，当教师培训的供需关系摆脱"我供你需"的单向输出式的传统路径、形成"双赢"的对接闭合系统后，我们的学校管理才是可持续的。

（本文第一作者系北京市十一学校校长）

骨干教师发展： 要"管"更要"理"

张丽荣

一、 案例

一天，我去听我校一位骨干教师的推门课。这是一节数学练习课，整堂课下来，教师基本完成了教学任务，学生的习题正确率也在98％以上，但是我总感觉这节课没有达到这位教师应有的水准。评课时，我让这位教师把本节课的教案拿给我看。她愣了一下，吞吞吐吐地说，这节课是教研员在分析教材时要求增加的一节练习课，因此，她只是找了一些练习题让学生在课堂上练习，并没有写出教案，不过前一天晚上她已经把教学过程在脑子里想了一遍。然后她承认自己错了，并表示以后一定改正。

教案是上课的重要依据。作为骨干教师，她应该带头认真、自觉地执行学校的教学管理制度。因此，她的月考核要按学校规定进行处理，考核是刚性的，学校要一视同仁。听了我的话，她点点头，但表情里明显有委屈之色。

接下来，我和这位教师一起对这节课进行了分析。为了做到心中有数，在查阅了她上一节课的教案、课后反思和学生作业后，我才开始评课。我向她指出，本节课的突出问题是没有体现练习课的针对性。一是缺少对课堂的精心研究。她没有明确教研员为什么要在这里增加一节练习课，只是将其当作任务简单完成。二是没有认真分析学情。在本节课上，上一节课后作业中学生错误率高的题目并没有重点体现，学生已经会做的题目却不少，因此出现了学生课堂练习正确率很高的表面现象。三是课堂上讲得多、练得少。练习课成了新授课，应该练习的内容没有得到应有的巩固。四是学生参与率低。在讲解过程中，一些应该关注的学困生没有关注到，造成师生课后补课的负担。

以这位教师的能力和水平，如果精心准备、认真备课，这些问题是不会出现的。因此，问题出在备课上，根源在于作为骨干教师的她放松了对自己的要求，对自己的教学能力过于自信。我给她讲了几位特级教师反复修改教案、精心备课的例子，为她树立了学习的榜样，并明确指出，她还没有达到"简备"和"不备"教案的水平。作为骨干教师，她不仅要给自己树立更高的目标，更要"慎独"，扎扎实实地在每一天的每一节课上自觉落实这些目标。

听了我对这节课的分析，明确了学校对她的定位与希望，这位教师心服口服地做了自我批评，并表示一定不满足于现状，以高标准要求自己。评课后，我又与她就骨干教师对学校管理有哪些要求和建议进行了长谈……

二、反思

骨干教师是学校发展的中坚力量。面对案例中这位骨干教师出现的问题，管理者不能以行政手段进行简单的处理，而要认真分析和反思导致问题出现的原因，进而有针对性地与之交流，让"骨干"善干、能干、干得精彩。

(一)外界监控——保障骨干教师的"常态效益"

1. 问题：骨干教师日常教学易陷入管理真空

在教学管理中，学校通常对教学基本功薄弱的教师有较高的关注度，听推门课的重点也往往是他们的课堂；学校对骨干教师日常教学的关注比较少，常常是在他们上研究课、观摩课和示范课(这样的课也是他们精心准备、反复推敲的)等"闪亮登场"的时候才去关注。骨干教师的常态课堂是什么样的？常态课的效益如何？由于时间和精力的原因，管理者往往忽视了对他们的了解。现实状况是，由于外界监控减少，个别骨干教师也就放松了对自己的要求，常态课开始"偷点儿懒"，有时就会像案例中那位教师一样，以"在脑子里想一遍"代替了认真备课的过程。

2. 对策：教学管理监控分层次、有重点、全覆盖

长此以往，"骨干"也会慢慢变为平庸，严重的还会影响教学质量。因此，学校应该以多种形式加强对各个层次教师日常教学的调研，日常教学管理监控既要有重点，又要有计划、全覆盖，特别是要结合单元检测进行及时监控。如果骨干教师所教的班级学业成绩出现波动，那么更要对其课堂教学进行及时关注。

(二)内驱力激发——化解骨干教师的"高原反应"

1. 问题：高期望带来高负荷，强压力缺乏强补给

现在很多教师存在职业倦怠的现象，骨干教师同样如此。一方面，骨干教

师有着较大的工作压力。学校、家长对骨干教师有着更高的期望和要求。他们不但要和其他教师一样完成本职工作，而且还要带徒弟、做课题，承担各级别的研究课、观摩课以及到农村支教等任务。这使得一些骨干教师出现了工作顾此失彼、疲于应付和质量滑坡的现象，有的骨干教师甚至不愿再参评，觉得负担太重、太累……另一方面，一些骨干教师的专业发展进入高原期，会觉得专业枯竭，感到茫然，进而产生职业倦怠。这些现象一定要引起管理者的深思。

2. 对策：入"情"入"理"，激发骨干教师专业发展活力

管理的重点在"理"，而不在"管"。因此，外在的制度监控是第二位的，首要的是调动激发教师的内驱力，达到"少管""不管"而"自觉为之"的最高境界。

其一，深度调研，协助骨干教师准确定位。

面对骨干教师出现的问题，管理者要反思深层次的管理原因，全面分析骨干教师的情况，避免管理行为简单化。

比如，对于案例中这位骨干教师没有教案就去上课的问题，我如果仅仅使用校长的权力影响力，按照教学管理制度简单处理，那么效果肯定不会好。所以一方面，我从课堂存在的突出问题入手，和教师一起分析研讨，使她深刻认识到没有精心备课所带来的课堂效益降低的问题；并从学科教学指导入手，帮助她透过学生高正确率的表象去发现实质问题，以自己的专业影响力使她心服口服。

另一方面，我还通过与她和其他骨干教师的深入谈话，了解更深层次的个性化原因。如这位骨干教师觉得自己的专业发展达到了一定水平，再提升的空间有限，因此有歇一歇的想法；有些骨干教师则是因为工作特别多，对每项工作又都追求完美，因而有些力不从心。面对这些情况，学校就要统筹考虑，帮助教师准确判断自己的发展阶段，为他们找到继续前行的动力。

其二，合理期待，减轻骨干教师的职业压力。

对于骨干教师，学校领导应对其抱有合理的期望，在管理中避免"鞭打快牛"的现象。要合理分解骨干教师的工作任务，依据"雁阵理论"，在团队引领中变"一人引领"为"多人引领"和"交替引领"；充分考虑骨干教师的心理需要，为他们营造一种宽松的工作环境，以减轻其职业压力；要进一步强化关爱工程，使骨干教师在超负荷工作的同时能得到及时的调整和激励，使他们的身心都保持良好的状态。

其三，搭建平台，支援骨干教师超越"高原"。

学校要以教师发展阶段论透视教师职业倦怠现象，给处于倦怠期的教师以支援和协助。管理者要引导骨干教师明晰自我期许，树立新的目标，激发他们进一步发展的激情。同时加强校内外的专家培训，为骨干教师提供新的信息、新的挑战、新的平台，激发他们追求专业发展的热情和内驱力，从而使其在学生成长和自我价值实现的过程中体验教育生活的快乐，在自我提升的过程中展现更多的精彩。

（本文作者系北京市朝阳区定福庄第二小学校长）

课例研究中的学科加工视角： 促进教师主动发展

丁道勇

在以往的课例研究活动中，人们大多关注教师的教学能力（如教学技巧的娴熟程度）和教学设计（如教学的技术、策略、方法）。基于学科加工视角的课例研究，与现有的这些课例研究不尽相同。我们不纠缠于教学过程中教师的一言一行，也不纠结于教学过程中教师的策略安排。我们关注的是这些教研活动是否让教学发生了明显的改进，是否有效地促进了教师的主动发展。本文即报告以学科加工为中心的教研活动的特点。

一、 什么是学科加工

一个显而易见却一直被我们漠视的事实是，教学科目与学术科目十分不同。在学术研究领域，各个学科呈现出知识不断更新、知识具有不确定性等特点；而在教学科目上则呈现出知识历久不变、知识确定不移的特点。同时，从事学术研究的研究人员和从事学科教学的中小学教师也是不同的。虽然学科教师试图让孩子们喜爱这门学科、为这门学科所激动，但在实际中，教学科目与学术科目的联系往往被遗忘了，孩子们感受到的是教学科目的特点，而不是学术科目的特点。

每位课程设计专家都可以站出来提供旁证：学术科目是相应的教学科目的重要参考；课程设计的过程务必要有学科专家的参与。在课程设计中，教学科目与学术科目之间存在着千丝万缕的联系。只是在课程产品呈现时，这种联系才开始被隐去。由于教师接触到的课程并不能全面反映课程设计的过程，因此，就出现了教学科目与学术科目相互分家的扭曲图像。

在进行课例研究过程中，我们深刻意识到这种割裂的危害。在进行课例研究时，我们努力恢复要处理的教学科目知识点与其对应的学术科目之间的联系，这就是学科加工。如果说教科书的编制过程，是由学科知识向教科书知识的转换；那么学科加工的过程，就是对这种转换线索的逆向寻找。我们发现：善于做学科加工的教师，在思考教学问题时，始终具有独到的学科眼光。每一节课的教学，都有较为明确的学科定位。他们对教学目标的设计，不再是基于猜测或者灵机一动，而是有坚实的意义背景。可以看到，进行学科加工的教师考察的不是单个知识点，而是努力寻找该知识点与学术科目之间更广泛的意义联系。

二、 以学科加工为中心的课例研究

每一节课都是立体的，包含了多方面的信息。罗羡仪曾梳理出听评课活动的不同类型，从听课目的的角度来划分，就包含：出于训练目的的示范课、视导课；出于研究目的的实验课、公开课；出于监控目的的交流课、随机听课；出于评价目的的评价课、新手教师汇报课、专家教师选拔课等。我们的工作强调"训练目的""研究目的"，弱化"监控目的"和"评价目的"。在这类课例研究过程中，我们更加关注学科加工的视角。下面就以一次课例研究为例，略作说明。

（一）问题提出及一般的教学思路

北师大版小学《数学（第五册）》中有"分桃子"一课。这是三年级笔算除法的第一课时。教师已经在二年级初步介绍了除法的横式和竖式运算。在"分桃子"一课中，教材内容主要指向除法竖式运算。在实际使用的数学问题中，被除数是两位数，除数是一位数。教材设计了两次分桃子的情境：第一次是两只猴子平分 48 只桃子，第二次是三只猴子平分 48 只桃子。第二个情境略显复杂，因为十位上的数不能被除数平分。

在教学设计过程中，执教教师进行了教材分析，提出了有关本课教学的一些困惑：两位数除以一位数的许多问题，如"$28 \div 2$、$36 \div 3$"，许多孩子可以口算出正确的"商"，但他们却无法正确书写竖式，说明他们没有感知到竖式运算的必要性。

基于这个考虑，教师将本课教学的难点放在"竖式"与"实际操作"之间的联系上。具体到"$48 \div 3$"这样的除法问题，教师努力的方向是让孩子们明白，除法竖式中的每一个元素，都分别对应于"分桃子"过程中的一些实物。在教学设计中，教师希望通过分配过程与竖式计算过程的反复比较，帮助孩子们建立这种联系。

(二)学科加工的工作

上述思路的实际教学效果并不理想。有些孩子即使在课上弄明白了，一段时间以后，在书写竖式时还是会出错。我们认为，出现这个问题的原因，是这样的教学设计并没有体现出竖式的独特意义。

为了挖掘除法竖式的独特意义，我们检索、阅读了一些数学文献，结果发现，除法完全可采用不同的运算形式。通过比较，我们更清晰地感受到除法竖式的意义。为了更清晰地展现不同的除法运算形式，我们选择被除数是三位数的问题来示范。以下三种计算形式都可以正确解答"726÷6"这类问题。除了"竖式除法"是我们耳熟能详的以外，"二进制除法"（基于二进制数的算法）和"帆船法"（17世纪以前在欧洲流行的一种算法）都不是教学中经常使用的。（见下图）

图　竖式除法的三种计算形式

(三)学科加工的意义

在上述三种除法运算中，都使用到"连续减"，但是使用的减法各不相同，记录方法也各不相同。经过对比，我们可以较为确定地得出结论：其一，竖式的形式不具有唯一性；其二，竖式是一项有价值的记录工具。诸如"数位对齐"等书写要求，我们往往误以为是武断的规定。上述执教教师最初的困惑就来源于此。而实际上，这些要求本身都有明确的意义，是"连续减"的分配思路的忠实体现。

基于这种学科加工方案，竖式除法的教学重点不在于想方设法让孩子们记住竖式中各个部分的意义。重点应该是通过竖式帮助孩子们体验除法是"连续减"的原理。在这个过程中，孩子们可以体验用除法竖式来进行记录的合理性。这时候，教师努力的方向是恢复竖式本身的意义，而不是设法为竖式附加一些意义(把被除数与 48 个桃子联系起来,把除数与三只猴子联系起来,是教师为竖式附加意义的表现)。教师的独特性不在于教授一些正确的知识,而在于恢复数学知识本身的意义联系。学科加工可以帮我们发掘这种意义联系,真正让数学课堂意义化。

回到"分桃子"这节课上来,如果孩子们能够通过教师的教学,体验到除法竖式在记录分配过程上的便宜性,体验到看似枯燥、苛刻的除法竖式原来是那么精妙,那么,这样的运算教学,将是富有活力和魅力的。

三、 以学科加工为中心的教研活动的特点

提出"隐性课程"概念的杰克逊,早在 20 世纪 60 年代,就对所谓"教育工程学"(强调教学应该尽量廉价、快速、有效的教育研究范式)提出了严厉的批评。杰克逊认为:"工程学观点作为一种观看教学过程的方式,它的主要缺陷在于对小学课堂中发生了什么,采取了一种过度简单的图像呈现方式……"他的判断和研究,在当时的教育研究界引领了研究主题、研究方法上的一次重大转折。在这个更新的传统中,教学专业的实践性得到了前所未有的重视,其影响绵延至今。

在这个大背景中,终其一生都致力于教学研究的盖奇却执着地认为,追求教学艺术的科学基础是一个值得努力的方向。对此,我们深以为然。我们在教研过程中坚持以学科加工为核心,强调从一些可以广泛分享的知识基础出发,寻找教学改进的建议和教师发展的动力。在教研过程中,面对浩瀚的知识海洋,所有参与教研的人员都是学习者。这就回到了盖奇的出发点,认为教学过程可以凭靠科学基础获得改善,尽管我们也相信教学具备艺术性。结合前面的实例,可以说我们的工作至少具有以下三个特色。

(一)学科加工不是传递教学技术,而是寻找教学改进的路径

在除法教学这个知识点上,我们的课例研究工作并没有触及具体的教学技术,而是深入所要教的学科知识之中,寻找对教学设计的洞见。研究过程本身,只是示范了一种教学改进的路径。教师在其他知识点的教学上,也可以沿袭这种路径,通过深入挖掘学科知识来思考教学。

(二)学科加工不是贡献一节好课,而是对教师有实际影响

虽然除法教学的最终教学设计的确受到了学科加工工作的影响,但是学科加工对教学设计的影响并没有明确的方向。教师完全有可能在进行学科加工以

后，依然回到自己最初中意的设计上去。但此时，教研过程已经让教师对自己所教的内容有了更深入的了解。所以说，一节好课，只是学科加工过程的副产品。我们真正在意的是教师在这个过程中的长进。

（三）学科加工不是教会教师什么，而是支持教师自我发展

参与学科加工的研究团队中，既有经验丰富的教师，也有讲坛新秀，还有大学教育研究者。虽然这个团队吸收了经验丰富的教师参与，但是我们努力让年轻教师发声，让各种真诚的意见都有机会得到展示。在这个过程中，没有哪一类人员充当导师，每一位参与者都在虚心学习，从学科知识母体中汲取教学养分。学科加工的过程并不呈现什么是对、什么是错，而是向教师展现学习尤其是理论学习的价值。最终的目标，是让每位参与教师都能够成为"种子"，能够独立带领一个小组，完成新一轮学科加工工作。我们认为，比较理想的教研过程，不应该过分依赖经验丰富的教师或者大学教育研究者。只有满足这一要求的教研模式，才更有可能在他处复制。我们的学科加工基本实现了这项目标。

（本文作者系北京师范大学教育学部副教授）

借助国际化办学优势　锤炼教师国际化教育能力

　　早在 20 世纪 90 年代初期，东北育才学校在国内基础教育领域就率先开展了国际化办学的大胆实践，先后创建了英日、英法双外语特长班，与日本关西语言学院合作创办了外国语学校，建立了东北地区第一个公办国际部，创建了民办双语学校。近年来，伴随基础教育国际化发展的内在诉求持续升温，东北育才学校逐渐构建起了"双向发展，互动融合"的教育国际化发展模式，探索出海外办学、中外异地同校办学的新路径。

　　回顾东北育才学校 20 余年的国际化发展道路，"国际化办学与教师传统教育理念形成的冲突"是可预见的一个重要困难和阻力。因此，提升教师的国际化能力，如拓宽教师的国际化视野、丰富教师的国际化体验、提高教师参与课程国际化发展的能力、提高教师以先进的课程理念和教学方法改进课堂教学的能力、提高教师双语教学的能力等，成为学校国际化发展的关键因素。

一、　课程国际化建设：　教师国际化能力提升的核心驱动力

　　近年来，课程国际化问题逐渐成为东北育才学校教育国际化的核心工作。学校明确了"本土情怀、国际视野"的学校课程体系建构原则，逐渐构建起面向"1＋2"群体的多元课程体系。"1"指在国内完成全部基础教育、当前没有留学意愿的学生，涉及我校绝大多数学生。我校为这部分学生服务的校本课程的国际化建设和国际课程的校本化实施力度不断增强，成为学校课程国际化发展的重点。"2"分别指国内准留学生和外籍留学生两个相对较少的特殊学生群体。通过"1＋2"国际化课程体系的建构，学校逐步形成了多元、交互、开放的优质课程平台。

　　系统化的国际化课程构建的过程，是教师面对教育国际化发展趋势，从被动到主动，从参与到主导课程设计、课程建设、课程实施的过程。与此同时，

国际化课程构建也为越来越多的教师搭建起了高层次国际化课程培训的平台。教师参与国际化培训的内容范畴从以往友好校的校际访问、语言学习等交流和理解的层面，发展到接受 IB、SDP 等国际课程专项培训，开展数学、汉语、手工等学科示范教学，设计组织国际活动等推进教育教学改革的层面；一些教师还从受训者走向施训者，作为国家汉办外派专家，赴国外培训对外汉语教师，这极大地提高了教师国际化的自主意识。中外教育专家来校帮助教师解决的与课程、课堂相关的实践问题越来越多，围绕教育教学开展的现场诊断和研讨交流活动也越来越多。

可见，课程国际化建设是教师国际化能力提升的核心驱动力，这不仅增强了教师的全球意识，拓展了教师的国际视野，而且帮助教师树立了先进的教育理念，提高了教师在新课程改革理念下驾驭学科课程的能力，进而影响着学校课程国际化发展的进度和实施效果，有利于形成"课程国际化建设——教师国际化能力提高——课程国际化建设"螺旋式上升的学校教育国际化高品位发展态势。

二、 常态课堂教学改进： 提升教师国际化能力的最"接地气"的培训

开展基于常态课堂教学改进的实践研究，能帮助教师在提升国际化能力方面获得最"接地气"、最精准、最有效的培训。为此，各学科在落实《东北育才学校国家课程校本化实施纲要》的过程中，开展全校性的"基于常态课堂教学改进"的研究和实践，将教师的国际化能力培养聚焦到每一位教师的课堂教学改进上来。

第一，强调教师在课堂教学中要围绕"培养具有国际竞争力的创新人才"这一培养目标，落实好《东北育才学校国家课程校本化实施纲要》中以"国际视野"为维度拓展课程内容的要求，主动了解本学科领域国际发展动向，研究在一些国家和地区，知识是如何被建构的，从而帮助学生构建起多元文化知识。

第二，主动融合中西方课堂教学优势，提出构建以两项"关注"（关注学生的思维品质、关注学生的有效表达）、三个"还给"（把课堂的时间和空间还给学生、把质疑和评价的权利还给学生、把认知和习得的过程还给学生）、四点"原则"（高立意、重基础、宽视野、深思辨）为主要标志的东北育才学校常态课堂。通过打造上述常态课堂，学校确立了以优化学生思维品质，学思结合、知行统一、因材施教为核心的课堂教学原则。

为保证各项要求落到实处，学校将教师个体的教学改进与团队教研结合起来。学校通过科研引路、理念提升、典型探路、走向常态、总结反思、提炼成果等环节，不断更新全体教师的课程理念和教学观念，切实改进常态课堂教学面貌，实现了教师群体在国际化能力方面的共同提升。

三、 中外课堂教学比较研究： 提升教师国际化能力的有效途径

作为一所涵盖15年(从幼儿园到高中)中外教育的集团化运作学校，东北育才学校的学生不仅年龄跨度大，地域甚至国别的差异也较大。学校拥有丰富的外籍教师资源，甚至有法文部、德文部这样真正的国际课堂。为此，学校努力将师生间的文化差异转化为一种提升教师国际化能力的有效资源。

第一，用好外籍教师资源，在中外教师中持续开展"同课异构""同主题异构"等课堂教学研讨活动。在诸如10以内数的运算、世界文化遗产、国际战争等相同的学科内容或课程主题下，中、美、德、法等各国教师在课堂上展现出多维的课程视角和迥异的教学风格。这种通过呈现差异—分析差异—认同差异的中外课堂教学实践与观摩活动，帮助教师在课堂观察中，领悟各国教育中的先进理念及其具体实施的途径和方法。

第二，用好国际化办学实体，指导教师成立研究小组，随堂观摩和研讨法、德、美、日等各国教师的课堂教学，开展比较教育研究。这种让教师站在真实的教育现场中认识、体会、反思、提升自身国际化能力的培训策略，有力地促进了教师对各国教育理念的借鉴和吸收。

四、 教师学术社团： 提升教师国际化能力的重要载体

为了在全校范围内营造浓厚的学术氛围，进一步提升教师的科研能力、学科素养和理性思维品质，东北育才学校鼓励各学部自主设计、组建多种形式的教师学术社团组织，同时鼓励有号召力的教师在本学科内、本学段内，或跨学科、跨学段组织学术团体。

为此，有的学部建立了青年教师学术社团，活动内容由心理辅导、读书交流、专家引领、教学实践、课题研究等模块构成，在具体内容设计上突出了对青年教师国际化能力的培养。例如，学术社团围绕《教师的挑战——宁静的课堂革命》和《36天，我的美国教育之旅》等有利于拓展教师国际视野、更新教师国际教育理念的书籍开展读书交流会，邀请名师解读"我眼中的日本""我眼中的法国""我眼中的德国"，支持青年教师邀请外籍教师共同开展中外课堂教学

实践活动，指导教师参与诸如"法国艺术课堂教学优势"等国际视野下的课题研究。

　　教师自行组织的学术社团以课题研究为主要载体，同时课题研究以从学校招标认领为主，诸如"基于 CDIO 教育理念的学校科技创新教育初探""美术高中世界遗产教育实施策略研究"等。在这种积极的自主、合作研究中，教师实现了国际化教育能力的自我提升。

　　　　　　　　　　　（本文作者系东北育才学校教育发展研究所主任）

教师如何亲近理论

许丽艳

当前，中小学教师与理论之间似乎总隔着点什么。一般教师很少读理论书。据一位长期做教师阅读推广工作的老师估测：当前，只有20％的教师读书；这其中，又只有20％的教师读理论书。一些教师即使接触了一些理论书，也总是读不动，读不完，读不懂，读不透，更谈不上应用理论。教师似乎总也推不开理论这扇虚掩的门。

其实，教师可通过多种途径亲近理论。

一、 从自己面对的问题或困惑出发，亲近理论

中小学教师学理论重在解决教育教学中的实际问题。教师在遇到困惑、问题时，可借助理论，这需要经历寻找理论、学习理论、应用理论的过程。教师怎么寻找适合自己的理论文献呢？除了阅读相关的书籍外，还有一个比较便捷的方法就是查阅学术期刊网。教师可借助中国学术期刊网、万方数据库、龙源期刊网等网络电子平台，查阅自己关注问题的最新研究进展。如果教师外语好，还可以查阅国外对相关问题的研究情况。"君子性非异也，善假于物也。"学会应用参考文献，无疑会使教师站在一个新的高度上解决问题。

教师要找到适合自己阅读水平的文章，逐渐深入。要耐住性子，沉下心来，抓住要害，反复阅读。教师要特别留意文章后面的参考文献，因为在那里，我们往往可以找到研究该问题的扩展阅读文献。在读懂文献的基础上，教师要结合自己的实际情况，应用理论。在此过程中，教师要及时进行反思、总结。这样的过程，就是教师与理论亲密接触的过程，也是教师逐步建立专业自信的过程。

二、 从研究自身的经验出发，亲近理论

每位教师在教育教学中都会有自己的闪光点，都值得我们深入研究和总

结。但即使是很多优秀教师，他们对自己经验的总结也往往停留在较低的认识层面上。那么，教师该如何通过研究提炼自己的教育教学经验，自然地亲近理论呢？

以广东省深圳市宝安中学的刘晓晴老师为例，作为一位教授级教师，她充分汲取与自己"优秀实践"有关的理论营养来总结自身的经验。例如，她在阅读理论书籍时，一般先看目录，特别关注与自己经验有关的、自己特别"有感觉"的部分，然后重点研读这部分内容。当她发现书上论及的理论，自己已有相关的实践探索，她就仔细琢磨自己的实践与理论的共通之处，然后用这部分理论的概念和要点解释自己的实践好在哪里。这样借助理论诠释自己的实践，她较快地进入高层次的教育反思境界。因为学习了理论，她更理解自己工作的价值，在教学中更自觉地践行理论；同时，她的实践也丰富了相关的理论，赢得了有关专家的赞誉。在这一过程中，刘老师积极与理论对话，较好地实现了理实结合，逐渐形成了教师高层次专业发展的良性循环。

三、 向理论工作者学习，亲近理论

向专业的理论工作者学习，是教师学习理论的一个好办法。专业人士带着教师读书，有助于教师深刻、快速地领会理论的真谛。

例如，北京师范大学丁道勇博士在给教育硕士班的学员讲教育目的时，即带着大家读过《理想国》中有关洞穴比喻的经典论述。这些学员以在职教师为主，此前，他们大多没有接触过这一理论。丁博士在让大家阅读相关内容后，提出问题让大家思考，继而进行讲解。首先，他提醒大家关注哲学家思考问题的方式，即先对世界有一个整体认识，然后在此基础上提出教育观念。其次，他对相关概念的本质内涵进行了透彻的阐释。对于洞穴、洞穴内的影子、洞穴外举火把的人、光线等分别比喻什么进行了深入浅出的讲解。最后，他对柏拉图的教育目的观进行了阐述。因为有了专家的引领，所以学员们不仅对洞穴比喻的内涵有了较深入的理解，而且明白了柏拉图的教育目的观是怎么来的。原来生涩、遥远的理论，经过专家的解码，变得亲切了，大家感受到了哲学理论的无穷魅力。

目前，很多大学都与中小学建立了合作关系，一些热爱实践研究的理论工作者经常深入中小学校。教师要珍惜、善用这种得天独厚的机会，面对面地向专家请教一些理论问题。例如，首都师范大学与北京市的多所中小学建立了教师发展学校，一批大学教授致力于促进中小学教师的专业成长。宁虹教授指导

过的一位校长说："我跟着宁老师学习了两年，有不懂的理论问题就向他请教。经过宁老师的指导，我对自己感兴趣的问题形成了带有本质性的认识。可以说，我这两年的收获，比过去几十年的收获都要大。"

此外，教师也要寻找机会主动向专家请教。例如，北京市大兴二小原校长兰祖军是一个特别爱钻研的人。他当时所在的大兴二小是石中英教授主持的中国价值教育联盟学校的成员学校之一。笔者曾问石老师和兰祖军校长是怎么相识的。石老师幽默地说："我也不知道他是从哪儿'冒'出来的，他就坐在我教授的《教育哲学》的班级里听课，参与学习和讨论，就这么认识了。"

四、 下苦功夫，读透几部基本理论著作

对教师来说，要亲近理论，"阅读经典"这一课是必不可少的。有关研究表明：教师对阅读经典避而远之，主要由于在如何选择经典、运用何种方法进行有效阅读等方面存在疑问。那么，教师该如何阅读经典呢？

（一）结合实际，选择适合自己的书

教师要结合实际，根据自己的阅读基础和阅读目的选择适合自己的书。如果自己无法确定书目，那么可与同伴或专家协商。比如，北京市第二届优秀班主任工作室的指导教师在为学员选书时，与学员协商，没有选择"兵法"类的书，而是基于教师提高理论素养的需求，选择了基础原理类的书。导师为三个工作室开出的基础书目分别是：杜威的《民主主义与教育》、雅斯贝尔斯的《什么是教育》以及怀特海的《教育的目的》。

（二）掌握阅读的节奏，读透几本书

教师除了挤零碎时间阅读外，还要尽量给自己安排稍微整块的时间阅读，一天哪怕半小时也好。此外，要利用好寒暑假，集中阅读一两本理论书籍。最重要的是，教师要把握好阅读的节奏。忙的时候，少看几页；有时间时，多看几页。看完一本书大体需要多少时间，教师要心中有数。

笔者曾担任北京市第二届优秀班主任高中工作室的指导教师。对于如何阅读理论书籍，笔者给班主任们的建议是：集中精力，读透几本理论书。对于有难度的理论书要反复读，至少读三遍：第一遍，通读，在打动自己的地方勾勾画画；第二遍，找出关键概念，理清书中的主要思想，可画思维导图；第三遍，结合自身情况做批注，把自己的经验和书中的理论对应起来，通过与理论对话，提升自己，理顺自己的思路。我不定期地提醒他们掌握阅读的节奏和方

法。经过不到半年的时间，读得快的班主任已经将一本理论著作读了三遍，读得慢的也看过一遍了。我们曾组织一次讲座和讨论，班主任们对这本书的认识更深刻了，并能自觉地运用其中的原理指导自己的工作。

有的班主任经过这样阅读节奏和方法的训练，体验到了阅读的快乐，感觉读理论书是一件很"爽"的事。现在，他们已经开始主动找理论书来读了。

中小学教师学习理论当然不是一件轻松的事，但确是一件可为的事。教师要去除心中的"怕"字，只要你心中有欲望，就去行动；行动，便会收获意外的惊喜。教师越多地拥有理论，就越能超越现有的发展层次，做事就越游刃有余，就会体验到亲近理论的快乐，进而将之形成自己自觉的追求。

（本文作者系《中小学管理》杂志社副编审）

拓展新路径　让研究成为教师生活常态

刘　畅

当前，很多一线教师排斥科研、敷衍科研、敬畏科研。我们认为：教育科研之树只有与日常教育教学相融，才会郁郁葱葱。2009 年，我们学区申报的课题"不同学生的需求与教师的教育策略研究"被立项为全国教育科学"十一五"规划课题后，我们不断进行自我追问：怎样使课题研究成为教师的生活常态？在此过程中，我们重建研究观念，追求研究本质，创新研究路径，使课题研究真正走入了每个教师的案头与心头。

一、　了解学生需求，做教育的有心人

了解不同学生的发展需求，首先需要教师成为教育的有心人：在教育教学过程中善于观察、发现、积累，在观察中发现问题，在发现中分析问题，在积累中解决问题。

很多教师自认为非常了解学生，其实对他们学生的不了解远远多于对学生的了解。在教育教学实践中，一些教师忽视学生内在的发展需求，把教材、教参确定的教学重点作为学生的需求，教学效率低下。还有一些教师虽然在教学设计中有学情分析，但基本是依据教师的主观判断。例如，一位教师呈现的学情分析的部分内容是："1/3 的学生属基础薄弱，缺乏学习兴趣，其中有 2 个学生几乎完全放弃学习。"这种分析对于教师确定教学目标、教学过程没有帮助，似乎只在为将学生学习效果差都归咎于学生提供某种依据。

基于上述认识和实际情况，2010 年 3 月 1 日至 4 月 15 日，我们开展了《不同学生类型特征及需求个案调查》，向学区所属 12 所学校发放调查问卷。各校参与课题研究的教师指导家长与学生一起完成问卷调查，并结合成绩分析、访谈和课堂观察，了解不同学生的类型特征及其相同需求与不同需求。与此同时，我们面向教师开展了《我是这样了解学生需求的》征文活动。教师走进学生

和家长中间，通过问卷调查、作品分析、访谈、课堂观察，了解不同学生的需求，分析学生共性的、个性的发展需求。在此过程中，教师感悟到：只有走进去，才能够听到花开的声音。同时大家还总结出了解不同学生需求的九条途径：(1)做一个静静的观察者。(2)做一个平等的倾听者。(3)做一个热心的参与者。(4)做一个谦虚的咨询者。(5)做一个用心的记录者。(6)做一个积极的家校沟通者。(7)做一个有恒心的个案跟踪者。(8)做一个敏锐的发现者。(9)做一个科学的问卷调查者。

教师反馈道：《不同学生类型特征及需求个案调查》和《我是这样了解学生需求的》征文活动，帮助我们树立了"关注学生需求，做教育的有心人"的意识。这样，教师就会用研究的眼光看待日常工作，就会从平凡的、司空见惯的事物中看出新的方向、新的特征、新的细节，就会在平凡的教学实践中寻找不平凡的感受。

二、 提供支持性平台，让研究与生活一体化

课题研究只有扎根在教育实践的田野中，实现"四个转变"，即由"神秘化"向"大众化"转变，由"理论科研"向"应用科研"转变，由"个体状态"向"集体状态"转变，由"单纯写论文"向"总结、提高、应用、推广"转变，研究简约、高效，才具有吸引力，才能成为中小学教师的生活常态。

(一)口袋书里有妙"招"

为了给参加课题研究的教师实质性的帮助和支持，使教师站在较高的起点上进行学习、实践和创新，我们查阅大量文献，先后撰写了《不同学生的需求与多元化作业设计策略的文献研究》《不同学生的需求与教师的教学策略文献研究》《不同学生的需求与教师的辅导训练策略文献研究》等文献研究报告，总计12万字。看着十几万字的文献研究报告，我们追问自己：处于超负荷密集性工作状态的一线教师有时间学习这些材料吗？基于此，我们在调研报告的基础上对学生的需求进行聚焦，对文献研究报告中的策略进行梳理、提炼，编辑了《适应学生需求的教师教育策略指导手册》。为了引导教师更好地学习运用和创新策略，我们在手册的每一部分后面都加了一页"我的策略也精彩"。这种口袋书形式的手册，携带方便，教师们在工作间隙、在茶余饭后都可以信手拈来进行阅读。教师阅读不到30秒即可获得一个小"招"。教师的教育智慧就是由一个个小"招"串成的。

(二)飞信送良策

我们将策略作为理论与实践的桥梁，从文献中收集教育策略，从班主任上交的论文、先进班集体评选材料、师德标兵评选材料中提炼有效的策略，利用网络信息平台，每天晚上 8:00 准时通过飞信将小策略发送到教师的手机上，使教师在轻松随意间进行学习、反思，并在实践中创新策略。这些策略以专题的形式系统呈现，例如：班级经营的策略、评价学生的策略、家校沟通的策略。教师们积极参与，不断提出修改完善建议，或反馈自己的创新策略。例如以下两个策略就是教师受飞信发送的策略的启发创新的策略。

(1)心情树：教师和孩子们交流的一种方式。红色的叶子代表今天我很开心。黄色的叶子代表我很孤独，没有好朋友。蓝色的叶子代表我有些不舒服。绿色的叶子代表我有一个问题，不知道怎么办。心情树让教师真正地读懂孩子，了解孩子们的心理变化和真实感受，从而更加关注孩子们的内心世界。

(2)给自己发试卷：前不久单元测试，全班只有一个学生不及格，他是个性格敏感的孩子。做完试卷分析后，我请学生发试卷，考虑到发卷子的学生会发现他不及格，并会迅速传播这个信息(中高年级孩子特别关注谁不及格)，我灵机一动，把卷子分给几个学生来发，把含这个孩子试卷的一部分让他来发，巧妙地避免了他的难堪。

有位教师说得好："我在学习别人策略的同时认清自己；在借鉴别人的同时发展自己；在实践尝试的同时突破自己。"一些教师反馈说：年复一年、日复一日的课堂，看似重复，其实处处充满挑战。教育情境的不确定性，教育对象的差异性，决定了没有一个万能的答案去解决所有的问题。回应学生需求的策略一定是开放性的、多样化的。每天的飞信送良策活动，其意义不仅仅在给我们支招，更重要的是它引领我们以研究的态度来对待日常工作，使我们感悟到教育科研的价值，感悟到教育科研我们能做，我们想做。"主动即自由，创新即幸福"，一个人如果选择了自己想做、能做，且社会需要的事情，沉醉其中，这无疑就是最幸福、最快乐的。

三、 创新科研载体，让研究与教育教学一体化

经常听教师抱怨："科研好是好，可我们的课务这么重，哪里有时间做科研啊？"我们思考：创新一个怎样的课题研究载体，既能让科研与教育教学相互促进，又不增加教师的工作负担？一天，我们参加一个沙龙活动，嘉宾讲述了他作为 homeschool 实践者的经历以及无奈：孩子淘气、成绩差，经常被教师

羞辱；家长也常常成为评判的对象，毫无做人的尊严。这引发了我的思考：学生是成长中的人，不可避免常常会出现这样那样的错误。如果教师说话不注意，就会造成师生之间的隔阂，更严重的还会使学生郁郁寡欢，造成精神创伤。教师的语言是一门高深的学问和艺术。受儿歌《春风吹》的启发，经过研究，我们决定以"春风师语"活动作为课题研究的载体。

2010 年 5 月至 6 月，我们对"粗暴师语"进行检视与反省，罗列出孤立式、挖苦式、比较式、告状式、预言式、结论式、记账式、谩骂式和呵斥式的粗暴语言，追寻"粗暴师语"根源，提出粗暴师语的消解策略；审视"无效师语"现象，并进行归因，提出"无效师语"调适策略；总结出"春风师语"的特点，提炼出"鼓励、幽默、激趣、启思、养成、明理、提升"等语言艺术，形成了《"春风师语"理念篇》，在带领教师学习的基础上，开展了"失当师语大晒场"活动和"春风语言"征集活动。2010 年 9 月至 10 月我们又开展了"最佳春风师语 100句"评选活动。

(1)晒出的"失当师语"：都别说了。

改进后的"春风师语"：聪明的孩子知道什么时候说话。

推荐理由：每一个学生都想当聪明孩子，因此当听到这句话时，学生一定会在心里仔细思考一番，到底应该什么时候说话才会被称为聪明孩子。这比现在就告诉孩子，不要说话了，或者直白地告诉学生到底什么时候该说话更有价值。

(2)晒出的"失当师语"：都讲几遍了，你还听不懂。

改进后的"春风师语"：没关系，这个问题有点难，我们再来看看。

推荐理由：首先肯定了问题有难度，暗示学生这个问题需要动脑筋回答。同时，"让我们"表达了教师永远是孩子学习的强有力后盾，给孩子以帮助，让孩子放松身心来思考。

(3)晒出的"失当师语"：你能管住自己的嘴吗？不行就贴上胶条，用时再揭开。

改进后的"春风师语"：说话也是一门学问，一门艺术，适时适度的讲话会为人增添无穷魅力，对吗？

推荐理由："闭嘴"二字，生硬粗暴，而这句"春风师语"婉转地讲述了说话的作用，让学生既明白了口语表达的重要性，又懂得了应该在该说的时候积极发言，提高自己的语言魅力。

2011 年 5 月，我们编辑了《春风师语：春暖花开》手册。教师在小案例的引领下，随时记录自己创新的"春风师语"，积累了"巧设疑点、错言激趣""及时评价、提升信心""生动形象、化解难点""适时点拨、授生以渔""德育渗透、文道结合""尊重差异、延迟评价""借题发挥、别有意味""追问引导、偏处斧正""委婉含蓄、回味无穷""宽容礼让、解除尴尬"等生动的语言范例。

中小学教师做研究其实就是研究自己的生活，认识自己的工作，教师研究的根本目的是教师了解自己，改变自己；了解学生，改变学生。"春风师语"系列活动，引导教师更好地了解学生需求、回应学生需求、满足学生需求，激励教师反思教学语言、创新教学语言。通过"春风师语"活动，教师的语言少了一点如雷贯耳、面目可憎，多了一点优美动听、和颜悦色；少了一点平淡无奇、啰唆烦琐，多了一点娓娓道来、幽默风趣……

拓展路径，让课题研究回归真实、走向过程、趋于常态，我们的研究才会有属于自己的空间，这样的研究是自由的，成长是自然的，幸福也会如约而至。

（本文作者系北京市海淀区中关村第一小学校长）

从"教育反思"走向"专业表达"

石学斌

教师和校长的教育教学思想、管理思想要转化为教学和管理行为，还需要借助表达这一中介。因此，继续教育机构要帮助教师和校长在反思的基础上进行"专业表达"，从独自的反思到集体共享，从"我"到"我们"。这样，教师和校长的"专业表达"就能检验和确证他们学习的成果，扩大和提升"教育反思"的价值。

一、 教师、 校长"专业表达"的内涵与基本特征

在日常用语中，表达是将思维的成果用语言反映出来的一种行为。但在哲学视域里，表达已超出了"说"与"做"的狭隘范畴，它是主体意识的外显、主体价值的确证；表达的价值在于确证自我，和谐关系，创生文化。教师、校长的表达包括日常表达和"专业表达"。从语言学视角看，教师、校长的学习方式有倾听、理解、言说和写作。言说和写作成为教师、校长"专业表达"的表现。对教师而言，具体表现为教师上课、说课、写作、科研及有意义的师生沟通；对校长而言，具体表现为工作汇报、主题发言、办学思想总结、与媒体沟通等。对教师和校长"专业表达"的深层次理解需要注意三点。

第一，表达是一种"类属性"。表达是人类确证自身存在的"类属性"，是人性本质的展示，是人生经验的分享。教师、校长的"专业表达"能力是他们基本的专业素养之一。

第二，表达具有主体交互性。表达是通过主体间的对话进程展开的，而真正的对话是精神的相遇和相通。一个人固然可以通过"我思"和"移情作用"理解他人，但要从更高层面、更有质量地理解他人，还需通过表达来确证，这种表达意味着主体交互的实现。在继续教育中，我们强调大家的沟通、理解、对话，而教师、校长的"专业表达"就成为培训过程中实现主体交互性的"阿基米德点"。

第三，表达的实践性。表达是建立在活动、体验、理解等实践活动基础之上，对主体自身素质的展现。教师对文本的解读、教师的教学理念和教学反思通过不同方式在教学实践活动中的展现，校长向教师表达自己的教育思想和教学主张、作开学典礼和毕业典礼讲话等，都体现了教师和校长"专业表达"的实践性。

二、 继续教育中教师和校长"专业表达"的缺失

当前，在继续教育的课程设计和培训方式中，对教师和校长的"专业表达"关注不够，具体表现如下。

(一)重"教育反思"，轻"专业表达"

反思无疑是促进教师、校长专业成长的重要途径。但是，反思的价值何在，反思的质量如何检验，反思的成果如何共享？这需要借助于教师、校长的"专业表达"。而在实际研训活动中，重反思，轻"专业表达"；重听、读，轻说、写。有的校长不能清晰表达自己的办学思想和特色，有的语文教师写不出一篇规范的教学论文。在教师和校长培训中，重教育教学理念的灌输，忽视教师和校长"专业表达"能力的培养。为此，继续教育要从形而上的"反思之道"贯彻到形而下的"表达之器"。

(二)重专家话语，轻自由表达

专家是教师、校长专业发展的引领者，优质的专家资源是教师、校长教育的宝贵资源。但在继续教育中，许多专家表现出很强的话语霸权，其话语不能与教师、校长已有的实践经验对接。专家话语霸权的结果是教师、校长专业精神独特性的丧失，教师、校长患了"集体失语症"。在继续教育中，专家要从"信息提供者"过渡到"表达的促进者"，给教师、校长的自由表达提供机会，为教师、校长的"专业表达"提供支撑。

(三)重模式、方法，轻表达内涵

在继续教育中，我们更多关注的是培训的模式、方法，如尝试参与式培训、课堂观察、行为研究等，许多教师仅知道表面的操作方法而没有领会深刻的内涵，重复地进行听课、观课，浅显地说课、评课，参与式培训烦琐的程序、作秀的表演，忽视专家的引领和教师的自主学习，导致培训的重复和无效。提升教师、校长"专业表达"的技巧和内涵，应是教师、校长培训研究的重要课题。

三、　提升教师和校长"专业表达"能力的路径

(一)把"专业表达"能力列为教师和校长专业发展的重要维度，使其"能表达"

学习是为了表达，表达是更高层次上的学习。教师和校长"专业表达"的具体表现是：上课说课、撰写主题报告、专业写作、教育科研等。在课程设计中，培训者要尽可能注意教师和校长对不同专题的兴趣，注意培训反馈，定期跟踪教育教学问题，作为培训课程开发的重要依据。例如，在校长培训中，我们开设了"校长如何表达自己的办学思想""校长如何撰写教育管理论文""校长如何与媒体沟通"等课程，受到校长的欢迎。

(二)赋予教师和校长"专业表达"的自主权，使其"敢表达"

针对继续教育中漠视教师和校长表达、交流的权利的现状，培训者在培训中要点燃教师和校长表达的火花，激发其表达的欲望，赋予其"专业表达"权。在培训过程中，要保持一定的自由度，通过创设问题情境，让教师和校长有疑惑、有思考、想表达。问题可由教师或校长自己提出，这样可使情境创设更真实，留给他们的空间越大，他们表达的欲望就越强烈；在形式上，可以采取个人表达或小组交流等形式，营造"你说、我说、大家说"的自由氛围，让每个教师、校长都有表达机会，让思想在交流中升华。这样使教师和校长对教学问题和管理问题由最初的"不敢表达"到"敢表达"，再逐步走向"能表达"。

(三)创设平台，全面提升教师和校长"专业表达"的技巧和内涵，使其"善表达"

在继续教育中，可开设专题讲座和实践操练的课程来培养教师和校长的表达技巧，让他们学习积极表达、准确表达、全程表达、多元表达，我们通过点评提升教师和校长"专业表达"的内涵。例如，在校长培训班中，我们要求校长现场撰写讲话稿，发现校长表达中的问题，请专家与教育局领导进行面对面的点评。我们要求校长上交一篇教育管理论文，安排时间答辩，请教科研专家进行引领性评价；聘请新闻媒体专家主讲写作技巧，与校长交流如何总结办学经验；举办学术沙龙和校长论坛。

例如，在校长培训中，我们以"当前中小学管理中存在的问题和对策"为主题，开展小组参与式培训，目的是提高校长的领导力和表达力。主要做法如下：第一步，抽签分组。每组 6 人并进行组内分工(组长、创意员、记录员、

汇报员、评论员、计时员），确定组名和本组的办学理念。第二步，组内交流。讨论确定思考和研究三个问题，要求针对每个问题提出三条对策。第三步，创作招贴画。呈现本组对问题和对策的思考。第四步，招贴画展示和汇报。包括组间汇报和上台汇报，校长大胆表达自己的教育理念和管理策略。第五步，学员互评和专家点评，达到培养校长"专业表达"能力的目的。在学科教师培训中，我们强调学科规范，教给教师学科独特的语言规范和语言运用规律，使教师做到准确清晰、严谨深刻；同时拓展表达渠道，引领教师运用博客、沙龙、QQ 等进行表达。

总之，在继续教育中，培训者要将表达训练渗透在培训过程中，创设冲突性目标情境，建构交互性学习方式，通过引领，提升教师和校长"专业表达"的内涵。

（本文作者系浙江省新昌教师进修学校副校长）

"专业发展述评报告"：实现教师评价的个性化

高 翔

许多学校都希望借助校本教学评比促进教师专业发展，但效果并不尽如人意。很多时候，受到表彰的教师只是看到自己综合成绩好，但具体哪些方面是自己的短板，教师无从知晓，也就无法"补差"。没有受到表彰的教师，会因为综合成绩的落后而看不到自己的优势，失去信心。

如何利用教学评比对全体参赛教师进行个性化激励，进而促进教师专业发展？我校借助"专业发展述评报告"进行探索。首先，我们对教师行为进行定量分析，生成教师的"专业发展能力折线图"；其次，学校分层召开协作研讨会，由相关专家对参评教师进行质性评价；最后，以上述分析为基础，撰写一份个性化的"专业发展述评报告"。

一、定量分析：拟合教师"专业发展折线图"

（一）建立科学可对比的数据库

对所有参赛教师的成绩建立科学的数据库，是实施定量描述的前提。在对多所学校校本教研的评比项目进行研究后，我们确立了以下教学比赛评比项目："课堂教学"（30％）、"教学反思"（30％）、"案例研究"（10％）、"教学设计"（10％）、"说课"（10％）、"基础发展力"（6％）、"学生评教"（4％）。

学校为增强项目评比的针对性，分别建立两种类型的数据库，一类是百分制下七个评比项目综合的数据库，另一类是七个评比项目单项的数据库。同时，为提高区分度，学校还分文科组、理科组和"音、体、美、技术"组，让各组建立组内数据库。

（二）运用折线图对教师进行个性化研究

在折线图上，我们建立了"学习型"数据线和"参照型"数据线。"学习型"数据线取所有教师在这个参评项目中获得的最高分，是每位教师的奋斗目标。"参照型"数据线取所有教师在该参评项目中获得的平均值,是每位教师应达到的基本标准。这样,研究某一位教师的专业发展能力时,我们就获得了由三线比对的七项成绩组成的"专业发展折线图"。这种直观呈现的方式,有助于教师进行反思性研究。

我们以一位从事教学多年的教师为研究对象。图 1 是他在校级教学能手评比中七项成绩的折线图,系列 1 是他本人的数据,系列 2 和系列 3 分别是"学习型"数据和"参照型"数据。从折线走势我们可以看出:与系列 2"学习型"折线图比对,这名老教师反映过程性的五项教学评比成绩仅仅达到系列 3"参照型"数据线标准,没有明显的优势,说明这名老教师可能进入了职业倦怠期。如何激发这类教师的专业发展内驱力,就成为学校管理者必须认真思考的问题。

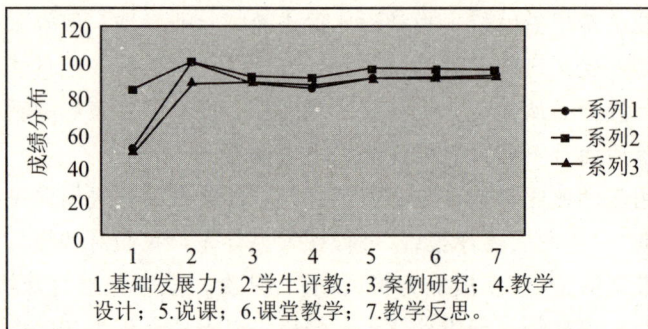

图 1　某位老教师的评比成绩

(三)运用折线图对教师群体实施单项分析

比较自己的某一被评价项目在群体中的位置,可以帮助教师直观地洞察自己的不足,学校也可以借此提高对教师进行指导的针对性。为此,我们可以建立所有评比项目的数据库,并从中选择某项成绩拟合成"折线图"。如在校级教学能手评比中,学校发现,在"案例研究"这一项目中,理科组和文科组教师在组内和组间都存在相当大的差异。为此,我们选择了这一项目实施研究,如图 2 和图 3 所示。

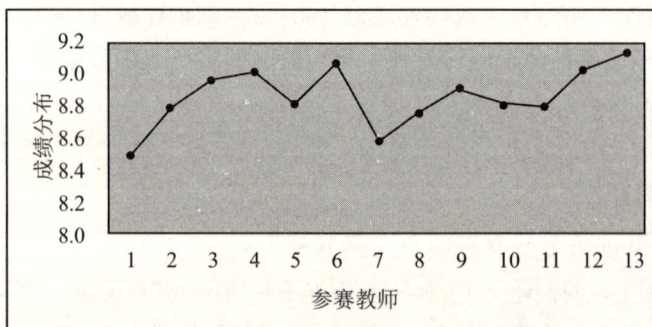

图 2　理科组在"案例研究"项目中的折线图

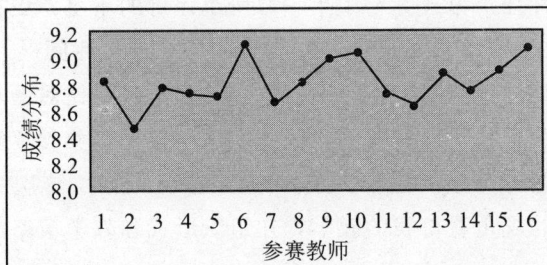

图3　文科组在"案例研究"项目中的折线图

图2和图3直观地呈现出各位选手在该项目中的位次，这种比较能让每位选手明显看出自己的不足。当我们将评比的所有项目逐一转换成折线图，隐去教师的姓名后公布时，令人欣慰的情景发生了：参赛教师理智地看待自己的成绩，并将更多的目光聚焦在如何提升自我水平上。显然，科学评价减少了评价者与被评价者之间的矛盾，有助于教师的专业发展。

二、 定性分析： 分层进行协作性研讨

面对丰富的数据材料，我们应该如何分析和描述？这直接关系到述评报告的质量。因此，形成有效的述评报告的关键，是召开评比后的协作研讨会议。评价主体来自两方面：（1）基于同一学科评价标准，由学科教研组建立的"专业协作共同体"；（2）基于不同学科的差异性，由学校集合各类学科优秀教师而建立的"学校指导委员会"。

（一）"专业协作共同体"：从学科能力的角度实施诊断

由同一学科教研组中的资深教师组成的"专业协作共同体"，首先从参赛教师的数据库中获取信息，再以学科教研组为单元，组织部分听评参赛课的教师进行研讨，听取参赛教师的感受和反思，将多种信息融合为一体，形成参赛教师个体的专业发展能力述评报告。之所以如此，是因为相对其他教师而言，学科组的同伴对当下的学科思维和方法有更清晰的把握。他们能准确评价教师的课程能力、教学能力、组织能力和教学评价以及课堂的管理能力，其评估最能反映教师的核心专业能力。

（二）"学校指导委员会"：从学校管理的角度实施诊断

我们挑选本校不同学科的优秀教师组成"学校指导委员会"，通过对比不同学科参赛教师的表现，找出制约本校教师能力提升的共性因素，形成宏观层面

的指导意见。这种评价方式弥补了单一教研组评价的不足，更符合学校管理者的期待。同时，"学校指导委员会"还可根据本校的共性问题，进行专题性评议。评委在进行集体评议时，在对不同选手的教学进行比对的过程中，也常常对自身的教学经验进行反思和叩问。因此，这不仅是培养参赛教师的过程，也是促进优秀教师评委反思的过程。正如一位评委所言："这次当评委，让我学会了从其他学科的视角看待我的教学，在组织形式和教学策略的运用上，我学会了很多！"

三、 成果描述： 一份"有温度"的专业发展述评报告

在科学的定量分析与合理的质性评价的基础上，我们为每位参赛教师提供一份"专业发展述评报告"。这种个性化的专业发展报告，成为指导教师未来专业发展的依据。当参赛教师接过荣誉证书，拆开信封，阅读专门为他准备的专业发展指导建议时，他们无不感受到学校的殷殷期盼。

以下是我们给一位青年教师的"专业发展述评报告"：

S老师，根据数据库七项评比成绩和专业指导委员会的评议，我们发现如下情况。

您的特色与优势：您非常注重问题设计，能依据认知理论，针对学生的最近发展区设计与新授知识有关的问题，您的教学对学生的知识迁移、基础知识的理解、思维方法的优化有积极的促进作用。您还重视变式训练，通过改变题干和设问角度，拓展学生的知识面，增强学生的思维深度与广度。当然，您能通过例题教学法使学生知识网络化与能力提升有效结合，这也是您教学的明显特色。

您需注意的问题：（1）如何在问题分析中发挥学生的主体作用。如有些问题是学生应独立分析的，教师不应过多干预。只有让学生充分思考，问题分析的效果才会更好。（2）优化板书设计。板书应是知识网络、教学思维、学生学习思维培养过程等的体现，一堂课结束时应有完整的主板书与副板书，并给予合理的保存。（3）课堂容量太大，学生思考的时间不充分。

对您的建议：从七项评比可以看出，受到学生欢迎是您的成功之处。您热爱教育，善为学生的良师益友，对事业充满憧憬，这是您在今后能取得成功的关键因素。但"基础发展力"一项分数不够理想，说明在这方面您还有很大的提升空间。评委会期待着您不断成长！

（本文作者系山东省宁阳第一中学教科所所长）

第三篇

教育叙事

好老师是帮学生找到光亮的人

许丽艳

当我们将关注点放到"教师培育整体变革"的时候，我们不得不重新审视这个原命题：什么样的老师是好老师？什么样的老师是今日学生需求的好老师？笔者与许许多多教师交往多年，总有一些老师，引起我对教师这个职业的无限思索……

好老师，一定是能发现学生长处的人。他让学生成为最好的自己，成为最应该成为的那个人。北京师范大学附属中学物理特级教师顾长乐先生，发现学生王丽萍有一定的物理天分，就为她学习物理创造各种便利条件。王丽萍在顾先生的感召下，决心"要做一个像顾先生一样的优秀教师"，主动选择教师作为自己的终身职业。如今，王丽萍也已成为一名物理特级教师，出任北京师范大学附属中学校长。她的成长与顾先生最初的"发现"密不可分。

好老师，一定是能指点学生迷津的人。好老师会在学生迷茫的时候，帮助学生找到光亮，让学生看到未来的方向。人生总会面临很多选择，如是否继续求学，选文科还是理科，怎样填报高考志愿，如何处理与同学、师长、父母的关系等。学生如果在这个时候能得到良师的帮助，则一定是人生幸事。笔者的一个朋友，当年在选择名校还是选喜欢的专业之间纠结，后来是一位老师力主她听从自己内心的呼唤。她接受老师的建议，选了自己感兴趣的专业，如今在喜欢的专业领域里如鱼得水，对未来充满希望。

好老师，一定是时时刻刻充满爱的人。江苏扬州教科院陈萍老师，是个从心底爱孩子的老师，她不仅爱聪明伶俐的孩子，也爱别人眼中不那么优秀的孩子。有一年，她的班上来了一个智商偏低的儿童。她引领学生帮助这个孩子，请专业人士辅导孩子。在她的悉心护佑下，这个孩子读了大学，有了光明的前途。陈萍和这个学生之间已经超越了一般意义上的师生关系，她成为学生生命中的重要他人。

好老师，一定是爱琢磨的人。广东深圳市宝安中学刘晓晴老师是个爱琢磨的人。面对淘气的男孩子，她琢磨怎么在刚上课的五分钟就抓住学生的心；在物理教学中，她发现总有不少学得很苦也学不好的"笨学生"，她就研究他们究竟"笨"在哪里，怎么帮助他们，用口语报告法来研究学生。即使带儿子玩的时候，她也在琢磨物理问题；而恰恰在此过程中，她对如何让学生在游戏中学习有了顿悟。

好老师，一定是不断追问学科本质的人。北京教育学院刘加霞教授对北京市的特级教师进行质性研究发现，那些特级教师在教学中有一个共同特性：不断追问学科本质。而她本人在进行教师培训时，也一样从追问学科本质入手，引领学员不断与学科对话。她带着小学教师读《数学思想概论》，引领他们思考"数学是什么"这样的本源性问题。

好老师，一定是有智慧的人。北京师范大学石中英教授在教授学生时，循循善诱，引导学生的思维不断走向深处和广处。在石老师的课堂上，他总喜欢问学生"你是怎么想的"，引导学生在与他人的辩论中形成、发展自己的观点。学生听他的课，会感到犹如爬山，虽然辛苦，但能领略更高处的风景，在和先哲往圣的对话中找到自己。在这个过程中，他们能够感受智慧的光亮，更能看清自己，看清前行的方向。

首都师范大学宁虹教授，注重以理论引领学生，让"种子长成大树"。他引导学生去上有根基的课，思考如何把握学科的内涵实质、如何抓住一节课的主旨、如何以更恰当的方式呈现。宁老师和他的学生可能会用一学期的时间来磨一节课，跟着宁老师苦练的学生，一年后，讲课的深度和感染力震惊四座。智慧的老师，不仅授之以鱼，而且"授之以渔"。

好老师，一定会在学生心中留下永久温暖的印记。在人生漫漫长河中，我们会时时想起他的音容笑貌，他的一句话、一个动作、一个眼神、一个认可鼓励的笑容或手势，会一直温暖我们、激励我们，即使我们历经岁月，即使我们工作许久，这种温暖和光芒，依然是我们内心永恒的力量，时刻伴我们前行。

我们呼唤这样的好老师，我们期待能遇到更多这样的好老师，我们也希望更多的老师成为这样的好老师，让教师这个圣洁的名字，永远温暖学生，永远伴随学生，去寻找他生命中的光亮。

（本文作者系《中小学管理》杂志社原副编审）

我的班主任研究之路

王立华

"你已做了近 10 年班主任，该总结自己的班主任工作了！"对我说这话的不是别人，而是我自己。这种提醒使我重新审视我的班主任研究之路。10 年间，我围绕班主任工作进行了不懈的探索，力图触摸事物的本质和规律。

一、 班主任工作范式的重新定位： 班主任专业化

1998 年 8 月 28 日，是我参加工作的第一天。校长找我谈话，让我担任班主任。尽管从小学到大学，我一直担任班干部，但是，管理一个班级，我还是感到有些为难。为了尽快熟悉这一岗位的工作，在 3 天内，我请教了 5 位年龄稍大的老班主任，他们给我的回答都不一样，甚至对同一问题的理解也不一样。后来，通过读书、看报，我发现，在大多数学校，中小学班主任资格的取得都是很随意的：学校先确定班级的任课教师，然后从中挑选一位教师担任班主任。这样产生的班主任不一定具备相应的知识体系和能力结构。

在跌跌撞撞中，我带着自己的理解开始了班主任工作。第一年，尽管我付出了很大的心血，但在工作中仍出现了不少失误：我没有做好一些特殊学生的转化工作，没有为一些特别需要帮助的学生提供有效的服务，没有想到的班级工作就没有做，而按照自己的理解做的工作又不一定都符合教育规律。这时，我开始思考班主任岗位设置的缘由、目的等元问题。我通读了《外国教育史教程》《外国教育管理发展史略》《中外教育管理史》等书籍，对教育学、教育管理学有了一些系统的认识。随后，我系统地阅读班主任工作方面的书籍，对班主任工作的认识不断深入。

阅读学习了一段时间后，我逐步形成了关于班主任工作的一些较为成熟的理念，我的班主任工作在本地引起了一定的反响。2000 年 3 月，教育局在我所在的学校召开现场会，推广了我的一些做法。随之，各种媒体也给予了不同

方式的关注，吸引了山东省内的数百所学校前来参观考察。在此过程中，我初步找到了自己的班主任工作受到肯定的原因：我摆脱了班主任工作的随意性，追求班主任工作的专业境界。

2003 年 8 月 1 日，我提出了"班主任专业化"这一概念。在山东教育出版社培训中心参加一个学术会议时，我和几位教育行政官员、学者谈起这个概念，他们都认为不成立。以我当时的理论素养、价值判断能力，尚不足以对此做出符合学术逻辑的论证。

在经历了几年的研究后，我做出了一个判断："班主任专业化"是当前班主任工作的现实呼唤，"班主任专业化"应该定位在班主任工作范式的转型上。后来，我撰写了《班主任专业化：工作范式的转型》一文，载于《教育管理》2007年第 3 期。在这篇文章中，我提出：我国传统意义上的中小学班主任工作是一种资格"业余"、职能履行随意、无群体效益的工作范式。我们应该在实践中追寻价值追求定位明晰、学科专业自主、实践岗位专业化的新的工作范式。因此，从"业余班主任工作"走向"班主任专业化"，体现了我国中小学班主任工作范式的转型。

提出这一主张后，我用了近一年的时间研究"班主任专业化"问题，并形成了《班主任专业化的困境与实践路径》一文，载于《人民教育》2008 年第 6 期。这篇文章的最大价值在于，它探讨了班主任专业化的实践路径：宏观上，追求班主任岗位的专业社会地位；微观上，建立中小学班主任专业化的长效机制。

我曾在学校政教处做过班主任管理工作，这为我探索班主任专业化的校本机制提供了条件。经过几年的探索，我撰写了《政教处在班主任专业化中应如何作为》一文，载于《中小学管理》2008 年第 1 期，提出了一套相对完整的工作机制：(1)兴趣调查：建立班主任的人选资源库；(2)科学测评：确定班主任的人选资格；(3)上岗培训：提高班主任的工作水准；(4)制定目标：明确班主任的发展方向；(5)形成机制：提供班主任的成长保障；(6)营造环境：确保班主任的健康发展；(7)及时肯定：提高班主任的成长速度。

二、 班主任工作的价值追求： 学生个性化的发展

2001 年 7 月，我带的第一届学生的中考成绩骄人。有两位学生进入全区前 3 名。在我校，语文成绩的前 6 名全是我的学生，成绩过 100 分的(满分 120分)也全是我的学生。成绩发布后，我和学生举行了庆祝会。但是，有的学生没来参加。我发现，绝大多数没参加庆祝会的学生都是成绩不太好的学生。

　　这件事促使我深入思考学生发展的问题：怎样才能让每一个学生都成为优秀的学生？从第二届学生起，我开始研究学生的个性化发展，倡导学生做最好的自己。

　　长期以来，我国中小学班主任工作的目标定位是"形成班集体"。这一定位对培养学生的群体意识和集体责任感具有积极的意义，但在一定程度上忽视了学生的个性化成长。对于学生来说，班级的编制是偶然的，归属是带有强制性的。尽管学生的年龄相同，但学生的成长需求、成长轨迹是不同的。因此，班主任应该把促进学生的个性化发展，为每一个学生提供个性化的发展计划作为自己的主要工作目标。

　　我的具体措施是：通过研究学生的实际情况，帮助每个学生制订个性发展计划；帮助学生明确有特色的发展方向、发展领域；通过开设个性化的班级课程，支持每个学生在自己喜爱的领域获得更快、更好的发展。

　　班主任应该如何帮助学生制定个性发展计划呢？我的尝试是，把每一个学生当课题来研究。例如：我带的 2004 级学生有 40 名，在征得学生的同意后，我结合每个学生的个性特点、学习水平、思维品质等具体情况，为每个学生确立了一个符合实际的科研课题，共设立了 40 个课题。而且，我让学生成为研究主体，让学生和我一起研究他们的成长。例如，尽管曹谦同学的综合素质很好，但她却不自信，不能自如地展示自己的优点。因此，我为曹谦设立的研究课题是"如何做一个自信的优秀生"。让她自己研究怎么做才能自信，我也会帮助她研究。初中三年，曹谦不仅学习成绩在全年级始终名列前茅，多次获得各类竞赛大奖，而且能越来越自信地在公共场合展示自己。

　　作为班主任兼语文教师，我该如何在语文教学中促进学生的个性发展呢？我认为，在语文教学中，应该让学生学习属于自己的语文。比如，我带的 2007 级学生有 53 名，53 名学生有 53 种练字纸、53 种日记稿纸、53 个语文学习习惯养成重点。

　　为了促进学生个性化的发展，我力求让班级建设中的每一项事务都具有个性化内涵。例如，我为每个学生都设计了具有独特内涵的挂历。以杜爽同学为例：封面以杜爽的名字做底色，"杜爽，2008""十佳学子""学习委员""三好学生"等字样分布到 12 个月的页面上做底色，每一个页面上加上杜爽的照片和杜爽信奉的格言、杜爽的特长及获奖情况。再如，我给每一个学生都办了一份报纸。林钰聪同学学习扎实、刻苦，但有些内向，影响了她的学习爆发力。于是，我从教师的角度，每隔一段时间出一期《祝你幸福：林钰聪 A 刊》，向她推荐阅读如何避免内向转变为抑郁等文章。而林钰聪自己办的《祝你幸福：林钰聪B刊》，则从学生的角度探讨同一个问题。

三、 班主任工作基本难题的破解： "本位研究"

在历经一系列的挫折后，我发现，班主任日常工作中的一些基本难题尚需破解。比如，学生的生命教育被长期忽视；班主任在班级和不在班级时，班级是两种状态。班主任要破解这些难题，就需要采取"本位研究"的策略。这里的"本位研究"是指班主任结合自己的个性、兴趣等进行的研究。那么，班主任怎样开展"本位研究"呢？我的做法是，把班主任在日常教育教学中遇到的难题当成课题来研究。

为了帮助学生实现其在初中学段独特的生命价值，我选择了"生命教育"作为自己的研究课题（该课题后来被确立为山东省"十五"规划重点课题）。我所理解的生命教育既是一种教育价值追求，又是一种教育实践，而理论探讨和实践架构的切入点就是班主任工作。经过几年的扎实实践，我撰写了《回归生命——一位班主任的生命教育实践》一书。

为了解决班主任在班级和不在班级时学生是两种状态的难题，我选择了"自主化班级管理实验与研究"的课题（该课题后来被确定为山东省"十一五"重点规划课题）。"自主化班级管理"是指在自主教育理论指导下的班主任自主管理班级和学生自主发展的、以培养学生的创新性人格为价值取向的班级管理实验。该课题研究得到了数十家媒体的关注，获得了山东省省级教学成果三等奖、山东省优秀教育科研成果一等奖。

在开展课题研究的过程中，我注重实验中的每一个环节，自己的专业素养不断提高。2006年，我被山东省教育厅评为山东省年度教育创新人物。

四、 班主任工作的理论研究： 回归原点思考

2004年，我到某地参加一个教育学基本理论研讨会。在这次研讨会上，我就中小学班主任工作发表了自己的一些见解。我认为，相对于其他教育岗位而言，班主任是一个典型的中国化岗位，任何一个国家的教育管理岗位都没有我国的班主任承担的责任大，完成的工作量大，做出的贡献大。因此，一个非常有意义的研究课题就是以什么样的标准推进我国现当代的中小学班主任工作？即思考两个基本问题：我国现当代教育为什么要设置中小学班主任岗位？我国中小学班主任到底应有什么作为？

我的阐述刚开始的时候，大家都觉得是个新选题，所以，大多数与会者听得很投入。但当他们明白了我的观点后，便产生了争论。有人认为，这是一个新的研究方向，很有研究价值；也有人认为，这个命题在学术逻辑上不一定成立；更有学者直接指出，研究这个问题是教育学研究的旁门左道。大家争论到最后，我也没能把自己要说的问题解释明白。我带着遗憾告别了这次研讨会。

在当前班级授课制的形制未发生根本性改变的前提下，学生在固定的教室接受固定的教育的形式也未发生改变。因此，中小学班主任在一个时期内将长期存在。为什么这么重要的一个教育岗位得不到教育学学术圈的重视？这次学术会议敦促我回归原点思考一些问题。我想，根本原因在于大家对班主任研究的基本原理没有搞清楚，存在争议。我不抱怨，不指责，不辩解，开始在研究中平心静气地寻找并呈现一些基本的东西。

首先，我对班主任工作的现状和发展去向进行了研究，最终形成了《我国中小学班主任工作的历史考察与当代发展》一文，载于《当代教育科学》2007 年第 5～6 期。在这篇文章中，我主要从两个方面提出了一些基本主张。

（1）中小学班主任工作的现存不足。教育目标：以形成班集体为本的目标定位，忽视了学生的个性化成长需要；教育价值观：以金字塔形的师生关系结构为建构根基，不利于学生自我人格的塑造；理论基础："拿来主义"居多，"中国化原创"相对较少；实践范式：专门化与条块化地划分工作职能，不利于班主任工作教育合力的形成；实践主体：长时间内没有专业尊严，工作低水平重复；管理制度：束缚、督促的色彩浓重，不利于激发班主任的工作积极性；评价指标：实用主义至上，一元化地关注班级学生的学习成绩和纪律保持。

（2）中小学班主任工作的变革思路。教育目标：以实现学生的个性化发展为本的新定位；教育价值观：运用系统观点，重新认定班主任工作的作用；理论建构：以学科建设的标准加强班主任工作的基础理论研究；实践范式：以专业化、信息化要求推进班主任工作；实践主体：中小学班主任应选择专业化发展的成长路径；管理制度：督促班主任形成工作个性；评价指标：追求对班主任日常工作的多元肯定。

其次，我思考班主任工作研究到底应该选取什么立场。经过一段时间的研究后，我做出判断：实践教育学是我国中小学班主任工作理论研究应选择的立场，并形成了《实践教育学：我国中小学班主任工作理论研究的立场选择》一文，载于《教育参考》2007 年第 8 期。班主任岗位带有明显的中国化特点，因此，开展基于中国立场、反映中国问题、汇聚中国经验、凸显中国风格的中小学班主任工作理论研究，研究者需要有牢固的"中国立场"和"中国情结"。

最后，我思考如何将我的理论研究成果转化为教师的实践行为。经过一段时间的研究后，我撰写了《实践对接：班主任工作的理论应用的范式转型》一文，载于《班主任之友》2006 年第 11 期，提出了"实践对接"的观点：在班主任工作实践中，实践主体与理论主体共同研究班主任工作理论的应用问题，在共同的研究中实现对理论的验证、发展、完善与创生。从微观意义上讲，当实践主体努力在实践中辩证地运用理论并形成了具有自主意识的个性化的理论时，当理论主体根据实践主体的具体表现及时修正已有的理论成果时，实践主体和理论主体就实现了实践与研究的对接。

五、 班主任的生命价值：成就岗位人生

一种经过反复调试的程序，会形成一种持久的惯性；一种经文化浸染的习惯，会使我们获得可以终生享用的财富。所以，班主任应该思考如何成就自己的岗位人生。

笔者认为，班主任应该从以下几个方面成就自己的岗位人生。

(1)在理念建构中形成自己的教育信念与教育追求。如果我没有自己的教育理念，就可能在实践中游移、徘徊，找不到自己的精神归属和追求目标。在几年的实践中，我把生命教育作为我教育理念建构的关键词，并发表了《教育的生命意蕴》《打动生命：让学校成为吸引人的地方》等文章，初步形成了我对生命教育的理解框架。

(2)在自主发展中形成自己的专业成长方式。选择自主发展之路意味着自己要自觉承担专业发展的主要责任，不断向更高层次迈进。选择自主发展的我经常有这样的感觉—走着走着，什么都忘记了，什么都没有了，剩下的只是澄澈透亮，做了蠢事、错事的自己不见了，那个患得患失的现代人消失了，只有一颗感动得无以复加的心。这几年，我不断地分析自己的发展现状，确定自己的成长目标，以自己特有的专业成长方式不断实现新的突破。

(3)在经典阅读中形成自己的教育对话方式。阅读经典，无异于与人类顶尖级的智慧群体对话。走进这种开放性的对话中，我的眼前出现了无数的崇山峻岭，我在高高低低中跋涉向前。这是一种无限艰辛、无比悲壮、无比舒畅的体验。

(4)在理论探讨中形成自己的教育存在方式。如果我拥有了理论话语权，就获得了真正的专业尊严。有了有尊严的专业生活，才有真正的幸福可言。尤

其是在理论探讨的过程中，我不断提升理性思维的能力，逐渐形成了自己特有的教育存在方式。

(5)在反思提升中形成自己的教育行走方式。通过反思，我在问题发现中求超越，从事实梳理中求真意，在行动完善中求发展。

(6)在专业日记的写作中形成自己的教育表达方式。专业日记可以从专业发展的角度记录一个人的专业成长过程及深刻体验。我记专业日记，追求用相对成熟的价值评判标准，表述有意义的教育生活。这实际上是在改进和重建我的教育生活，是对自己的教育个性的论证与发现。

经过10年的研究，我自认为在班主任工作研究方面有所突破，但我深知，我的研究实践仍带有明显的不足。比如，我的研究带有随感式研究的痕迹；我虽然提供了不少研究证据，但这些证据的有效性值得商榷、推敲。学术研究，是一种一旦进入就很难停步的苦旅。触摸事物本质的研究，需要慢慢地寻访，需要静静地对话。

(本文作者系山东省临沂八中原教师，山东省临沂光耀实验学校副校长)

心弦微动难入骨

辛晓明

《庄子》中说："达生之情者，不务生之所不以为；达命之情者，不务命之无奈何。"意思是：真正通达生命真相的人，不去追求生命中不必要的东西。北京师范大学于丹教授用生动的例子对此进行了形象的阐述：

在非洲阿尔及尔地区有一种猴子，非常喜欢偷食农民的大米。当地的农民根据猴子的特性，发明了一种捕捉猴子的巧妙方法。农民们把一只葫芦型的细颈瓶子固定好，系在大树上，再在瓶子中放入猴子们最爱吃的大米，然后就静候佳音了。

到了晚上，猴子来到树下，见到瓶中的大米十分高兴，就把爪子伸进瓶子里去抓大米。这瓶子的妙处就在于，猴子的爪子刚刚能够伸进去，等它抓一把大米时，爪子却怎么也拉不出来了。贪婪的猴子不愿意放下已到手的大米，就这样，它的爪子一直抽不出来，它就死死地守在瓶子旁边。直到第二天早晨，农民抓住它的时候，它依然不会主动放开爪子。

猴子不愿意放弃手中的一把米而"被捕"。于丹教授说，猴子手中的那把米，就如同许多人追求的名、利等各种欲望，多少人为了追求这种欲望而累及此生。

鲜活而发人深省的例子，于丹教授声情并茂的讲授，令我的心头一震：猴子积极寻找食物没有错，但过分偏执的想法（要每一次出手都有结果）可能害了自己；生活就是如此，不懂得适时放手，越是想得到就越容易失去；向着目标，看着远处，该放手时就放手才是智者的行为……我似乎有所领悟，已经在教授深入浅出的故事中明白了庄子的思想精髓，懂得了"达生"处世的精要。

可是，没想到，一次小小的比赛机会的得失就足以摧毁我这份已得的了悟。2006年，省里组织教学竞赛。我一路过关斩将，从校级一直打拼到市级，通过最后一关我就可以到省里参赛了。不想当将军的士兵不是好士兵，在省级平台上与高手逐鹿是我多年的梦想。评委最后亮分，我的分数略高于第二名选手。几天后，就在我踌躇满志、磨刀霍霍之时，专家组通知我，由第二名代替我市赴省参赛，理由是对方是市名校能师，经验丰富，胜算大些。"既然不按分数，还评什么分，观摩一下，然后钦定不就行了！分明就是不公平嘛！"一时间，我像被抛弃的怨妇一样，看谁都不顺眼；又像失去阿毛的祥林嫂，左右抱怨、喋喋不休……很长一段时间，我整个人无精打采，赴省比赛的机会成了我放不下的"大米"。现在再回头想想，才发现当时的自己眼界、心胸实在有限。试想：落选又如何，真正的有实力者还怕没有机会？更何况审视人的生命历程，一时的得失实在微不足道。别说一次小小的比赛，就是许多老师放不下的职称、评优、加薪……又如何？对于执着的教育者而言，一时的成败得失并不会影响自己在教育上的成就。同时，我也感觉到当时专家组的决定是经过深思熟虑的。第二名选手的功底我不清楚，但那时的我肤浅、偏执且有些狂妄，课堂的境界就是做人的境界，讲坛的角逐最终是教者人格修养、文化底蕴与教育艺术等综合素养的比拼。扪心自问，我达到一个省级赛手的水平了吗？

可是，在当时失意情境中的我，是无法劝慰、开解自己的。全然忘记了庄子的"达生"说，忘记了猴子抓米的悲哀。猴子抓米的道理我懂，但在实践中我却无法运用自如，我的精神境界并没有因之而有质的飞跃。这是怎么回事呢？听讲座时的我是有触动的，是感受到了经典的思想精华的。但是，明理与践行毕竟是两个层次的事。心弦微动难入骨啊！真理的认同需要反复体验，与自我原有的认知系统进行内在的反复碰撞、磨合，最后才能深入人心、融进血脉，成为灵魂的一部分。一如我，一次次与挫折遭遇，一次次在痛苦中尝试反思根源与调试心态，时间与经历终于教会我用"达生"观看待生活。

心弦微动难入骨，个人心灵的成长如此，教师对教育真谛的领悟亦如此。例如，新课程改革大力倡导"自主、合作、探究"的学习方式，于是一度出现了每课必有小组合作交流的现象，使课堂多了浮华，少了深刻。新课程倡导各学科知识的有机整合，于是语文课一度上成弹唱写画的大杂烩，缺失语文本色。再如，教育培训机构倡导智慧共享，聘请教育专家上新课程示范课。教师听课后，发现成功源于教者爱心四溢、文采飞扬的评价语言，有磁性的读书声音，巧妙的问题设计……大家不由得感叹：语文课就得这样上啊！于是，机械模仿课频频出现，有照名师教案依葫芦画瓢的，有捏腔拿调刻意模仿的……待到画虎不成反类犬，有人又总结说，名师的课堂脱离大众课堂实际，好看不好学，却忽视了"台上一分钟，台下十年功"的真谛。名师的课堂是个人文化积淀的综合外显，我们不仅需要学习研究其教育艺术，还要研究其成长历程，从本质上汲取教师专业成长的营养。比如，大家欣赏王崧舟老师独步小学语文教坛的诗意语文，但可细致了解过他对"丰厚的文化底蕴，高超的教育智慧，远大的职业境界"的痴情追随？

心弦微动，自难深刻通透。停留在心弦微动层次，归根结底是满足于肤浅，是成长的大敌。当然，深刻明理，离不开最初的那份心弦微动，但我们应更深刻地懂得沉思默想，懂得在探索中冷静地反思、调整、总结和追寻。"达生"观形成于人们一次次迎接磨难时疗伤的过程。愿我们的进步始于心弦微动，成于从容淡定！

（本文作者系湖南省长沙市芙蓉区火星学校原教师，湖南省长沙市雨花区黎郡小学校长）

我的教学风格是怎样形成的？

熊星灿

"我崇拜您引领我们'图上旅游'挥洒自如的教学方法；也欣赏您设计的'今日看世界''军情观察室'等栏目的精彩插播；更感谢您心系学生、循序渐进、培优扶弱、诲人不倦，不让每一个人掉队的敬业精神！"

"您的教学总是那么充实高效、有条不紊、朴实无华，讲授时娓娓道来，如数家珍，能让一些深奥的地理知识变得通俗易懂，几笔随意的版画、几行简洁的板书往往就是您课堂精华的浓缩。也许这就是您'化腐朽为神奇'的魅力所在。"

每当我看到学生们的肺腑之言，一种身为人师的幸福感便油然而生。教学风格是教师在整个教学过程中反映出来的独特的教学技巧和教学作风，具有个性化、创造性和稳定性的特征。如果几年前有人问我：你的教学风格是什么？那么我可能难以立即答出。然而这两位 2011 届学生给我的留言使我豁然开朗。学生的赞许既是对我工作的肯定，也是对我锤炼教学风格的鞭策。我的地理课堂没有太多精美的课件映衬，我也不喜欢花哨的装饰形式。"稳中求变、追求卓越"是我的风格；一支粉笔、几笔图画、潇洒自如的板书、富有吸引力的讲授，是我与学生课堂沟通的"利器"。

教学风格的锤炼需要教师不懈地追求。1962 年，我出生在洞庭湖区资江北岸的一个贫困农民家庭。1979 年，我高考发挥失常，只考上益阳师范学校。两年后，我正式成了一名公办教师。初为人师，处境艰难，为了摆脱困境，我毫不犹豫地选择了自学发展的道路。通过自学，我顺利完成了专科与本科的学历教育。

作为一个地道的农民儿子，我最懂得教师工作的荣誉、责任与使命；也深知，只有具备真才实学与稳健成熟的教学技能，才能更好地服务于学生的发展。因此，我不断提升教学素养，立志做一名深受学生欢迎的教师。

30 年来，我风雨兼程，披荆斩棘，实现了从小学到高中、从乡村到都市、从普通教师到首席教师的三次飞跃。坎坷的求学经历和奋斗历程，使我养成了一种坚韧不拔、锲而不舍、稳健求实的性格，为孕育和形成我的教学风格奠定了精神基础。

我的教学风格的形成大致经历了三个阶段：最初十年，是博采众长的教育教学模仿阶段；第二个十年，是教学风格初见端倪的阶段；最近十年，则是教育教学风格相对成熟的阶段。

一、 博采众长的教育教学模仿阶段

1981 年，我从师范学校毕业，开始从事教育工作。当地的名师是我崇拜与学习的对象，特级教师吴霞的"语文情境教学法"深深地吸引着我。一次，我在小学执教全区公开课，我选择了方志敏的《就义诗》为主讲内容，采取情境教学法，声情并茂的配乐朗诵，绘声绘色的刑场环境渲染，辅之以方志敏为主题的宣传画，让学生与听课教师如身临其境，感同身受。我的课一炮打响，受到普遍赞誉。20 世纪 80 年代末，由于高考取消地理科目，所以我依旧从事语文教学。出于对益阳县一中刘建奇老师的敬慕，我竭力模仿他"潇洒自如、有所突破"的教学风格，他像播音员一般的嗓音、评书名家一样的表演风格是那么引人入胜；他对教材关键处独具匠心的处理，让人耳目一新、回味无穷。至今，我还记得他有关教学要领的指导：首先，教师要练好基本功，规范的语言表达与扎实的专业功底至关重要；其次，教学要有相对成熟的特色与个性，只有这样的教学，才能经得起各种考验。后来，我在语文教学中如法炮制，既重视基础知识的落实，又突出对教材的个性化处理。我的课堂教学开始被同行认可、受学生欢迎。

虽然观摩名师课堂使我受益匪浅，学习名师的论著使我认识提升，但这只是相对简单的第一步。模仿只能解决"对照别人看自己"的问题。那么，教学由模仿进入良性发展之后，我们又该怎样继续走下去呢？

二、 教学风格初见端倪的阶段

20 世纪 90 年代，是我教学生涯的艰难岁月，也是我教学风格初见端倪的阶段。90 年代初，各种教育教学思想十分活跃，"快乐教育""成功教育""创造教育"等教育思想和模式令人眼花缭乱。中小学的课堂教学开始出现"热闹不扎实""花哨但低效"等误区。基于对基础教育"简单而朴实"的基本认识，我告诫自己，不能"追风"，要深化自己对课堂教学的认识和理解，必须探索属于自己独特风格的教学之路。

在此期间，我任益阳财贸中专学校经济地理教师，兼教部分其他文科课程。在这十年中，我自感教学困惑更多、压力更大。为了教好经济地理这门课程，我坚持不懈地学习，积极参加湖南师大的地理本科函授，向书本学，更新知识；向名师学，提高技艺。当年资深的地理学科前辈李景文、戴家文老师成了我的"活字典"。从大学地理教材到中专的经济地理以及教材教法，我都认真钻研，绝不马虎。十余年间，我留下了近百万字的读书笔记、听课日志、习题解析、备课教案、资料汇编、教学反思、教研论文等。

在课堂教学实践上，我开始大胆尝试和践行自己的教学理念。对我而言，教学的"稳定"是基调，是我教学风格形成且相对关键的第一步。在开始几年的中国经济地理课堂教学中，我摸索了一套属于自己的教学模式——"读读、讲讲、议议、练练"。从人文地理方面切入，牢牢抓住某一区域的"地理位置、经济特征、农业生产、工业布局、城市交通、商业贸易"等要素深入探究，引导学生循序渐进，落实基础，提升能力，教学效果不错。随后，我的教学足迹慢慢跨出校园，受到附近兼课学校的好评。1995年，随着教育改革的深化，我开始深刻反思自己的教学方式。我深感传统课堂教学方式的单调，于是尝试创新教学思路与方法，力争在教学中渗透激趣启思的教学元素，将经典的经济地理案例与时事热点恰到好处地贯串到日常教学中，学生学习兴趣盎然，思维活跃，成绩跃升。同行普遍认为，我的课堂教学既能保证"双基"的落实，又能独具匠心、引人入胜。此时，我的教学足迹也有了更大的拓展。从实践中我进一步看到了教改的希望，干劲倍增，教学创新的步伐也日益加快。例如，我的"图导图学图练"教学模式、"碎步启发教学"和开发地理第二课堂等便是孕育我的教学风格的载体和路径。经过多年的教学实践与反思，我的教学风格逐步从孕育到生成。

三、　教育教学风格日趋成熟的阶段

最近十年，是我的教育教学风格日趋成熟的阶段。2000年至今，我一直就职于广东佛山南海区桂城中学，其中有九年从事高三教学。经过后期的教学磨砺，在严谨务实、稳健创新的精神指引下，"稳中求变，追求卓越"的教学风格进一步走向成熟。其重要标志是，我可以把这种风格渗透进新课程改革所提倡的研究性教学、自主探究性教学、分层差异性教学、教学案一体化教学等方面，且成效显著。为贯彻我校"精益教学、正心成人"的宗旨，我主持了佛山市有关如何构建中学高效课堂的一个子课题，课题研究成效显著。基于前 20 年的积累，我进一步要求我的课堂教学具有下述特点：内容充实，重点突出，逻辑严密，脉络清晰，教学语言简洁明快，课堂设计稳中求变。例如：在"问题探究"的教学中，我大多设计几个简要的教学环节：（1）情景导入。（2）深入探究。（3）解决问题。

2011 年，我在南海区做了一节名师展示课："工业区位与产业转移"。这是一节高三复习课。"工业区位与产业转移"既是教学的重点和难点，又是高考的高频考点。我对这节课作了精心设计：首先，明确课程标准与考纲要求，制定教学目标："理解各种工业区位对工业生产的影响、各种工业区位的合理选择、产业转移的原因及其对地理环境的影响"，我把学科目标和培养学生的科学发展观有机结合起来。其次，针对当年高考命题的关注点，进行"考向预测"，进而给学生明确重点难点、复习策略，并辅之以学法指导。这种整体设计是我"稳"的风格的体现。我的整个教学过程就是紧紧围绕上述目标而有序展开的。在这节课中，"产业转移"原本属于另一册教材的内容，但我在第一轮复习时，即大胆打破传统教材的编排顺序，以"区位变化"为线索，将"区位选择"与"产业转移"进行大跨度整合，结合佛山特点，给出背景材料，提出转产的现实问题，组织学生以探究式学习的方法，讨论出结论；归纳出区域产业转移的必然性、必要性和途径。最后，以"佛山产业发展新思路"为题，激励学生进行课外拓展，开展社会调查，撰写相关论文。这是我"变"的风格的体现。由此可见，教者的"稳"主要体现在对教学目标的全面把握和对课堂教学的有效驾驭等方面，例如：理解教材内容、确定三维目标、实施常规教学；"变"则蕴藏于对教材的微妙处理、教法的精心选择方面，例如：整合教材、案例教学、合作探究等。这就是我所追求的"稳中求变，追求卓越"的教学风格。

近年，我有幸得到安文铸教授的悉心指导，在教学与研究方面均有长足的进步，教学风格也日趋成熟。正如安教授的点评：所谓"稳"，是指不管哪个学科的教学都有它基本不变的因素，如基础知识和基本技能，这些要"稳得住"，要把握准确的尺度，重在继承；所谓"变"，是指学科教学从内容到教学方法、手段，都要与时俱进，体现时代性，不能保守和故步自封；无论教学怎样改革，衡量其是否正确的唯一尺度是学生的学习质量，教师在教学质量上务必"追求卓越"。近十年来，我所执教过的班级和学生都创造了许多学习的奇迹。我不仅培养出了地理高考状元，而且我执教班级的考试成绩连续多年在南海区乃至佛山市名列前茅。由于教学成绩突出,我相继被评为佛山市名师、佛山市学科带头人;2011年,学校为我举办了面向佛山市的"熊星灿老师教学风格研讨会",同时出版了以《教苑撷英》为题的个人论文集;2012年,通过多层严格筛选、评审,我被评聘为南海区首席教师。

"路漫漫其修远兮,吾将上下而求索。"已届"知天命"之年的我,仍将满怀青春的激情,在教育教学这片热土上继续耕耘,继续锤炼自己的教学风格,做一名平凡而卓越的人民教师。

(本文作者系广东省佛山市南海区桂城中学教师)

我的专业发展节点事件与观察析理

刘晓晴

　　我没有师从名门，但因拥有自己量身定制的"精品理论"工具箱，故每次遇到困难的时候，都能得到国内顶尖专家的点拨与支持；我从未试讲磨课，但因历经与"捣蛋"学生的不断"过招"，从心理学理论中汲取力量，所以仅授课四个月，我的课堂教学便成为省内师范院校、教研部门观摩研究的对象；我恐惧过度竞争，但因凡事力求"事半功倍"，所以我带的班级取得了骄人的中、高考成绩，同时夯实了我的自主研究功底，我的研究课题获得国家教学成果奖、广东省社科奖等七个政府奖项；我发憷撰写论文，但凭借精品论著规范的指引，我逐步完成个人实践智慧的凝练与学术表达，多篇论文被《教育研究》等权威期刊刊发，我主编或编著的多部省级地方教材、科普著作在国家级出版社出版，我本人被评为教授级教师……

　　我的专业成长似乎走了一条不太常规的路径。一路走来，我面临太多的问题与挑战，又有着别样的幸运与欢乐。经过那么多的羁绊、感悟和升华，我希望能从自己的经历中发现一些解决问题的特征线索，通过梳理，进而探寻教师专业成长的某些捷径，呈现可供中小学教师借鉴的实现高层次、生态性专业发展的一般策略与方法……

　　我以自己专业成长的几个节点事件为观察对象，探寻一名普通教师实现成长跳跃的外部条件和内在特征。

一、 用透一本书："困境"向"佳境"的逆转

（一）节点事件一：从工作三个月的"新手"到课堂教学"小名师"

　　1980 年年底，刚工作时，我只是一名刚出校门的文弱寡言的女教师，而每一节物理课，几乎都是与"捣蛋"男生较量的战场。他们不断想出新招"逗新老师玩"，我则拼尽全力争夺课堂的掌控权。"前五分钟定胜负"是我无法回避

的残酷现实，它迫使我必须重视、琢磨"对手"的学习特点，必须用心挖掘教学内容本身的诱人之处，必须灵活运用"无意注意"与"有意注意"的规律……对我而言，"关注并立足于学生的感受设计教学"不是一句口号，而是战胜职业恐惧的唯一出路！不久，我被选定与其他三位优秀教师一同上全市的同课异构公开课。从不试讲磨课的我，遵循"依据心理学原理解决问题"的思路讲了一节公开课，来自北京师范大学、河北师范大学及省市教研部门的专家经集体讨论，最后的评价是："如果录像，肯定能找到毛病"。此后，关于我的课堂教学被"神传"，省内各师范院校、教研部门不打招呼"推门听课"成了那几年我执教中的常事。

(二)捷径一：用透一本书，不怕少，拥有实践与理论"碰撞"的意识最重要

我如何在三四个月内，从每周必数次陷入在讲台上以泪洗面的"地狱般"的困境，变为能够创设被专家学者赞叹的课堂教学的佳境？我的逆转之路是这样的。

每一次对课堂教学的失控，都让我萌生逃离教师岗位的念头——读心理学的书，考研究生；而每一次这样的"逃离行动"，都让我面对的实践难题有了与"精品理论"相遇、碰撞的机会。在三个多月的时间里，我一边教课，一边看心理学书籍，这让我走上了"带着问题找理论，产生灵感再实践"的教学道路。

读了朱智贤先生的《儿童教育心理学讲话》，我消除了"被羞辱""被欺负"的负面情绪，知道上课"捣蛋"并非学生的人品之恶，而是儿童的天性使然；读到书中关于"初中生心理特征、注意规律"时，我似乎找到了自己在"捣蛋"班级偶然完整上下来一节课的成功原因。迷茫无助的我，在顶级专家对症的理论"点拨"下，一次次重返实践，尝试掌控"捣蛋"学生注意力的秘诀，获得教育灵感。对我而言，这些心理学知识是救人于困苦的精神支柱和取胜武器。它不仅让我偶然的成功与专家的论述相印证，使我一步步实现"知其然"；更让我的实践之悟清晰、凝练，一步步趋近"知其所以然"，进而为我今后举一反三、生成教育智慧奠定了基础。

(三)提示一：个性化的"精品理论"工具，可以助力"优秀实践""从偶然走向必然"

每位教师都有自己引以为豪的实践亮点，它可能是昙花一现，也可能局限在某一工作领域……将在某一特定的时空背景下偶然出现的"优秀实践"，发展为广阔时空背景下必然出现的"优秀实践"，让"偶能"成为"常能"，是教师专业发展的愿景。实现这一愿景，需要从寻找教师某个或某些"优秀实践"背后的智慧点做起。

凭借本人或某位指导专家的知识结构进行实践反思，教师可能会发现"优秀实践"背后的智慧信息，但其大多徘徊于较低的认识层面，很难从中生发出具有批判性、结构性特征的教育见解，这成为中小学教师实现高层次专业发展的瓶颈。其实，教师寻找个人智慧点有便捷之路，那就是充分汲取、借力与自己"优秀实践"有关的理论信息（如心理学等揭示某类实践规律的"精品理论"），在教学中大胆实践。具体操作如下：教师在清楚自己的"优秀实践"的基础上，在相关精品论著的目录页下，搜索与"优秀实践"有关的、自己特别"有感觉"的部分；然后，粗略查看其内涵，筛选、勾画出确实与自己有共鸣的章节。待有相关需求时，翻开"属于自己"的那些内容，比照个人实践与理论要点的共通之处，以其概念、理论要点等告诉自己，"我的'优秀实践'好在哪里，为什么好"。

这种做法可以使教师较快地进入较高层次的教育反思境界，进而从实践到理论，再从理论到实践，逐渐形成高层次专业发展的良性循环。

二、 走对一条路："生活"对"教学"的启迪

（一）节点事件二：育儿八载，找到高中物理难教难学的症结与突破口

在高中物理教学中，我发现总有不少学习刻苦但成绩不佳的"笨学生"，其中以女生居多。他们究竟"笨"在哪里？帮助他们的着力点在哪里？没想到，这些让我百思不解的教学问题，竟在我带子疯玩的过程中得到破解。

我鼓动孩子划船，在大喊加油之际，问孩子："谁在顶着你的桨面？"（为孩子认识反作用力埋下伏笔）；我站在玩水炮射击的儿子身边，鼓励他动脑筋想一想，怎么才能射得更远？（为他种下"世界上有'极值'这回事儿"的种子）；在北京玉渊潭公园，我入座短摆秋千，与长摆秋千上的儿子比赛"三分钟内看谁摆的次数多"（让他发现，单摆的周期与摆长有关，与振幅、体重无关）……让高中学生吃力的教学难点，竟然可以在嬉戏玩耍中不露痕迹地攻克！沿着这一思路，我先是完成了对个人教学实践的经验性反思梳理：《物理·悟理——高中物理难教难学的思考与实践》；接着，运用认知心理学"口语报告"技术，进行了"高中生解决陌生物理问题的即时思维研究"；随后，在科学出版社的资助和鞭策下，出版了科普著作《献给不喜欢物理的中学生·物理世界漫游》。

(二)捷径二：走对一条路，不怕慢，全时空寻找个人智慧点是关键

每位教师的实践亮点都不局限于单一的工作领域，在居家生活、亲子教育等方面的实践亮点背后，同样存在着个人智慧点。不同领域、不同时间形成的"优秀实践"，其背后有着本质相通的智慧点。由于实践智慧既包含外显的行为，又包含与之相伴的感知、辨别、顿悟等内隐活动，所以从纷繁芜杂的信息中理出头绪，发现个人的智慧点是不容易的，沉淀为个人的实践智慧结构更不是一蹴而就的。唯一的出路在于：珍视时空变化中自己每一个生命角色的实践亮点，做有心人——全时空寻找个人智慧点。这样，走在工作与生活交融的自然路径上，点点滴滴皆可潇洒，停停走走皆会收获。

(三)提示二：多领域、多视角寻找个人智慧点，为教育智慧生成创造条件

有效的教育，需要教师对教育常识的感悟别有洞天，以赢得学生的认知共鸣，让学生心悦诚服；需要教师对学生的各种行为给予无条件的职业理解，以赢得学生的情感共鸣，开启他们的心灵……教师的教育智慧，不可能在单一的学校背景中生成，只能在广阔的时空背景下，在对生命各角色的深刻感悟中获得。

三、 寻磨一个"版"："实践"到"理论"的领悟

(一)节点事件三：凭借一篇权威研究报告的规范指引，完成涉足学术前沿的硕士论文

在认知心理学尚未在师范院校普及的 1998 年，在没有专业导师、没有认知心理学教材，甚至找不到知晓"口语报告法"的交谈对象的背景下，我凭借权威专家发表在权威学报的一篇实验研究报告的规范指引，凭借内心里解决"笨"学生学物理学得苦的问题的强烈愿望，不知深浅地踏入了认知心理学的前沿领地，完成了《高中生解决物理问题表征特点的实验研究》的硕士论文。十多年过后，这篇论文还被母校作为教学范例使用。不难想象，那篇指引、规范与点拨我的实验报告"模版"具有何等的学术水准！

(二)捷径三：寻磨一个"版"，不怕拙，学会使用"精品理论"工具方得宝

在写作硕士论文的前期，我有幸读到了梁宁建发表在《心理学报》上的《专家和新手问题解决认知活动特征的研究》一文，我眼前一亮：文中所提供的方

法竟然可以跳出物理教师的经验性窠臼，对学生解题的困难过程进行即时性的观察研究！更重要的是，这份心理实验研究报告撰写得十分规范、严谨，完全可以指引具有物理实验研究能力的我前行。尽管我感觉研究之路很艰难，但高水准学术研究的示范力量是无穷的。

作为以实践能力见长的物理特级教师，我对自己跨界开发一门安全教育校本课程是有信心的，但将这种创造性的实践准确描述出来、形成学术论文，对于从小发憷写作文的我来说，则犹如被点"死穴"。但是，我们的课程开发过程实在太神奇了，开发成果实在太受欢迎了；加之提交论文就可以参加学术会议的"诱惑"，这一切使我萌生了撰写一篇高水平学术论文的念头。首先，我找到王斌华的《校本课程论》，查阅目录，搜寻与自己有共鸣的理论要点。其次，翻看相应内容，欣喜地发现：我们的实践过程与其论述竟如出一辙！随即我决定借鉴其"校本课程开发过程"的章节框架，讲述我们鲜活的实践故事。最后，我仔细核准专业术语，使用合乎学界规范的论文框架与词汇。终于，我敲开了高层次课程理论会议的大门；规范、鲜活的课程开发实践画面，让理论专家直言"实现了心中的课程愿景"。

（三）提示三：理论成果是有层次级别的，揭示规律的"精品理论"具有规范的学术表达功能

叶澜先生在《教育研究方法论初探》中提出理论成果的层次与功能特征。从最初级水平的"正确描述实践本身"，到第二级水平的"对实践的解释与说明"，至第三级水平的"对某类实践的规律揭示"，不同层次的理论成果有不同的功用。揭示规律的"精品理论"，更具有助力解决问题的工具性。一方面，它可以提供与"优秀实践"相关领域的概念术语、结构脉络、研究方法和表达形式，帮助我们借助其话语系统，描述教育实践的鲜活过程。遵照其操作方法，我们可以作出切中难点的研究设计；借鉴其概念术语、结构形式，我们可以把自己的"优秀实践"描述得更为规范。另一方面，"精品理论"成果，无论是对实践设计的特征描述，还是关于价值与科学合理性的事理判断，以及相关的条件性、关系性分析等，都堪为"认识视角与认识层次"的指引范例。依其脉络、维度，我们可以拟定"个人实践之所以鲜活"的剖析框架，提升教育反思的境界。

中小学教师普遍感觉"精品理论"级别的论文和著作"晦涩难读"，我们回应这一感觉的"趣说"有两个版本：一是"查字典的人多，读字典的人少。我们不用读字典，会用字典就行了！"二是"剪子钳子锯锉刨，哪个好看？有用才是硬道理！"就我而言，具体的使用策略是建立个性化的"精品理论"工具箱：把大家共享的"精品理论"，通过选择、折页、圈勾等方式，贴上个性化标签，变成个人的专享工具。操作原则有二：一是只挑选与自己有共鸣点的论著；二是只精读与自己有共鸣的那部分内容。

四、搭置智慧点台阶："自享"到"助人"的逾越

（一）节点事件四：凝练综合性自主研究的实践智慧，再上学术新台阶

2012年，我完成了在一所高中学校为期三年的作业量干预研究，以及三年、六年后的追踪研究。它以学生个体对作业难度、数量、形式等方面的总体感受来界定作业量，以在"作业量反馈不佳"问题情境下教师有尊严地自主转变为内部动力，以缄默少为、侧重协助的行政管理和专家指导为基础条件，建立包括干预标准、干预时段、干预方式及个性化教师专业支持的作业量干预系统。结果显示：该干预系统实现了对中学生作业量持续、有效、便捷的管理；在非行政干预条件下，教师的自主转变成功率达到89.1%。

我通过独特的研究设计与实施操作，破解了这一复杂系统中的种种难题。而将这一持续八年、定量与定性相结合、参与者与观察者身份重叠的研究，客观、全面、透彻地以研究论文的形式表达出来，发表在教育领域最权威的核心期刊上，其难度并不亚于实践过程本身。在本人工作室主管领导的"逼迫"下，受已往表达个人实践智慧经验的启迪，我开始关注隐藏在"表达"背后的更为本质的"凝练"，跳出了"寻磨一个版"的论文写作的局限，撰写了《中学生作业量干预研究》一文，被《教育研究》刊用。

（二）捷径四：搭置智慧点台阶，不怕矮，尊重理论智慧"慢生成"规律方得道

我做的多项研究似乎都不怕过时，拖拉十年最终完成的论文也总被器重。分析其原因，一是坚守实践价值取向，能够破解实践难题才是硬道理；二是尊重实践智慧向理论形态转化的积累与顿悟的慢过程。面对实践智慧到学术表达"跳一跳，够不着"的难题，我通过搭置智慧点（或更抽象层次的智慧点结构）台阶，先凝练（寻找个人智慧点），再表达（选择适宜的话语体系），实现"跳两跳，够得着"，突破了制约中小学教师高层次发展的撰写学术论文的瓶颈。

我的每项研究都要经过多重递进循环：第一，"属己性"的草根研究。它从解决教师工作的实际问题开始，以产生事半功倍的实际效果结束，保证了研究的实践价值。第二，有关规划课题的研究。对于具有"助力他人实践"功能的草

根研究，我将其中或外显或内隐的实践智慧，物化为最初水平的理论形态（首次凝练与表达），以申报规划课题立项。课题立项申报成功后，我们借助课题管理部门的推动，按计划周期进行规范研究，保障研究过程扎实，结论具有较强的说服力。在此期间，我在研究进一步正确描述实践智慧的基础上，完成"对实践的解释与说明"（第二次凝练与表达）。第三，撰写政府奖项申报书（第三次凝练与表达）。借助政府奖项申报书栏目设计的学术导向，我从新视角、新层次，重新审视已做的研究，从而明晰研究实践中的理论智慧点。此后，我才慢慢开始第四次凝练与表达，撰写达到发表水平的高品质的研究论文。

（三）提示四：中小学教师实践智慧的生成、凝练与表达存在生态性发展捷径

实践智慧的生成、凝练与表达是中小学教师专业发展的本质要求。这样的专业发展之路是有捷径可寻的：它以教师生命中的一个个"优秀实践"为基础，以寻找其背后隐藏的智慧点为线索，以实践与"属己性精品理论"的碰撞为"成长跳跃"的助力系统。伴随着对个人智慧点的觉醒，教师会逐渐形成具有个人实践智慧特点的"点阵结构"；而教师在更广阔的时空中对个人实践智慧的凝练与表达，也会加速教师个人理论智慧的生成（如下图所示）。

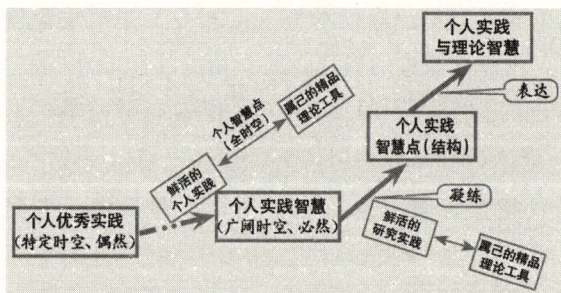

图　教师个人实践与理论智慧生成图

我体会到，中小学教师在论文撰写、课题申报等学术表达上的瓶颈性困难，不是单纯的写作方法或技巧的问题，而是更深层的障碍所致。如无法捕捉、把握隐藏在"优秀实践"背后的个人智慧点，或者是对这一智慧点所属理论的逻辑框架、话语系统等缺乏了解。我们进一步剖析发现，"书写"，仅仅是建立在"个人具有鲜活的'优秀实践'""弄明白此实践为何优秀""寻磨适宜的话语版样"基础上的操作行为。写论文＝个人"优秀实践"＋寻找智慧点＋话语体系＋书写。

因此，寻找个人智慧点或者说凝练自己的实践智慧，是突破此瓶颈的着力

点。诚然，个体在自己的"优秀实践"面前，回答"我的智慧点是什么"并不容易，无论是凭借个人常识性理解进行的尝试，还是通过比对"精品理论"进行的尝试，都需要一个渐进的过程。但是，沿着全时空寻找智慧点的低台阶道路行进，其实，人人可为，步步可贵，每一分努力都会使我们"遇上更好的自己"。

（本文作者系广东省深圳市宝安中学教授级教师）

"胜任"： 一个教师在变革时代的不变追求

贺千红

当老师，是我中学时代就立下的志向。从小学到大学，我遇到了很多好老师，在我成长的道路上，他们关注我、肯定我，对我影响深远，那种感觉想起来至今都很温暖。1989年，我从北京师范大学毕业后到北京市十一学校工作，终于如愿以偿成为一名真正的教师。在我看来，教书育人是一份特别大的责任。因为敬畏，所以努力。自从事教师工作的第一天起，我就将"胜任"融入自己每一天的工作中。

我喜欢"胜任"这个词，它让我感到踏实、安宁。我喜欢这种朴实安心的感觉，喜欢在与学生一点一滴的交往中，品味师生共同努力、共同成长的感觉；我也希望自己能像那些恩师一样，给学生心里留下阳光和爱，让他们回想起青春岁月时，都会有温暖的感觉。我对"胜任"的理解经历了以下三个阶段。

一、 初为人师的挑战： "胜任" 意味着学生喜欢、 同行认可、 学校重视

初为人师时，我理解的"胜任"就是学生喜欢、同行认可、学校重视。

1992年的夏天——我刚工作的第三年的那个暑假，学校决定让我带高三文科毕业班。在当时的我看来，这是自己绝对不可能做到的事情。工作后我一直教高一，只教世界史，从未教过中国史。而当时学校唯一的一名历史教师刚退休，我连就地请教的人都没有。高考对学生那么重要，而我却是那么年轻，那么没有经验。虽然我也想经历高考的洗礼，但再三权衡后，我觉得自己承担不起这份重任。没有想到，校长拿出的方案是，由另一名更年轻的只教过中国史的教师教高三中国史，由我教高三世界史兼初一历史课。面对这样的安排，我欲哭无泪。开学后，高三文科班的学生每周上六节历史课：三节中国史、三节世界史。不到两周，学生就连喊吃不消。想到总复习阶段还有中外历史综合

的教学内容，想到学生的未来，我一咬牙，决定把中国史的教学工作也接过来……

我那一年过得真是艰难啊！为了胜任高三毕业班的教学工作，我整天看书、查资料、写教案、做题、编题、判卷，几乎没有一点娱乐活动。此外，我还要化解学生对我的不信任。比如：有的学生问我问题，会故意遮盖着答案，因为他们不放心我，想要考我……一年下来，我掉了十几斤肉，从此再没有胖过，而我教的历史学科的成绩终于在北京市海淀区名列前茅。我掌握了中学历史的基本框架，有一种高屋建瓴的自豪感，好像脱胎换骨成了新人，同时，我也得到了学生的喜欢、同行的认可，学校对我愈加重视。

20世纪90年代，建构主义理论开始在中学课堂产生较大影响。在该理论指导下，我尝试建构了讨论式、自学式、活动式、现代化教学手段辅助教学式、"创设情境—呈现矛盾—解决问题—反思升华"等教学模式。我的研究论文获得了北京市历史教学研究会年会论文评比一等奖第一名。那时，我开始参加各种基本功大赛、公开课比赛。1992年，我获得北京市青年教师录像课比赛一等奖，1997年和2000年，我两次获得海淀区教师基本功大赛最高奖——全能奖。从1992年开始，我一直担任海淀区历史兼职教研员，给全区历史教师上教材教法分析课，参与区大型考试的出题工作。

可以说，我工作的起点是顺风顺水的。但我对教育的敬畏之情从未改变，因为敬畏，所以我要求自己加倍努力。

二、　直面课程改革："胜任"意味着主动担当改革之责

2007年，李希贵校长来到了十一学校，学校有了更大的变化，课程改革真正拉开了序幕。

从自身性格来讲，我喜稳厌变。这并不是因为自己很优秀，不需要改变，我只是更喜欢平稳、有序、有规律的生活。当时，我面对的最大的改变与压力来自课程。课程变革中的痛苦挣扎有时真让我有崩溃之感。

怎么办？我需要先说服自己。面对学校的变化，我不可能一直躲避。在改革中学习，学得慢些不可怕，可怕的是因躲避而被远远地甩在后面。在工作18年后，我像一名虔诚的小学生一样开始了新的学习，我要"胜任"教学、编著教材等多重角色。我希望自己能胜任新的变化，主动担当改革之责。

我带领团队为数理工程方向的学生编写了《中外历史重大问题评说》，为人文经济方向的学生编写了历史必修一、必修二、必修三和选修二、选修四的

《学习指南》，编写了高三文科"历史学习资源"1～4分册。我努力构建"兴趣场、知识场、思想场、情感场、体验场、发展场"的理想历史课堂，引领师生追求"精神成长"。历史教研组的特级教师魏勇老师对改革充满激情，他说学生在课堂上接触的人文教育有可能决定其一生的精神底色。因此，我们愿意为学生改变教学方式，改变我们自己。

以往的历史教学注重宏大叙事，缺乏对人性的关注；已往的历史考试注重死记硬背，缺乏对历史问题的深入分析。为了改变传统的教与学的方式，我们精心选择了中外历史的16个重大话题，如《中西文明的碰撞：鸦片战争》《艰难走向共和：辛亥革命》《尊重传统、勇于创新：英国崛起之路》《新国新梦：美国的成长》等，在学习中与学生一起体会历史的丰富性，其中有矛盾、有痛苦、有思想、有人性、有曲折、有发展、有启迪。

作为女性教师，我努力追求有情感温度的课堂。在学习"圣雄甘地"一课时，学生一开始认为甘地提倡非暴力"多懦弱呀"，是的，爱因斯坦也认为"后代的子孙将无法相信，世界上曾经活生生地出现过这样的人物"。我和学生一起观看曾获奥斯卡八项大奖的《甘地传》电影片断，并且形成这样的共识："真正应该获奖的是甘地本人"。我们一起阅读并朗诵《甘地自传》中的名言——学生们感言："我佩服甘地被杀时仍用手势宽恕凶手。""甘地以一颗仁爱的心包容敌人。他改变了敌人。""甘地不朽的灵魂让我们相信世间真的有博爱存在。"

多年后，学生也许记不住历史课上的具体知识，但我相信，打动他们心灵的东西会深深地影响他们。当一个人知道可以以仁爱坚持真理、以仁爱克服仇恨、以仁爱对待他人时，这对他们该是多么重要！改革让每一个人的课堂变得有人情、有爱心、有韵味、有启迪、有力量。

三、 "老教师"应对新时代： "胜任"意味着做最好的自我

面对这样一个变革的时代，我也在思考自己的优势和劣势，努力寻找一名"老教师"的最近发展区。我必须研究自己的长处，将自己的所长发挥到极致，在变革中为学生、学部、学校做出贡献。我的"胜任"体现在以下几个方面。

一是建立"过程性评价工作坊"。我与老师们一起，将学科"形而上"的"道"转化为"形而下"的"器"，研究制定学科可操作的评价要素，并且将其从历史学科推广到全校每个学科。我们关注并认真记录每一名学生在每一堂课上的表现，适时提出鼓励或建议，让优秀成为学生的一种习惯。

二是担任学部分布式管理中的咨询师主管。我努力尝试帮助和引导学生逐

渐厘清自己的学业特点、性格特点，如其兴趣点在哪里、擅长什么、做什么事情最有热情，帮助他们建立起现在与未来发展的某种关联，幸福地提升自己。

三是承担学科诊断卷的研发工作。我尝试用英国哲学家怀特海的过程哲学指导我们的研究，希望我们的诊断卷能引导学生重视学习过程和学习方法，提升综合素养；传递鼓励学生创作和表达的态度，培养一个个独立独特、有自己思想和见地的人。关注人，正是所有良性变革的终极指向。

工作26年了，我常常自问：我真的具备扎实的专业功底、专业胜任力吗？我真的酿成自己教学特色的甜蜜了吗？我真能为每一名学生的学习进行更好的设计和指导吗？我真能从学识、从人格等各方面，成为学生的审美对象吗？我真能让学生内心生成温暖美好的情感并将其传递下去吗？我真能不辜负学生在最美好的年华与我仅此一次的相遇吗？

"胜任"——平凡而深邃，纯朴而丰富。"胜任"的内涵和境界需要我用一生的时间去叩问、去追求、去丰富。我希望自己能够继续探索教育的真谛，永远走在"胜任"的路上。

（本文作者系北京市十一学校教师）

我这 15 年： 深圳"年度教师"光环的背后

王雪娟

2015 年，是我来深圳工作的第 15 个年头。对于不少教师来说，15 年意味着资历、经验，可能也有职业倦怠。然而对于我来说，则恰好是到了一个从优秀走向卓越的关节点。在参加深圳市首届"年度教师"评选的过程中，我对自己这 15 年的工作有了更全面的回顾和更深入的思考。

工作中，我这样定位自己目前的多重角色：在教学上，我是一个热爱讲台、不断寻求突破的语文教师；在学生面前，我是一个投入、负责，引导他们成长的班主任；在教研领域，我是一个勤于探索的教育研究者；在管理岗位上，我是科组负责人和工作室团队的主持人。每一个角色都是我工作中不可分割的一部分。

一、 突破职业瓶颈： 尝试在"原创式备课"中破局

15 年中，我在区、市、省和全国不同层级的语文课堂教学竞赛中，拿了很多个一等奖。我一度觉得自己到达了顶点；可当荣耀褪去，我渐渐感到了困惑，不知道下一步该去哪里，我遭遇了职业发展的瓶颈。很多人说：你已经不用奋斗了。但我觉得不该如此。如果这个时候我就看不到未来发展的新的可能，那么我的工作该多无趣。于是，我开始反思自己的课堂，寻求突破的途径。

我开始尝试"原创式备课"，即不依赖教参，不照搬教案，不重复自己。每一篇课文于我而言，都成了新的挑战。我常常追问自己：这篇文章，我想教什么？渐渐地，我审视教学的眼光不一样了，我对课文的理解不一样了，我对教材的安排取舍有了主见，我对"如何教"有了更深刻的体会。我不再满足于已往的教法，每天都有新的想法不断涌现；每个学段，我都有新的思路要尝试。

就这样，我的教学行为发生了明显变化：我独立阅读文本，提炼其中的教

学点；我自己寻找资源，搭建单元教学的新平台；我整合同类内容，形成主题式教学的新思路；我从学生的学习实际出发，不断调整教学流程和方法。曾经，为了提炼一条解读《论语》的线索，我阅读了五本《论语》研究著作；为了讲好诗歌中的巅峰之作《春江花月夜》，我阅读了近十万字的材料；为了上好一节全国公开课，我先后试讲了 24 次，在充分了解学情的同时，也锻炼了我即时点评的能力。

近八年来，没有一节课，我用的是原有的设计；没有一个专题，我是重复已往的做法。长时间的思考、大量的阅读、不断地删减优化，我总要找出那个看似简单却最为恰当的教学思路，我越来越觉得教学是件非常有意思的事。我的业务能力不断提升，我不仅在日常教学中取得突破，还在各级各类教学竞赛中屡获大奖。

二、 陪伴学生成长： 给学生最优示范和影响

有句话最近很流行："陪伴是最长情的告白"。作为教师、班主任，传授知识从来不是我工作的全部，培养学生健全人格才是我工作的核心。对我来说，陪伴，就是要在各个方面给学生最优质的示范和影响。

(一)课堂上，让学生懂得什么是有价值的学习

我从不照本宣科，更拒绝人云亦云的作品解读，我鼓励学生逆向思考、质疑，甚至颠覆。我相信，只有思考，才能让学习成为学生自我培养的过程。有学生写道："每一次语文课就是一次自我审判、一次自我反省，脑中陈旧的框架一次次被推翻，然后我才知道自己错了这么多，这么久。"

我也拒绝只为考试而教的教育，更想消除这种短视行为对学生学习造成的消极影响。于是，以课本为出发点，引入更为丰富的课外资源，进行专题式的板块教学，是我采取的重要教学方式。例如，从课本上的《宝玉挨打》一文入手，我引入了《红楼梦》阅读专题课程。我带着学生读了一个半月的《红楼梦》，通过五个专题的教学，激发了他们对《红楼梦》的浓厚兴趣，并教给学生做论文的基本方法。经过 40 多天的阅读、查阅资料、撰写、修改，学生在汇报课上的精彩展示层出不穷。还有《那个你所不喜欢的鲁迅》《史记英雄辨》《戏剧发展史》等专题，都深受学生喜爱。有学生这样评价我的课："她的课总是给我带来惊喜，她总是带着我们向上爬，去领略更高处的风景。今天，课上那些具体的东西我记不真切了，但我的心却渐渐宽广起来。"

(二)生活中，用行动告诉学生什么是有价值的追求

我常和学生分享我的进步、我的成绩、我的心路。2015 年，我荣获深圳市首届"年度教师"称号，学生希望看到我现场比赛的视频。于是，我设计了这样一组教学活动：(1)请为六位教师的演讲分类；(2)请记录每一位教师演讲的主题、结构、扣题及亮点；(3)请对每一位教师的现场问答作出评价；(4)请选出你心目中的年度教师，写出三点理由。

这是一次非常成功的教学活动。我用了四节课的时间，和学生完成了视频观看、问题解答和价值探讨。在教学之余，我更希望为学生树立一个做人的榜样：自信、进取、热爱生活、心态阳光。我深信"言传身教"的力量，因为励志的话语只能奏效一时，榜样的力量才可以陪伴终生。

2010 年考取华中师范大学的毕业生陈惜仪给我写下这样的留言："喜欢你的课堂总是让我们有思考，喜欢你每次在我们日记本上用心的留言……你说的每一句话，我都记在心底。亲爱的雪娟，你之于我，又何止老师，何止朋友，是知己！你像我的引路明灯，总是带给我希望、美好。"

这样的话语总是给我力量。我知道，我的一句话、一堂课、一次评语都可能会在学生的生命中留下痕迹。陪伴他们走好一程，将会有益于学生的一生。当我知道毕业十年的学生至今仍珍藏着我改的作文时，我更加深信，教育中最美好的部分，并不在当下呈现，它会随着时间的推移而在未来凸显。

二、 引领团队发展：从一个人的思考走向一群人的优秀

(一)教师要走向卓越，就要先做一个深度思考者

语文是最古老的学科，却也是今天最受诟病的学科。身为语文教师，我一直在思考：语文的学科本质是什么？什么样的语文学习是优质的？学科发展与更新的关键何在……为了寻求答案，我参加了大量优质的业务培训。如"国培计划"高中语文高端研修项目、全国语文"名师育名师"研修、广东省骨干教师培训、程少堂名师工作室等(时长均为 2~3 年)。我还参加了很多短期学习。每年，我的继续教育学时数都是惊人的。在学习的过程中，我反思自身、独立思考、追求优化，由此带来了自身业务能力的显著提升。

我依旧上公开课，但不是为了比赛，而是为了深入研究问题。三年来，我承担了各级各类示范课 26 节。每节课，我都力争呈现问题，激发学生的深入思考，在语文教学的不同领域摸索规律。

我承担了深圳市"十一五"重点课题,与课题组成员合作开发主题阅读材料80多期,积累课例20多节,形成了构架鲜明、适应性强的"读写结合的主题式阅读"课型。该课型得到了我国著名教育建模专家查有梁教授的高度评价。

2015年,面对语文学习效率低、训练体系不成熟等问题,我将追求"学生高质量的语文学习"作为研究方向,思索高质量学习理论在语文教学中的运用。我从该理论中的补缺技术出发,思索语文学科的本质属性和语文教学内容的确定等问题,并在全校培训会上分享思考成果。此外,我还在高中语文选修学段的课程设计及新高考的备考等方面深入研究,与同行们交流问题,推进成果辐射。例如:我曾为来自新疆的高中语文骨干教师班开设公开课及讲座,并在全市新高考备考会议上对高三教师进行备考培训。

(二)在研究中提升,是团队成长的必经途径

我还肩负着科组和工作室团队发展的任务。在带领团队共同发展的过程中,我深感:在问题中思考,在思考中研究,在研究中进步,这是一个团队成长的必经途径。

在这15年中,我担任科组长九年。这个安排曾让年轻的我非常惶恐。于是,我加倍努力。我知道,只有做专业上的强者,才能带好一支队伍。在个人业务进步的同时,我从多方面引领组内的年轻人一同前进。比如:我将自己在外培训获得的先进理念、优秀做法、珍贵资料带回科组,拓宽科组教师的教育视野,提升他们的理论水平;我带头承担国家、省、市、区级公开示范课20多节,将个人思考转化为显性的教学行为,为组内教师提供行动示范。在科组教师的共同努力下,2010年,我们在龙岗区"优秀教研组"评选中荣获高中语文组第一名,并被评为深圳市基础教育示范科组。

2014年,我被评为龙岗区"名师工作室主持人",有了自己的工作团队。工作室组建之初,我就明确了要将每一个成员打造成学科业务骨干的目标。教师要成为学科业务骨干,就要做真研究。2015年,广东省确定在2016年高考中采用全国卷,这给新高三的备考工作带来了巨大挑战。为了尽快熟悉全国卷的高考模式,探索新旧高考备考方式的衔接,我的工作室在全市率先开始了新高考研究。我请工作室的每个成员分管一个题型,从题型、分值、新变化、备考策略等几个方面展开研究,并提交研究报告,全过程历时两个月。在这项研究的推动下,我校率先进行了新高考培训,率先采用新高考试卷进行模拟测试等。当由我工作室供稿、深圳市教科院整合的"新高考研究报告"在全市得以推广时,我真为我年轻的团队感到骄傲。

　　深圳"年度教师"的评选标准中有这样几个词：热爱、激情、认可、好评。我想，过去 15 年，我的一切努力没有愧对这样的评价；下一个 15 年，我更应坚守讲台，明确职责，继续做好学生的导师、同事的伙伴、区域教育发展的示范者。正如我在总决赛演讲中所说：荣誉并非舞台给予，而是岗位所赐。坚守足下讲台，保持本色不改，只有这样，我才能让所有的荣誉实至名归。

（本文作者系广东省深圳市平冈中学教师）

"老学生"眼中的叶澜老师

向保秀

    提到中国的基础教育改革，叶澜是一个绕不过去的人物。是基础教育改革成就了叶澜的辉煌，还是叶澜推进了基础教育改革？历史自有公论。但在我这个叶澜老师 30 多年前的学生看来，她只不过几十年如一日地坚持了自己为人处世的原则，实现了从小立下的为中国教育尽一己之力的理想而已。

    1982 年，我考入华东师范大学教育系，适逢叶澜老师从欧洲访学归来。于是，刚满 16 岁的我遇到了刚刚 40 岁出头的叶澜老师。她是我的第一位教育专业老师，所以，对她的印象便成了我对教育专业的印象。叶澜老师给我们上"教育概论"课，当时，我们每人手上有两本《教育学》教材作为参考，一本是纸质泛黄的大红色封皮的国产教材（"文化大革命"结束后还来不及编新教材），即使在那个年代，它从封面到内容也都显得不太合时宜；一本是苏联人彼得罗夫斯基编的淡青色封皮书，通篇充满了"苏联的教育体系是世界上最先进的教育体系"之类的极端言论。刚入大学的我，对大学教材充满了好奇，在叶澜老师开讲"教育概论"之前，我已通读了这两本教材，觉得没啥意思，心想，老师要是照本宣科，那就更没劲了。

    开课了，叶澜老师走进教室。她是一位充满知性美的中年女教师，年龄和我母亲差不多，戴一副眼镜，态度和蔼可亲，声音娓娓动听，节奏不紧不慢。她首先作了自我介绍，说她刚从欧洲访学归来，接着，给我们讲了一些国外见闻，主要是介绍外国人的思维方式和行为方式，尤其是外国大学生的学习方式。我觉得她讲的内容很吸引人，语言也富有感染力。正当我陶醉在听故事般的享受中时，叶澜老师话锋一转，要求我们好好学习，先做一个好学生，将来才能做一个好教师。

    怎样好好学习呢？叶澜老师让我们首先学会记笔记。她以自己的经验告诉我们："如果你们记好了笔记，你们会发现，它本身就是一部很好的书。"可是刚刚进入大学的我们，对记笔记并没有给予足够的重视。让我们没想到的是，叶澜老师在课后把我们全班 40 多人的笔记全部收了上去。笔记发下来后，我们惊讶地发现：叶澜老师竟然把所有人的笔记都进行了批改，除了对不准确的地方予以订正外，连错别字和标点符号都未放过。面对这样的笔记，我们羞愧难当，再也不敢随意对付了。几年后，叶澜老师出版了一部叫《教育概论》的书，翻看当年的笔记，我发现，这部广受欢迎的书其实就是在叶澜老师给我们授课的内容基础上发展演变而来的。

叶澜老师是一个喜欢较真的人，她希望我们学会独立思考。事实上，很多大学问家上课时讲的内容就是他们独立思考的结果。20 世纪 80 年代初，整个社会思想还不是太解放，很多老师都不太敢讲真话，涉及敏感问题时只好违心地讲假话。但叶澜老师不一样。她在给我们讲毛泽东同志 1957 年提出的教育方针时就大胆地指出，毛泽东虽然是伟人，但不等于就不会犯语法错误，这个方针的表述就混淆了人的素质和教育工作的关系，容易造成人们思想上的混乱。我们小时候是把毛泽东 1957 年提出的教育方针当作"毛主席语录"来背的，人人耳熟能详，深信不疑，所以，叶澜老师当时的讲述给了我们很大的震动。在她的教导下，我们逐渐学会了独立思考。

叶澜老师虽然治学严谨，对我们要求很严，但并不主张我们死读书，而是以亲身经历告诉我们，要走理论与实践相结合的道路。她给我们讲她年轻时的故事：她大学毕业后曾经对组织安排她到华东师大附属小学做小学教师感到很委屈，但因为从小受当教师的父亲的影响，树立了从教的理想，所以无论如何都要坚持自己的教育理想，遂以自己一贯认真的作风扎扎实实地在附小干了五年。后来，叶澜老师才发现，这五年使她受益匪浅。因此，她谆谆告诫我们："大学毕业只意味着你们掌握了书本知识，不要好高骛远，要想做出成绩，一定要沉下去，接地气，只有脚踏实地，才有底气。"

叶澜老师是这样说的，也是这样做的。她在给我们上"教育概论"期间，不仅认真授课，还带领我们走出校园，深入各类教育机构，观察、了解教育现实，聘请一线的优秀教师（主要是毕业于华东师范大学的校友，如冯恩洪等），给我们讲述他们的教育人生。记得她带我们到儿童剧院观看过儿童剧表演，去著名的上海育才中学观摩，拜会过当时的育才中学校长、教育家段力佩，参观过上海青少年宫和一所职业学校的农场。在农场参观时，她发现有的同学分不清韭菜和小麦，还风趣地给我们讲"文化大革命"中的故事，大意是"文化大革命"中以能否分清韭菜和小麦作为判断一个人是否"革命"的依据显然是荒唐的，但分不清韭菜和小麦也是不可取的。我想，叶澜老师是想通过这件小事，告诉我们生活的辩证法。虽然当时我还不太理解，但当我成为大学教师后，得知年近五旬的叶澜老师从1990年开始走出校门，进行课题实践的系统研究时，我不仅理解了她当年说过的话，而且深深感到，她实在是个言行一致的人。因为在实地研究的过程中，她有了在书斋里所没有的深切感受和思索，所以她不像一般的"经院哲学家"那样故弄玄虚地玩弄谁也看不懂、谁也不想看的概念游戏；她的教育思想既有理论高度上的冲击力，又能实实在在地指导实践。

治学严谨的叶澜老师不仅思想上充满了活力，而且对生活充满了激情。她热爱生活、爱护学生的点点滴滴也给我留下了深刻的印象。

"文化大革命"结束不久的20世纪80年代，度过劫难的老师们心有余悸，大都不敢跟学生走得太近，更不敢跟学生谈心、交心，因此，把教书和育人谨慎地分开。在日常生活中，我们接触最多的是辅导员，与授课老师的接触仅限于上课，而且上课时对有些敏感的问题也不敢越雷池一步。但叶澜老师是个激情四溢的人，课堂上，她兴之所至，会跟我们谈理想，谈自己的人生经历，甚至谈到如何教育自己的孩子这个我们当时看来似乎非常遥远的事情。课外，她除了带我们走出校园外，甚至还会应我们之邀，与我们一起跳当时很时髦的交谊舞。这些似乎与上课无关的话题和行为，使叶澜老师在我们心目中的形象日益丰满、高大起来。作为一个女孩儿，我不自觉地希望自己以后也能像叶澜老师那样，有理想、有追求、有热情、有智慧、有爱心、有担当，做一个对学生非常负责任的老师。

大四那年，学校组织我们去实习。本来有实习学校的老师手把手地教我们怎样给学生上课，但叶澜老师还是不放心，坚持听我们的课，给我们以指点。记得当时学长们告诉我们，实习生能在规定的时间完成预定的教学任务就不错了。当叶澜老师听我的课时，下课铃响，我正好讲完，自己感到非常庆幸，甚至有点沾沾自喜。叶澜老师首先让我进行自我评价，她也肯定了我授课的亮点，但随后，她很严肃地指出了我的两大不足：一是只顾自己讲课，对学生关照不够；二是虽然考虑了提问等启发式教学方式，但提问后没有给学生足够的思考时间，互动不足，变成了自问自答。20多年过去了，对叶澜老师的教诲，我仍记忆犹新。

虽然叶澜老师提出"新基础教育"理论和生命教育理论是我们毕业以后的事，但我发现，这些理论其实与她一贯强调"关注学生"的理念是一脉相承的。而且在我们看来，实际上她一直在践行生命教育理念，她在以饱满的热情教育学生的同时也提升了自己。虽然这个过程非常艰辛，但她是一个对自己负责、对学生负责、对教育负责的人，她的成就是她以这种负责任的精神锲而不舍地坚持研究的结果。正是她的长期坚持，成就了她热爱的教育事业，也成就了她辉煌的人生。

（本文作者系湖北省武汉市教育科学研究院《成才》杂志社主编）

杨绛：“振华的那股味儿影响了我一生”

柳袁照

近十几年之中，我几次北上，前去拜访我们的老校友杨绛先生。每次去看望她，我们聊得最多的话题，就是当年她读书时的"振华"。振华女中（以下简称振华）是江苏省苏州第十中学的前身，刚开始只有小学，后来又办中学，再办师范。杨绛在那儿学习了六年（1922—1928年）。她对那里有着太多的记忆，早年她曾写过一篇短篇小说《事业》，几乎就是以在振华读书的经历为素材写的。

我第一次见到杨绛先生是在2005年12月。那是阳光明媚的一天，我与北京"振华校友会"的几位老人一起去看望她，这些老人都是很有建树的人了，可是在杨绛面前，她们依然是小妹妹。她们小心翼翼地敲门，小心翼翼地说话。杨绛那年94岁，身体硬朗，有着典型的江南女子的气质与风度，开门、让座、端茶，吴侬软语，温文尔雅。

杨绛先生家的书房里有几张沙发、一张写字台、几个书橱。这里曾是钱钟书先生的书房，钱先生去世后，杨绛就在这里读书、写作，也在此接待亲朋好友。那天，她执意让我们坐在沙发上，自己则坐在两张沙发中间临时放置的一张木凳上。她就像一个慈祥的祖母或外婆一样，慢慢地与我们说往事，说她的王校长季玉先生，说她念念不忘的振华。

杨绛说："振华有一股味儿，那股味儿影响了我一生。"她回忆说：

我在振华时，学校还不在今天的织造署旧址，而是在严衙前那个老振华校舍，一个大的、私人的宅子。外面是门房，进来是轿厅、大厅，后头几进是住房。楼上和楼下用木板与洋铁皮搭成很简陋的六间教室。现在，我闭着眼睛也能想得出来，哪儿是校长办公室，哪儿是教员办公室。后面楼下的大厅就是大课堂，早上的朝会都在那里举办。教室四面漏气儿，很"蹩脚"。英文是请外国先生来教的，其中有一个老师长得很美，在隔壁教室上课，我们经常凑到板壁上的窟窿前去偷看。化学实验室就在我们隔壁。有一次，学生做硫化氢实验，气味很浓，我们怀疑是谁"泄了气"，还冤枉了一胖一瘦两个姐妹，结果下课后，大家才知道，那是化学实验室里窜出来的臭味儿。

王校长季玉先生特别认真，又特别随和。我与她在一起很多年。每天早上第一课（朝会）就是训话。她总说："倷（苏州话，即'我们'）振华，实事求是。"她说话有点儿卷舌头，我们学不像，就问她："你干吗要卷舌头呀？"她说，小时候父母在外做官（注：王季玉先生的父亲王颂蔚，曾在清廷军机处做章京，乃蔡元培座师），保姆是外省人，所以带得她们说话也有点儿卷舌头。大事小事，她都要讲"实事求是"。她告诉我们，从家里带来了菜，不要一个人单吃、不给别人吃，大家要过好集体生活等。那时教师都与学生在一桌吃饭，季玉校长也与我们一起吃。所以，我们的伙食一直都很好（其他学校都是校长单独先吃，然后教师们吃，最后才是学生吃）。我们夹菜都用公筷，大家先把菜夹在自己的碟子里，然后才吃。吃完饭，要把筷子搁在碗上，坐着，等大家都吃完了才一起离开。这是规矩。

2006 年是苏州十中百年诞辰，我们请杨绛先生为学校题词。她挥毫写下了"实事求是"四个大字，然后又写了一行小字"季玉先生训话"，落款写着"杨绛敬录"。她小心翼翼地端详着题词，一再说"写得不好"。已经 95 岁高龄的杨绛先生，仍然写出如此笔力遒劲的字，这让我们很是欣喜。回来后，我们精选了金山石，把题词镌刻其上，恭立于学校西花园中。这是杨绛对母校的纪念，其间凝聚着她对季玉先生的深厚情感。杨绛说：

季玉先生上课时特别凶，可是等到晚上，就完全与学生打成一片了。校舍是老房子，有一条很长的弄堂，从前面通到背后。晚上，弄堂里只有一盏灯，点在大课堂的门口。季玉先生站在灯下，我们学生也都站在灯下，我们说的话她都听。有一次，我对季玉先生说："您叫我一声阿姨吧，因为今天太先生（即振华的创始人、王季玉校长的母亲王谢长达女士）和我说话时，称我为'季康妹'（注：杨绛先生原名杨季康）。"季玉先生与我们亲密无间，没大没小。有时，我们有点儿什么不情愿的，就当面跟她嘀咕，彼此没有隔阂。我们可以跟她吵，跟她犟，跟她"胡来"，什么都可以。可见，我们的感情是顶顶好的，大家都很爱她。那时候，我们振华的老师都是东吴大学的老师（兼职），水平特别高，许多老师都是名人，振华的学生成绩也都特别好。我们用的教科书都是英文的，课堂上也都说英文。

这次拜访杨绛先生，给我们带来很多启示。后来学校改造时，我们把有代表性的历史、文化经过物化后，都散落在校园中。比如：学校建造了"季康亭"，亭子后面连着一条蜿蜒的长廊，长廊与西花厅相连，亭廊里有许多石刻，镌刻着杨绛读书时许多老师的画像与生平，王骞、叶楚伧、颜文樑都在其中。小小的振华学校，竟然能够延请到这些大师，可想杨绛在此受到的是何样的教育。在杨绛先生的回忆中：

当年振华有许多"会"（注：像今天的学生社团），比如，"英文会"两周活动一次，活动时不许说中文，只许说英文。还有"演讲会"，所有学生都得上台演讲。我刚到振华那年才十一二岁，听说要登台演讲，可真吓死我了。于是我就到图书馆找了一篇东西背下来。"演讲会"在大礼堂举办，我站到台上，看见下面全是人，感觉好紧张啊，结果背到一半就背不出来了，吓得直哭，没办法，就想走下台，可是迷迷糊糊，竟然直接从台中央跳了下去，逃了。评判的时候，老师说我上半截讲得还可以，竟然给了我鼓励。我感觉很不可思议。不过后来经过锻炼，我当上了学校"演讲会"的会长和"英文会"的会长。振华的许多学生，毕业后都报考金陵大学，我也去考了，还考了第一名。金陵大学校长吴怡芳到我们学校来，季玉先生叫我坐在她旁边，动员我上金陵大学，可是我放弃了，报考了东吴大学，最终又去了清华大学。

振华的课程比其他学校的都要多，都要丰富，对学生的要求也高，我们考试时分数也总是比其他学校的学生高。我们每周六都要"会考"，中学部和小学部的所有学生都要参加，什么课程都考。考常识时，我常常能拿第一名，可要是考时事，我就不行了。考试时，学生答不出来，也得坐在那儿，到时间才能离开考场。

振华的办学条件一般，但学生的生活与其他学校完全不同。我们的生活很艰苦，但学生很自治，样样都靠自己。其他学校教室的地板大都是广漆的，拖地的有"娘姨"；而我们学校没有，早上起来，学生的头一件事就是做值日。地板都是烂的，有的烂成了窟窿，头发都被缠在扫把上，很难扫。桌子也是自己擦，衣裳也是自己洗。我们都是用井水，由学生自己吊水。每一间舍房都有房长，大家轮值，自己的事情自己管。

当时经常打仗，有一次得到消息后，我们出去躲避，每人穿了件大棉袄，带个小包，里面装着一块洗脸布和一支牙刷。大家排着队，黑地里跑到"景海女中"。那里的学生每人让出半个床，与我们合睡。大家穿着衣服，脱了鞋，倒头就睡。第二天早上起来，没吃早饭，也没洗脸漱口，就又排着队，回到自己学校。当时正值大考，大家照旧考试，一点儿也不松懈。

振华十分重视学生的户外活动，季玉先生常赶我们出去。可是振华的校舍很小，活动场地不大，只有一个操场，也就一个篮球场那样大，紧贴着墙根，地上铺的全是泥沙。于是，学校每周组织我们去南园。南园在城南，当时是一片田园，我们去那里散步、跑步，偶尔还去菱塘里采菱。学校还经常组织我们去东吴大学参加大学生的活动，活动各式各样，有的幽默、风趣，有时也会"捉弄人"。有一次，台上有人大叫，让大家掏钱、扔钱，说谁掏得多、扔得多，就会生个大胖儿子。季玉先生耳背，听不清楚，也没弄明白，就学别人的样子，也在那儿掏钱、扔钱，大家忍不住开怀大笑。我是一个淘气、爱玩的人，可成绩还不错，季玉先生就让我跳一级，但要求课程不能少，初三与高一的课都要听，因此在同一年里，我学了两个年级的数学，而且居然都跟上了。这下，我再也没工夫淘气了。

杨绛先生与费孝通先生是振华的同班同学，费孝通是当时班里唯一的男生，说起当年的事情，杨绛告诉我们：

有人说我们是同桌，其实不是。他是好学生，我是"坏"学生。上体操课时，我们要排队，我长得矮小，排在最后边，他就再排在我后面。体操课要学跳交际舞、民间舞，两个人一组，手钓着手。我发育得晚，啥也不懂，费孝通懂事早，不跟我跳，只站在我旁边。我们跳不起来，我就生气，跟他吵架。我说，你比我高，你应该排到前面去。他说，前面是女生，我不能去。我说，我们都是女生，你为什么来这儿上学？我在沙坑里画他的样子，画一个丑化的脸，张着嘴巴，哇哇叫。后来费孝通的夫人只要见了我，就会提起这件事。她对费孝通说，你的女同学可真凶啊。

在讲述这件往事时，杨绛先生一脸的笑容，耄耋老人，童心依旧。

杨绛是振华的学生，后来又回到振华当校长。那是1937年，苏州沦陷，振华被迫搬迁到上海租界。提到这件事，杨绛问我们这算不算她做过校长。问得很是真诚。我们说：这是历史，当然算；不仅算，还应大书一笔。杨绛先生说：

那个校长是季玉先生"逼"我当的。她哭着对我说："我把自己都'嫁'给了振华，可是日本人来了，不能再在苏州办学了，只能去上海，你不帮我谁帮我呢？"我被感动得心软了，就对季玉先生说："我帮你！"她很高兴，马上请孟宪承先生（后来成为华东师范大学第一任校长）到教育局去立案。我那年26岁，样子看起来很年轻。可是当校长要老成一点才好，于是我拼命装老，把头发卷起来，像个传道婆婆，可怎么装也装不像，很可怜的。我什么事情也不会做，但什么事情都必须做，包括去找校舍。我与季玉先生天天出去跑，六个班级，至少需要六间房，我们看中了的大房子还租不起。我记得当时季玉先生交给我一个存折，里面是她省吃俭用攒下来的美金，她让我带着，这就是我们全部的办学经费啊。可那时物价飞涨，这3000块钱就像泡了汤一样，不值钱。那段时间季玉先生吃的是什么？她用糠虾蘸蘸酱油下饭；牛奶馊了，她也舍不得倒掉，说那不等于酸奶吗？于是就吃"酸奶"。季玉先生有一句话："居无求安食无求饱，先人之忧后人之乐"，这是她自己的写照啊。我曾经给她买了一件羊毛衫，她死也不肯收。我说："学生孝敬您，您为什么不能收？"她回答："我从来不收人家的礼物。"我给她织了一双袜子，她是大的小脚，我是按照她的尺寸织的，她却说："我不穿的。"于是，我对季玉先生发脾气，当着她的面把袜子都拆掉了。

季玉先生在这方面是非常伟大的，对我的影响很大。她还交给我一枚振华的校印。除了管学校，我还教高三的英文，爸爸说我这是"狗耕田"。

回忆起这些情境时，杨绛先生饱含深情。那天，杨绛知道我们要去，一大早便坐在桌前，默忆当年的校歌，然后，恭恭敬敬地把它抄录在纸上。我们坐下后，她唱给我们听："三吴女校多复多，学术相观摩。吾校继起，德知体三育是务。况古今中外，学业日新月异。愿即时奋勉精进，壮志莫蹉跎。"开始她只是小声地哼，慢慢地便唱出了声。杨绛说自己耳朵背了，那些音也就掌握不准了。她还记得当年自己唱校歌时穿的是深棕色的校服，黑鞋子，白袜子。

80多年前的往事，老人家竟然还记得那么清晰。苏州十中西北角有个小丘，树木葱郁，最高处有一小亭，说到它时，杨绛先生兴致很浓。当时，她在老宅子里读书，毕业前，学校搬迁到清朝织造署遗址。她也参加了搬迁劳动，这个小亭子是她和同学们一起搬砖头建起来的，是他们那一届学生留给母校的毕业纪念物。在我们的拜访即将结束时，杨绛深情地说：请把我对母校的想念带回去！

距离2005年的那次拜访已经十多年了，但当时的情景依然历历在目。这些天，我一直在想：杨绛先生一再说的"振华的那股味儿"到底是什么？也许就是她那天与我们叙述的那桩桩往事中所蕴含的种种意味吧，"那股味儿"代代相传，绵延百年，将永远氤氲在美丽的校园中。

（本文作者系江苏省苏州第十中学校长）

莫言： 难舍的教育情结

管谟贤

莫言在《虚伪的教育》一文中说："我是一个没有受过完整的学校教育的人"。的确，他最初是以一个小学五年级肄业的实际学历踏上文坛的。对于莫言的成长，不同的人有不同的解读。有的人说，莫言获得诺贝尔奖是对中国教育的讽刺。莫言如果从小学、中学一直读到大学，肯定没有今天的成功，甚至成不了作家。这话说重了，有失偏颇。作为他的长兄，我可以负责任地说，莫言的成功，除了天资聪颖、勤奋刻苦之外，也得益于中国的教育，尤其是"文革"前的教育。

莫言虽然只上了五年小学，但这五年培养了他的阅读能力，使他掌握了阅读的工具（识字）和写作的 A、B、C（作文）。他的散文集中关于教育的篇什也有不少，在这些文章中，我们可以看到莫言对文化大革命前 17 年教育的向往，对 1958 年之前中学《文学》课本的推崇。出于一个作家的良知和社会责任，莫言对教育，尤其是学校教育，十分向往，十分关心，有着浓厚的教育情结。

一、 殷殷求学梦

莫言是 1961 年上小学的，到了三年级，就因作文写得好，受到老师的喜爱。其作文经常被作为范文在班上宣读，甚至被附近的农业中学拿去让学生学习。他小时候活泼、调皮，还爱唱两声茂腔，所以经常登台表演节目，自编唱词搞宣传。

1966 年"文化大革命"爆发时，莫言正在读五年级。翌年年初，上海、青岛等地开始夺权。我从上海回家探亲，带回一些造反派散发的传单。莫言看后，受到鼓动启发，便到学校造反。他当着一个同学的面说学校像监狱、老师像奴隶主、学生像奴隶，撕掉了课程表，成立战斗队，写大字报。还同小伙伴一起去胶县串连，在接待站住了一晚，第二天就跑回来了。为此，学校就不想要他了。之后，贫下中农组织"贫宣队"进驻农村学校，管理学校一切事务，搞"斗、批、改"，学生上中学也要贫下中农推荐。莫言因揭露了"贫宣队"一个女队员的下流行为，所以该队员以莫言"出身上中农"为理由，坚决反对莫言上中学，莫言就此辍学，成了人民公社的一名小社员。

我家的家风，可以用我家每年过年时贴在大门上的一副对联概括，那就是"忠厚传家久，诗书继世长"。从小，父母就教育我们，要忠厚诚实，要好好读书，不读书就会糊涂一辈子。因此，莫言从小就喜爱读书，从学会拼音开始，就查着字典读了不少课外书籍。一下子失学在家，看着昔日的小伙伴一个个背着书包去上学，自己每天只能背着草筐去放牧牛羊，莫言心里很不是滋味，求学上进之心更加迫切。当时我已是华东师范大学中文系的一名大学生，莫言老盼望着有一天能"像大哥那样，从小学到中学，一步步地考上去"，一直读到大学。为了满足自己读书的欲望，莫言曾经帮人推磨换书看，曾经因为躲进猪圈、草垛读书而被马蜂或蚂蚁咬过。实在无书可读了，他就把我留在家里的全部中学语文、史地课本都看完了，连我的作文也读了一遍，甚至去读字典，把一本《新华字典》翻得稀烂。"那时中国的乡村普遍贫困，能借到的书很少，自家拥有的书更少。我把班主任那几本书和周围十几个村子里的书借读完后，就反反复复地读我大哥留在家里的那一箱子中学课本。"莫言读字典是认真的、用心的，他着重了解字词的含义和用法，所以他比同龄人掌握了更多的字词，为自己以后的创作奠定了较好的文字功底。

那时，求学成了莫言的一个梦，读书使他享受到了无穷的乐趣。后来，他回忆对读书乐趣的体验时曾说："我童年的时候，书很少，好不容易借到一本书，就如获至宝，家长反对我读这样的'闲书'，牛羊等待着我去放牧它们。我躲起来不顾后果，用最快的速度阅读，匆匆忙忙，充满犯罪般的感觉，既紧张，又刺激，与偷情的过程极其相似。"

莫言在农村生活了整整 20 年。这 20 年，可以用贫穷、饥饿、孤独来描述。在这样的环境中，在"文化大革命"那种混乱不堪的形势下，莫言的求学梦总也圆不了。看到报纸上说工农兵可以被推荐上大学，张铁生交白卷也上了大学的报道，莫言曾经给当时的教育部长周荣鑫写过信，要求上大学。他还真收到了教育部的回信，但信中让他安心农业生产，等候贫下中农的推荐。在接下来的半年里，他又给省、地、县、公社的招生领导小组写了许多信，诉说自己的大学梦想，但再也没有得到回音。

1976 年，莫言当了兵。不久，"四人帮"被粉碎，国家发展逐渐走向正轨，高考得以恢复。1978 年 1 月，领导通知莫言，让他报考河南郑州的一所部队院校，莫言喜出望外，但也压力很大，连续三天吃不下饭。因为他知道，自己除了作文好外，数理化几乎是一窍不通，而当时距离高考只有半年的时间。"怎么办？考还是不考？最后还是决定考。"当时全家人都支持他、鼓励他，把我上学时用过的教科书全部给他寄去。他自己更是夜以继日地学习，恶补中学的数理化课程。但是到了 6 月，领导却告诉他名额没有了，莫言的大学梦又一次破灭。

1983 年，莫言到北京延庆工作时，已在文坛崭露头角，他报名参加了北京市高等教育自学考试，半年时间，四五门课程考试均以优良成绩通过，眼看一张大专文凭就可到手。1984 年夏天，他又得到了另一次上大学的机会，凭着"作品最高分，文化考试第二"的成绩考上了解放军艺术学院文学系。真正地踏进了大学校门，圆了自己的求学梦！在这里，莫言受到了系主任徐怀中及许多国内著名作家的教诲，学到了大量的国内外文学知识，"虽然不系统，但信息量很大，狂轰滥炸，八面来风，对迅速改变我们头脑里固有的文学观念发挥了很好的作用。"

学习期间，莫言发表了《透明的红萝卜》《红高粱》等小说，轰动了当时的文坛，在中国文坛站稳了脚跟，并逐步走向世界。1988 年，北京师范大学与鲁迅文学院合办作家创作研究生班，莫言报考并被录取，两年后，他获得了硕士学位。莫言自己说："我虽然拥有国家承认的研究生学历，毕竟还是野狐禅。"他总以没有受过系统、完整的基础教育为憾。

二、 浓浓教育情

莫言虽然没受过系统、完整的基础教育，但却十分关心、支持教育。多年来，莫言经常出国，尤其是到日本、美国、德国等发达国家的大学去讲学时，都要到人家的中小学去看看，给那里的学生作报告，和学生座谈。1986 年，他为了创作中篇小说《欢乐》，专门去山东高密二中听语文课。近十几年，他还与山东大学教授合作招收研究生。他对学生进行辅导时，十分认真坦诚，得到学生的一致好评。2008 年，他应邀去北京十一学校参加"名家大师进校园"活动，给学生作报告，与学生座谈。2009 年，莫言受聘担任高密一中名誉校长，被潍坊学院文学院聘为名誉院长。到目前为止，莫言已被国内外众多院校聘为兼职教授、客座教授、讲座教授；他亲自为学生上课、作学术报告，与教育结下了不解之缘。

在莫言的作品中，长篇小说《十三步》是专门写教育的，中篇小说《欢乐》是写高中复读生参加高考的。在这些作品中，莫言关注着当时教育界存在的教师地位低下、学生负担过重、"应试教育"盛行、片面追求升学率等热点问题。而短篇小说《三十年前的一场长跑比赛》《飞鸟》是赞颂有一技之长的右派教师和揭露"文化大革命"对教师的迫害的。在莫言的散文中，直接或间接谈到教育问题的有：《童年读书》《我的中学时代》《我的大学》《我的老师》《虚伪的教育》《陪考一日》《漫长的文学梦》《杂谈读书》等。在这些文章中，莫言对教育的看法可以归纳为以下几点。

其一，阅读，尤其是课外阅读非常重要。

莫言说："我感到，一个人如果不能在青少年时期获得一种对语言的感觉，只怕一辈子都很难写出漂亮的文章。"我觉得这话是很对的。任何作家都是要先当读者，才能成为作家，一个人母语写作的能力，主要是通过阅读、朗读形成的。因之，莫言说："语文水平的提高，大量阅读非常重要。""我上学时不是个好学生，但读书几近成痴的名声流播很远。我家门槛上有一道光滑的豁口，就是我们三兄弟少时踩着门槛，借着挂在门框上那盏油灯的微弱光芒读书时踩出来的。那时我额前的头发永远是打着卷的，因为夜晚就着灯火读书，被燎了。"

其二，语文教学首先要有好教材，有了好教材，还得有好教师。

莫言认为，"教材仅仅是教育目的的产物，也就是说，有什么样的教育目的，就有什么样的教材"。莫言对前些年通用的中学语文教材是不太看好的。他认为，中华人民共和国成立以来，编得最好的一套中学语文教材就是1958年以前使用的那套《文学》课本。那时中学语文分《文学》和《汉语》。那套《文学》课本，文学性强，古今并重，十分吸引人，可读性强。莫言说："我最初的文学兴趣和文学素养，就是大哥的那几本《文学》课本培养起来的。"当然，"有了好教材，没有好的老师，恐怕也无济于事。"令莫言忧虑的是，现在优秀的高中毕业生不愿意报考师范院校，因为教师的地位、收入仍然偏低。"文化大革命"前的师范院校吃饭不要钱，家庭困难的学生还会得到人民助学金。现在，这些优惠条件基本都取消了。如果有朝一日，优秀的大学毕业生、研究生都争着抢着去当中小学教师，那么中国的教育就上去了。

当然，教师自身素质的提高同样重要，莫言曾说："教过我的老师有非常好的，也有非常坏的。"莫言这里说的好坏，主要是指师德。据我所知，莫言在仅有五年的小学生涯中，碰到过很多有知识、有能力、有善心、有爱心的好老师，如孟宪慧老师、于锡惠老师和王召聪老师等，有的老师还教过我，一直受着我的尊重。"当所有的老师都认为我坏得不可救药时，王老师通过一件小事发现了我内心深处的良善，并且在学校的会议上为我说话。这件事，我什么时候想起来都感动不已。"他也碰到过个别人格低下、品德较差、打骂学生，像"狼"一样的老师。现在的教师队伍中仍然存在个别害群之马，道德败坏、实为人渣者也屡见不鲜，对此，有关部门实在应该花大力气加以整顿。

其三，作文教学，应该鼓励学生讲真话，要培养学生的观察力、好奇心和创造力。

莫言说："语文成了政治的工具。于是我们的孩子的作文，也就必然地成为鹦鹉学舌"，"千篇一律，抒发着同样的'感情'，编造着同样的故事，不说'人话'。"他还说："欣赏奇才，爱听奇人奇事，是人类好奇天性的表现……只有好奇，才能有奇思妙想；只有奇思妙想，才会有异想天开；只有异想天开，才会有艺术的创新。从某种意义上说，艺术的创新也就是社会的进步。"我们现在的作文教学，事实上是受高考指挥棒指挥的。这些年来，高考的语文试卷也实行了标准化，作文命题也以"给材料作文"居多，这种作文实际上都有一个固定的套路。什么时候，高考科目设置合理了，命题科学了，我们的素质教育才会有真正落实的希望。

其四，高考是必需的，但要改革，改革的方向是更公平。

莫言在陪女儿高考时，看到有的考生生了病还被人架进考场，感到"高考像日本鬼子一样可怕了"。他说："譬如这高考，本身也存在着很多的不公平，但比当年的推荐工农兵大学生公平得多了。对广大的老百姓孩子来说，高考是最好的方式。任何不经过考试的方式，譬如保送，譬如自主招生，譬如各种加分，都存在着暗箱操作的可能性。"这真是一针见血！莫言希望有一个公平的、纯洁的高考，对于高考门类和学科的设置，则主张一定要合理，一定要有利于人才的选拔。莫言的女儿是爱好文科的，但由于客观原因，她不得不选学理科，参加了理科高考，到了大学，又改学了文科英语。一个学生，如果高中阶段就能放手学习自己喜爱的学科，那么到了大学，其专业知识水平该有多高！

莫言的教育情结，承载了太多的梦想与责任。他的教育梦，是我们那一代人的梦想，也是我们几代人的梦想。莫言只是一个作家，并非教育专家，他的观点不一定完全正确，但对我们搞教育的人，却不无启发。

（本文作者系山东省高密一中原副校长）

朱清时： 想象力让我一生受用无尽

讲述人：朱清时　整理人：孙金鑫

我这一代人的教育经历，现在看来还是比较幸运的：上小学时，功课不紧，有很多玩的时间，这让我能充分享受想象的乐趣；上中学时，成都街上到处都是旧书店，我当时最大的乐趣就是去旧书店看书，我的很多知识都是从旧书店看来的；考大学时，大学还有比较大的招生自主权。那时小孩子的同伴很多，自己动手做东西的机会很多。我觉得中小学阶段对我的发展影响最大的一些关键因素，现在小孩都缺乏了。

一、"小学留下的想象力让我终生受益"

我 1946 年出生，四岁多就上了小学，提前上学是因为比我大两岁的姐姐不敢一个人上学，所以我就去陪读了。我们在一个旧庙里上课，每人自带一个小凳子，挤在一个长条桌旁听课。旧庙里蛇多，有一天我们上课的时候，梁上就冒出了一条大蛇，吓得大家都不敢动，后来在街上请了几个人把它给抓下来。

我还记得刚上学的时候，我写 9 和 7 这两个数很困难，不知道 9 怎么弯，7 怎么拐。当时学校对学生的要求还不像现在这么严，我们有很多玩的时间。那时我特喜欢玩、喜欢运动，最喜欢打乒乓球，哪个小伙伴球打得比我好，我就一心想超过他。学校根本没有球桌，我们就是把石板当球桌，把砖头堆起当"网架"。

慢慢地，我觉得小孩的乐趣还不是玩，而是想象。在很小的时候，走路很枯燥时，我脑袋里就开始想象自己身处在各种场景下、各种感受、应该怎么怎么做，在这其中，我得到了很多乐趣。比如，当时小孩都很崇拜黄继光，都很想去学，但是又不想死。我就想象如果我去，那么我的胸口一定要放个钢板，把敌人机枪堵住了也不会被打死。现在想想，这不就是防弹背心吗？但那时还没有这个概念。

我现在对小学时代最深的印象，就是我的想象力在那时得到充分的发挥，我一辈子最受益的就是这个。当年著名数学家陈省身给中国科技大学少年班的题词是："不要考 100 分。"大家都不理解，我就跟学生讲：你可能不费太多力气就可以考到 95 分，但是要得到最后 5 分，你就要付出比前面多得多的力气，这样一来你虽然考了 100 分，但你的想象力和素质被压抑了，脑子慢慢也板结了，这和农民种地的道理很相似。我小时候，农民种地不施化肥，水稻的亩产是三四百斤。施了化肥后，亩产提高到五六百斤。但施过两三遍化肥后，亩产量就很难再提高了。而且，土壤因为过度施肥而板结，也没法继续种稻子了。

爱因斯坦说过：想象力比知识更重要。人的创新能力的核心要素是想象力。如果哪个学生想象力很丰富，那么这个学生以后肯定很有创造力。所以我觉得在中小学阶段，其实对于一个人最有意义的就是培养他的想象力，唤醒他的想象力。现在有些中学把学生当作一个考试机器来"磨"，学生考试效率提高了，可以考高分，考好大学，但是天赋、想象力、创造力也都被磨灭了，当他真正独立工作后，他就一筹莫展，没有底气、没有创造性了。在我受教育的年代，还没有人逼着学生这样学习，所以我是幸运的。

二、"初中时代的最大乐趣，就是去旧书店看书"

1957 年，我 11 岁时上了初中，是成都市 13 中（现在叫成都华西中学），因为父母都去了外地，我就住到学校里了。我们的宿舍是木结构的老房子，没有上下水，没有洗手间，走在里面，楼板吱吱地响。我们要自己带着缸子到食堂接自来水洗漱，但这些都不算苦，当时我最担心的是晚上上厕所的问题。厕所在宿舍楼下的大操场对面。我第一次晚上上厕所，就在操场里面跑，摔倒了好几次，也不害怕，就是很执着地一定要走到厕所去。那个时候的小孩子根本没有意识说随便找个地方解决问题。

那时学校没有几个住校生，下课后就没人管我们去哪儿，我们可以在校内外自由活动。我当时的最大乐趣，就是到校外一个一个旧书店去看书，那时成都街上到处都是旧书店，旧书店比新书店还多，现在都已经绝迹了。学校有图书室，但书很少，远远不能跟旧书店里的书相比。刚开始我喜欢诗歌，古诗、现代诗都喜欢，我觉得就这么几个汉字组合起来，就让你一下子得到一个意境，很美妙。我被诗歌的那种语言魅力给迷住了。

渐渐地，我又开始喜欢化学，这是因为我看了凡尔纳的《海底两万里》。我读到化学家把创造新物质作为自己的使命，把水、空气等物质组合起来，居然就可以造出食物，造出各种东西，这是其他学科都没有的，让我觉得很神奇。所以那时我就开始喜欢化学，到旧书店去看化学史，以及很多相关的书。

后来我又喜欢上了物理，因为我发现，物理比化学还深一些，原子结构、原子、分子等内容很吸引我。再后来我又喜欢数学，因为有个十几岁的数学家叫伽罗华，他发明了"群论"，我就特别崇拜他，当时《数学通报》有一篇介绍伽罗华的文章，上面有伽罗华的画像，我就用半透明纸蒙着那一页，一笔一笔把他的画像摹下来，夹在本子里。

中学的课程中，算术、代数、几何等的学习都让我终身受益，但我最大量的知识都是从旧书店来的。泡旧书店的经历，让我对各个学科的内容都有所了解，知识面大大拓宽了，这使得我后来比别人更适应交叉学科的研究工作。

三、"高中时我们自己做半导体收音机"

高中时，我们这批小孩中间流行自己做半导体收音机。为此我们要先学会买矿石，从一个个小矿石里挑出合适的，然后去弄电阻、电容，用金属丝把它们串起来，制作整流器等，这要花很多时间去摸索，涉及各学科的知识。在这个过程中我们很有成就感，自信心大增，对科技的兴趣大增。现在小孩买玩具太方便了，很少有孩子自己动手做。

当时并没有老师带我们做半导体，因为老师也不大会做，都是小孩之间互相教的。其实小孩的很多本事都是一起玩着学出来的。小孩跟小孩学、小小孩跟大小孩学，小孩跟小孩学还学得特有兴趣、特快。我们小时候兄弟姐妹多，亲戚朋友多，街坊邻居多。那时候所有人家都是敞开的，各家也没有大门，没有锁，不要院子，小孩子全都满街跑，很多能力就这样玩出来了。现在的小孩子同伴太少了，一起玩的时间太少了。

这些都是现代小孩培养上最欠缺的东西。一般人都以为，社会进步了，教育也进步了，现在的小孩比过去的一些小孩受到的教育要好得多了，其实不然。我觉得对我的成长最起作用的那些因素，现在的小孩都很缺乏。

四、"我考大学时，大学的机制还很灵活"

1962 年，华罗庚先生组织各地搞数学竞赛，那时的竞赛就是竞赛，根本就没有什么培训，我得了个一等奖第三名。我想这和我在旧书店看过很多书有关。第二年，我参加了高考。那时高考也不像现在这样紧张，我们是在高中课程结束后，大概复习了一个月就参加考试了。我考了 460 多分，并不是特别好，因为我高考作文写砸了。作文要求学生写"由唱《国际歌》想到的"，当时我想到的第一句是"起来，不愿意做奴隶的人们"，想起国歌来了，我那个作文能写好吗？跑题了！至今想起这事，我仍后悔不已。数学和物理考得最好，都得了九十六七分。但是语文才 60 分，把我的整个高考成绩都拉下去了。

华罗庚先生当时是中国科技大学的副校长，我特别喜欢数学，所以特别想上华罗庚所在的学校。作文写成这样，我想肯定上不了中科大了。但是当时中科大看到我的数学成绩很好，又得过数学竞赛一等奖，觉得我还是个苗子；同时我在高二时已经入了团，表明我政治上是可靠的；那时大学在录取中还是有很大的自主权的，教育部也没有硬性规定每个大学要多少分才能录取，学校录取时都是综合考虑的，所以我最终还是被中科大录取了。

我很感激中科大改变了我的命运，更感激当初的教育思想和管理体制没有像现在这样死板，没有因为一分之差就把人给卡下去。

五、"老师把我们当做她的孩子来对待"

那时的老师虽然境遇都不大好，但都特别敬业。我上初中的那一年，"反右"开始了，学校里到处都是大字报。有一个女老师，本来是四川师范学院物理系的高才生，成了右派，被放到我们学校教初中物理了。因为政治上很压抑，所以她从来不跟学生私下交流，沉默寡言，但对教学倾注了全部精力，很负责，很认真，课讲得很好。她用心教学，使我们每个学生都受益很深。

教我几何的周泰金老师，听口音不是四川本地人，应该是山西一带的北方人。他很喜欢几何，一辈子就教几何，教得津津有味。我还记得他上课的时候就拿一把尺子、一条线，线上拴个粉笔，要画圆圈时，把那个线用图钉一按，一个圆圈就直接画出来了，熟练得很。他的板书一笔一画、清清楚楚，课也讲得很生动，所以很快就让我们小孩喜欢几何了。我数学竞赛得奖就跟他很有关系，他让我发现几何简直太美妙了，就几个公理、逻辑推论，就可以推出整个世界来。

那个时候出身是很重要的。我的中学班主任陈吉英老师，出身就不好，是云南一位民主人士家的富小姐，丈夫也是一个很有名的学者、教授。但她依然像母亲一样对待学生，把学生当作自己的孩子一样。她为学生骄傲，我们也很尊重她，很感激她，经常去看她。陈吉英老师现在还在世，住在昆明，我特地去看过她好几次。

高二时我申请入团。那时团员不多，入团是一个很光荣的事，争得很激烈。我虽然各方面表现都不错，但家庭出身不好。陈吉英老师虽然同情我、支持我，可她自己出身就不好，没有能力帮我。艾淑斌校长当时是学校的副校长兼党支部书记，是学校里实际上的最高领导，她当过我们的代理班主任，很了解我，就拍板说：一个青年学生入团是可以的，这也不是入党，不是提干。所以我才能入了团。

这件事对我以后的发展非常关键。像中科大这样一个当初很拔尖的、军工很多的学校，对学生出身的要求是非常严的。一个人如果出身不好，那么即使成绩再优秀都可能没有机会上大学。如果我没有入团，显示我在政治上是可靠的，那么我是很难被录取的。

六、"父母咬牙忍受的精神深深地烙在了我的心里"

父母对我的影响至深。父亲朱穆雍是学社会学的，传统文化修养很深。他为我取名"清时"，源出唐代诗人杜牧的七言绝句《将赴吴兴登乐游原》："清时有味是无能，闲爱孤云静爱僧"，但他自己一生阴错阳差、历尽坎坷。父亲1940年从华西协和大学毕业后，遵从家人意愿，放弃赴美留学机会，在国民党四川省政府做职员，那个时候做职员就得集体加入国民党，填个表就算入了国民党。有一次他的上司分党部书记到外面去竞选，让他代理了一下，结果这就成了说不清的历史问题，在历次运动中都是"运动员"，吃尽苦头。我上小学时，父亲又遭诬陷，被判"机关管制"，知识分子最受不了的就是清白被玷污。那天我妈妈哭了，全家人都在哭，同院子的人来劝；我躲在厕所里面哭，有一个女的拼命把我往外拉，这个场景我一辈子没有忘。

所以在我上学长大的这个过程中，我们家一直都很艰难。我们兄弟姐妹七人，当时父亲这样的人只能领到生活费，"管制"结束后的工资也特别低，他到退休时的工资还不如新毕业的大学生。但我妈妈是个有文化的妇女，现在像她那样能干的人已经很少了，我的小弟弟出生时，就是她自己接的生。她一边操持家务，一边去打工挣钱。她到河边把石头捶碎了卖给铁路铺铁轨；给工厂的工人洗那种很粗的劳动布衣服。但最难得的是，我妈妈接受生活上的这种变化，认识到如果父母一直没有出路，那么这么多子女怎么办？她就积极为新政权做事，积极做街道工作，最后竟然成为成都市的居民工作模范，还到广播电台去做典型报告。所以我上大学时才发现，如果按我父亲的这种情况衡量，那我们的家庭出身应该是职员；但因为母亲很能干，人又好，当初政权很喜欢她这样的人，所以就将我们家的成分定为城市贫民。

妈妈的这种奋斗精神，对我们子女影响很深。我父亲的问题本来是灭顶之灾，母亲积极适应新环境，改变了我们家的命运。这种自强不息的精神深深地烙在我的心里。我从小在那种艰难的环境下度过，以后什么苦都不觉得难以忍受。

采访后记：

2014 年 6 月 12 日，在 2014 年"两院"院士大会期间，朱清时校长接受了我们的访谈。

当这位备受国人乃至世界瞩目的科学家、大学校长坐到我们面前时，我们没有嗅到一丝喧嚣味。他偶尔冒出点川音的普通话，声音绵醇而温润，每一个字，都清晰、徐缓而生动，与大众媒体描述的锋芒犀利的教改先锋的感觉完全不同。印象更深的，是他对于自己说出的每一个人名，不记得的就说不记得了；记得的，一定要告诉我们那几个字是怎么写的。一就是一，二就是二。严谨而干净。

他说，几十年过去了，回头看看，这一生最受益的就是小学时养成的想象力。在整个交流过程中，我们一句也没有提到他在中科大和南科大的改革，但是，我们知道，我们所有交流的内容，都与他后面的这些改革有关。或许，从某种意义上说，他的若干惊世之举，也是当年的"大小孩"，在带现在的"小小孩"。

得知我们要去见朱清时，有一位家长请我们转告他："感谢您给了中国人一个南科大。"其实，那天他的腰一直不舒服，不宜久坐，但他始终端坐着，没有表示任何不适。他其实不仅是在接受我们的采访，而且希望借助这个交流，最直接地向中小学同行们传达他的担忧与期望。

直至此时，我们依然能感受到，那种纯净的科学家的气息，浓烈的教育家情怀……

（本文讲述人系中国科学技术大学第七任校长，南方科技大学首任校长；整理人为《中小学管理》杂志社主编）

何兆武： 少年时的自由与希望

曾国华

20 世纪三四十年代，中国人蒙受家国之难，饱受战乱之苦，颠沛流离。但就是在那样战火纷飞的困顿里，何兆武先生依然觉得，那时他曾经拥有美好的十年读书时光——一段是从初二到高一的三年，一段是在西南联大的七年。

因"自由"而美好！

这就是何先生的答案。这也是我与他数次交流时，他说得最多的一个词。

何先生说，他们那一代人都深受五四运动的影响。那时的教育继承了蔡元培先生的思想，强调"自由、平等、博爱"。学生的学习负担也不重，每天放学后用一小时就可以把功课做完，其余时间完全自由。

自由的少年何兆武最大的爱好是读书。国文老师高元白书教得好，很受学生喜欢，他常常鼓励学生多读课外读物，积累知识。当时何先生住在北京，家离北京图书馆非常近，所以每个周末都去那里借书，一次借五本，差不多一个星期就都能看完，然后又去换。学校旁边的琉璃厂，是全国书店最集中的地方，新的、旧的有几百家。中午吃完饭，何兆武常跟着大同学去逛书店。抗战前的三年时间里，他读了不少书，自我感觉美好极了。后来，抗日战争爆发，那种美好的生活就中断了。

何兆武回到故乡湖南，进了中央大学附中。那里每天都是军事化管制，早晨吹号起床、点名、跑步，下了晚自习还要唱抗战歌曲、喊口号，每天的时间都排得满满的。

1939 年，何兆武考上西南联大，又恢复了自由——没有点名，没有排队唱歌，也不用呼口号，早起晚睡没人管，不去上课没人管，上什么课也没人管，个人行为绝对自由，甚至"有的同学迫于生计，还跑到外县去教书，快考试了才回来"。

何先生笑言，那时真是"自由得过分"。"自由有一个好处，可以做你喜欢做的事，自己喜欢看的书才看，喜欢听的课才听，不喜欢的就不看、不听。我上过几门课，对我有影响的，几乎都不是我的必修课。"

何兆武非常喜欢政治系主任张奚若先生讲的《西洋政治思想史》《西洋近代政治思想史》。他没有选这两门课，不参加考试，也不算学分，可他都从头到尾听下来了，乃至于现在他的专业也变成思想史了。有一次，在北大经济系上学的姐姐来看他，他还建议她去蹭张先生的课听。

在西南联大，何兆武念了四个系的课程——土木系、中文系、外语系、历史系。"那时转系很方便，只要学分念够了就可以随便转。"何先生说，"其实人不是一开始就能明确自己适合什么、需要什么的，都是经过发现和挖掘之后才知道自己的兴趣所在。教育一定要尊重人的兴趣。现在的教育太强调组织纪律，太强调整齐划一了，人的潜能没得到充分发挥，这不是好路子。"

不仅学生"绝对自由"，教师上课也有很大的自由度，讲什么、怎么讲全由教师自己把握。如教"中国通史"的钱穆、雷海宗两位先生各教一班，各有一套自己的理论体系，观点也不一样，可校方从不过问。"学术自由非常重要，或者说，学术的生命力就在于它的自由，不然每人发一本标准教科书，学生自己看去就是了。老师照本宣读成了播音员，学生不会得到真正的启发。"何先生说。

让少年何兆武感觉美好的，除了"自由"，还有"希望"。

那时，学校条件特别艰苦。可何兆武还是觉得很幸福，"幸福的条件有两个，一个是你必须觉得个人前途是光明的、美好的；一个是整个社会也必须是一天比一天更加美好，如果社会整体在腐败下去，那么个人是不可能真正幸福的。这两个条件在我上学的时候恰好同时都有。"

尽管当时正值战争年代，但何兆武非常肯定地认为，战争一定会胜利，胜利以后一定会是一个非常美好的世界，老百姓一定能过上非常美好的生活。"人总是靠着希望生活的，这两个希望是最根本的，所以那时候虽然物质生活非常之苦，可是自己觉得非常幸福。"

（本文作者系《中小学管理》杂志社原编辑）

袁隆平： 学农是我学生时代的梦

讲述人：袁隆平　整理人：黄　崎

　　虽然我的童年和少年是在动荡的战争年代度过的，但是父母始终坚持让我们上学读书。在颠沛流离中，我先后进过三个小学，先是湖北汉口的扶轮小学，然后是湖南澧县的弘毅小学，后来是重庆的龙门浩中心小学。我喜欢凭兴趣学习，我之所以选择学农，是缘于从小的志趣。

　　我在汉口扶轮小学读一年级的时候，老师带我们去郊游，参观一个资本家的园艺场。那个园艺场办得很好：有各式各样的花，非常美，在地上像毯子一样；红红的桃子满满地挂在树上，一串串的葡萄水灵灵的……当时美国黑白电影《摩登时代》中有一个镜头，窗子外边是水果什么的，伸手摘来就吃；要喝牛奶，奶牛走过来，人们接一杯就喝，十分美好。两者的印象在我心中叠加起来，使我特别向往那种田园之美、农艺之乐。从那时起，我就想，长大后一定要学农。随着年龄的增长，我的愿望更加强烈，学农变成了我的人生志向。考大学时，我坚持选择农科，如愿以偿地进入了私立相辉学院（现为四川财经学院）农艺系遗传育种专业。因为对这个专业感兴趣，所以我利用大量课余时间去阅读中外多种农业科技杂志，开阔视野。

　　小学毕业后，我先进入重庆复兴初级中学，后转学到重庆的赣江中学。1943年，我又转到汉口博学中学（以下简称博中）读初一。我在博中学习、生活共有四年多时间。最后，我转学至南京师大附中直到毕业。我的青少年时期大都是在博中度过的，博中是我最感亲切的母校，她给予我的培养和教育，对我的成长起了决定性作用。

　　博中是英国基督伦敦会创办的教会学校，重视英语教学。不但英语课程由外国老师教，而且物理、化学课程也是外国老师用英文讲授。其他课程不及格，学生可以补考，但英语不及格，学生就得留级。因此，学校学英语的风气特别浓厚，老师也很讲究教学方法。我读高一时，就上过三位老师讲授的英语课：英国人白格里先生教文章；他的太太英籍华人林明德老师教朗读和会话；教务主任周鼎老师教文法，他那慈祥可亲的面孔和诲人不倦的精神，至今仍然深深地留在我的记忆中。在那种几乎全是英文的环境中学英语，我当时达到了看英文电影百分之八九十都听得懂的程度。我现在之所以能在频繁的国际学术活动中运用英语进行交流，主要是母校给我打下了良好的基础。当然，我母亲对我的英语启蒙也是很重要的，她毕业于教会学校，英文很好，对我的影响也很大。

在博中，学生的学习生活是紧张而有规律的，我们早上六点钟起床，十分钟后就得洗漱完毕在操场集合做操。我们的校长胡儒珍博士毕业于香港大学，称得上是一位教育家。他不仅对学生在学习上要求很严，而且鼓励学生全面发展。学校经常开展文娱、体育等方面的活动，我从中受益匪浅。那时，我特别喜欢各种球类运动，游泳也一直是我的强项。

这就是我的母校博学中学——一所注重学生全面发展的学校，一所既重视教学质量和品德教育，也十分注重文体教育的学校。我多次回到母校去探望，重温少年时的记忆，当年我们在操场上踢足球的场景还不时闪现在我眼前，起脚一踢，仍然十分快意！

（本文讲述人系中国工程院院士，中国"杂交水稻之父"；整理人系湖南省国际稻都农业技术研究院院长）

感恩·追忆： 母校助我梦想起航

罗　援

我是北京市第十九中学 1966 届初三(4)班的校友。今天是母亲节，也是母校的百年诞辰。人是要感恩的，今天，我们要深深地感谢母亲的养育之恩，感谢母校的哺育之恩。

恩师是我们人生的风向标和导航仪，是一座高山仰止的灯塔。人生混沌时，恩师给我们启迪智慧；人生起航时，恩师为我们加油助力；人生迷茫时，恩师给我们点拨鼓励；人生得意时，恩师为我们敲响警钟……可以说，恩师无时无刻不陪伴着我们，在有形之中，在冥冥之中。哪怕我们已经进入不惑、花甲甚至古稀之年，眼前仍会闪动恩师的身影，脑海中依旧会出现他们那一个个鲜活而慈祥的面容。赵岩书记、王家骏主任，以及曾经教我的鲍老师、罗老师、吴老师、朱老师、何老师、洪老师、陈老师、赖老师、孔老师、田老师、蒋老师、周老师、赵老师……泪眼婆娑中，我们依稀记得每一位恩师的点点滴滴，这是我们这些校友之间交流的永恒话题。这些恩师，就是我们亲爱的母校的象征。

母校当年留给我的最深刻的印象就是，一进校门，映入眼帘的就是涂在教学楼上的一条横幅标语"教育为无产阶级政治服务，教育与生产劳动相结合"，这是当时党的教育方针，也恰与十九中学"培元固本"的办学初衷相契合。根据这一办学方针，学校的一切教学和实践活动都围绕着培养德智体全面发展的、有社会主义觉悟的、有文化的劳动者这条主线展开。

德育为先。应该说我们的世界观是在那个时期形成的。在政治课上，我们知道了什么是辩证唯物主义、历史唯物主义，什么是辩证法、形而上学，虽然当时还是只知其皮毛，懵懵懂懂，但随着步入社会，这些马列主义的 ABC 却让我们受益终生。当年一句"发阶级之奋，图祖国之强"的口号，使我铭记至今。那时，我们经常到农村和校办工厂学工学农，与贫下中农同吃同住同劳动。现在，有些人对这些社会实践活动嗤之以鼻，可这些活动却在我们幼小的心灵里埋下了"为人民服务"的种子。

智育为本。我们上学时的课堂教学很有生气，很有吸引力，各科老师都会把自己的课讲得绘声绘色、栩栩如生。例如，在语文课上，鲍雅贤老师会传授给我们许多写作知识，尤其是她在朗诵范文时，会把你带入一种意境中，使你感悟到一种写作的乐趣和动笔的冲动。吴玉云老师的化学课，注重提高学生的动手能力，让大家在实验中掌握和记住了抽象的化学公式。王文珍老师常用优美动听的歌声拨动我们的心弦，她自编自唱的《眼睛操之歌》，让我们在学唱的同时，还掌握了保健眼睛的方法。

体育为基。那时，只要一放学，操场上便龙腾虎跃，热气腾腾。男孩子们玩起骑马打仗、"攻城"的游戏，女孩子则是玩跳皮筋和"抓拐"，同学们可以根据自己的兴趣爱好参加各种课外小组。当时，我最感兴趣的当然是体育，校内各项运动队我几乎都参加过。1965 年，我们初中田径队还获得了海淀区中学运动会第二名的好成绩。可以说，正是由于在十九中学打下了体育运动的基础，才使得我能在以后的军旅生涯中很快适应并承受了艰苦的军事训练和作战考验。

感恩母校十九中——我们梦升起的地方！感谢十九中的恩师们——人类灵魂的工程师！向我们的母校致敬！向我们的恩师们致谢！

（本文作者系军事科学院世界军事研究部副部长）

从仰望到追随: 与恩师顾长乐先生同行

王莉萍

如果说，今天的我可以被称作一个"好老师"的话，那么我首先要将这份荣誉送给我的恩师——物理特级教师顾长乐先生。与顾先生相识整整 30 载，一路走来，缘于对先生的"仰望"，我立志成为一名中学物理教师；坚定于对先生的"追随"，我得以在专业发展之路上奠定根基、茁壮成长。

一、 仰望篇: 仰之弥高·心向往之

几年前，我向顾先生请教她做教师的心得，她告诉我两句话，一是"全心全意为学生服务"，二是"把话说到学生心里去"。她是这样说的，也是这样做的。她以学术魅力和人格魅力赢得了我发自内心的仰慕和爱戴。

(一)物理课，遇到"与众不同"的顾先生

1985 年，我考入北京师范大学附属中学(以下简称附中)高中部，有幸成为顾先生的学生。我记得上顾先生的第一节物理课时，她问我们："做作业是你们的权利还是义务?"我们想，作业是老师要求我们做的，是我们的义务。顾先生却说："你们是为自己而写作业的，写作业是你们的权利，批作业则是老师的义务。"顾先生接着问："如果遇到不会做的题目，你们会怎么办？假如有甲、乙、丙三位同学，甲让会做的同学给他讲，然后把作业写完了；乙交了空白作业本；丙交了一份抄的作业。你们会选择哪种做法?"她让我们举手表决。每个人都作出选择后，顾先生说，"你们没有人愿意做丙，特别好。他失去了老师帮助他的机会。今天大家既然说不愿意做丙，那么以后就要真的做到不抄作业。"她接着说："不少同学选择做甲，其实甲的做法有问题。遇到不会的问题就请别的同学讲，自己失去了独立思考的机会，而且听得似是而非，不一定真的明白。乙同学如果真是想半天没想出来，交空白的作业本也挺好，至少让老师知道他不会，老师就会想方设法研究怎么让他学会。其实，我希望大家都

能竭尽全力地思考问题，想到哪儿写到哪儿，即使想错了，写到作业本上也是好的！我最想知道大家是怎么想的，这样我才能把课讲明白。"

顾先生的第一课让我耳目一新。她让我们珍惜写作业的机会，珍惜独立思考的机会，又亮明了教师的责任。她的话实在、诚恳，能引导我们往深处想。我感到教师职业是有个性、有深度的。

(二)钦佩"无所不能"的顾先生

顾先生经常利用学生头脑中的糊涂认识，巧妙设问，引发学生的认知冲突，激起学生解决矛盾的欲望，然后引导学生得出正确认识。这种做法往往"四两拨千斤"，让我们能一下子抓住要点。例如，在讲静摩擦力的大小时，顾先生问我们："我使劲儿推讲台没推动，是我的推力大还是讲台受到的摩擦力大？"如果我们说摩擦力大，她就会接着说："我的推力向前，摩擦力向后，要是摩擦力比推力大可就坏了。咱们以后推桌子之前可得想清楚了，要是推不动，千万别推，不然讲台就会回过头来撞咱们！"同学们已经笑成一片，她这样讲，我们谁也不会忘了静摩擦力的性质。

顾先生最让我佩服的是"各层次学生都能教到极致"。对于学优生，顾先生常常在课后辅导他们。每天放学后，总有几位竞赛高手拿着《普通物理》《高等数学》找顾先生"打架"（顾先生把师生之间无隔阂的讨论方式称为"打架"）。那时北京市物理竞赛一、二、三等奖共 30 名，顾先生每次带的学生都有五六个获奖，其中必有一等奖。对于学困生，顾先生主要利用中午时间辅导。一到中午，顾先生的办公室里便人来人往，顾先生要求他们个个都得把问题搞明白。学困生只怕学不好对不起顾先生。当年物理高考比较难，满分是一百分，顾先生教的学习最困难的学生也都能考到五六十分。

讲台上的顾先生、课下我们身边的顾先生，无时无刻不在向我们散发着她的智慧和爱，让我们享受着学习物理的乐趣和成就。那时，顾先生几乎成了所有学生仰望的偶像。

(三)几次"特别待遇"促我从教

我热爱物理、热爱顾先生，但真正促成我决心做一名物理教师，还源于几次顾先生对我的特别关照。

高一月考后，年级要成立物理竞赛小组，学生要先报名并通过考试才能入选。我担心自己考不过丢人，就没报名。一天中午，顾先生约我面批月考试卷。之后，顾先生问我："你为什么不报物理小组呀？"我说了顾虑。顾先生说：

"你月考考得不错，平时学得也挺好，你来试试吧!"就这样，我免试进了物理小组。这进一步增强了我学习物理的信心。

转眼高一学年就要结束了，我被分到理科 1 班，而 1 班的物理不是顾先生教。这下我急了，平时胆小的我，径直跑到顾先生办公室，刚张嘴，眼泪就掉了下来。我哽咽着说："顾老师，我不去 1 班，我要跟着您学物理。"顾先生吓了一跳，安慰我说："1 班老师讲得很好，再说，你来参加物理小组，咱们还可以一起研究问题啊!"顾先生劝了半天，我还是坚持，顾先生说："你先回去吧，我再想想办法。"过了几天，有消息传来: 1 班的物理分 A、B 层，顾先生教 A 层! 我如愿以偿，心里特别感激顾先生对我的格外关爱。

和顾先生相处了两年，我脑子里经常会冒出"要做一个像顾先生一样的优秀物理教师"的念头。高三第一学期，我找到顾先生，告诉她我想去北京师范大学读书，将来当物理老师。顾先生特别高兴，立刻找到北师大物理系的领导，为我从北师大争取了一个保送名额，前提是我和附中签约，毕业后回到附中任教。在那个年代，人们多认为教师职业清贫、社会地位低。有很亲近的人指责我父亲，说他去附中签约，就是"给女儿签卖身契"! 这让我父亲很受不了。我劝他说："如果非要说这是'卖身'，那是我自己选择'卖给'附中，因为我能知道我的未来; 如果我今天不签约，那么将来签'卖身契'时，也许根本无法选择。"听我这样说，父亲便放心了。现在回想起来，我的选择应该是由我的性格和顾先生对我的影响共同造成的。我是个求稳但又不甘平庸的人; 顾先生的卓越，让我有信心即使做个模仿者，我也能将课堂演绎得生动美好。正是怀揣这样的信念，我选择了追随顾先生，决心要在平稳中做出不平凡。

二、 追随篇: 钻之弥坚·甘之如饴

回到附中任教，我和顾先生由"师生"变成了"师徒"。为了让我进步更快，顾先生要求我用五六年时间全面熟悉初、高中物理的知识体系和学生的学习情况; 她还要求我不仅做好日常教学工作，还要找机会"做课、写论文"。在这个过程中我成长很快，虽然很辛苦，但我甘之如饴。

(一)"好课要在学生头脑中掀起波澜"

1993 年我正式带班上课，顾先生要求我从初中教起。我心想，肯定没问题，我一个物理高才生还教不好这点初中课?

有一次我直接拿着书进了课堂，给学生念了一节课的课本。那天恰巧顾先生来听课，课后她对我说："上课可不是把书上的东西一股脑儿倒给学生。你

必须消化，用自己的话讲给学生。"隔了一段时间，她又来听我的课，那次我准备得非常充分，在学生不易懂的地方，我都搭好了台阶，一节课特别流畅。一下课，顾先生说："你这节课像高山流水。"我的心里乐开了花，喜滋滋地等着后面的表扬，没想到下一句是："可惜没有留下任何痕迹。"我怔住了。顾先生说："好课要在学生头脑中掀起波澜，你感觉磕磕绊绊就对了，说明学生动脑筋了，发现问题了。"那次谈话带给我很大的震动，我明白了：好课是要让学生开动脑筋的。

（二）非常规设计，助我实现跨越式成长

1995 年，我送走了初三毕业生，顾先生却要求我马上教高三。我愣住了，"这行吗？我还没教过高一、高二呢！"顾先生的观点是，如果我从高一教起，那么需要三年才能对高中有全面的把握，而且每一年对我都是全新的；如果我从高三教起，那么只用一年就能抓住高中最主干的知识，知道高考的要求，我再教高一、高二时，心里就有把握了。于是我接了高三年级一个班。

顾先生告诉我，半途接班，首要任务是获得学生的信任。那一年我特别辛苦，几乎天天进班，中午基本都在答疑。"一模"考试后的每次阅卷，我都认真统计每位学生的错误，制成表格，和顾先生讨论确定试卷讲评的重点和方法。这些表格成为我在高考前给每个学生个别辅导的"错误账单"。我在台前，顾先生在幕后，我们一起阅卷、一起分析。有时我约了下午到晚上给学生答疑，中间没法吃饭，顾先生就做好饭给我送到教室。功夫不负有心人，在我们师徒二人的共同努力下，我教的这个班在高考中考了全区第一，而我接手时，这个班在年级里排在后面。最令我高兴的是学生的　句话："如果不好好学，真是对不起王老师！"这让我一下子获得了教师的幸福感。

其实，高三那年并非一帆风顺。我刚接班时，就有家长给校长写信反映我上课提问把控不好，浪费学生时间。魏义钧校长站在教室外听了我一节课。直到那届学生毕业了，魏校长才告诉我，接到家长反映后，他就和顾先生商量，先悄悄听课，如果没大问题，就让顾先生多指导，不必让我知道这件事。我感谢校长的包容，更感谢顾先生敢于顶着巨大压力力挺我教高三。否则，我就不会咬牙坚持到最后并取得理想成绩。

1996 年，我开始教高一。对青年教师来说，高一、高二的教学内容更难讲。新授课要帮助学生建立物理概念，这比解题要复杂得多。顾先生基于多年的教学经验，大刀阔斧地添加、删减、合并教材内容。遗憾的是，我的理解很不到位，一门心思要把教学内容如期完成。好在我始终和学生紧密联系，这才有所补救。当我再教第二轮时，方有恍然大悟之感，觉得非这样讲不可，这才是符合学生认知的讲法，是最恰当的。

(三)"做课"锤炼了我，"论文"提升了我

最初这几年，在顾先生的指导下，我经历了三次做课。教初三时，我做了市级研究课《买瓜路上》。此课是力学概念复习课，我针对学生的模糊认识和错误概念编了一个小故事，暴露出问题，通过讲解、做实验澄清认识。第二年，我在高三做了光学复习课，挑选了典型、巧妙的例题将主干知识串接在一起，此课被评为北京市级优秀课。第三次做课的题目是《加速度匀变速直线运动》，这次我是代表北京市参加"第二届全国青年物理教师课堂教学大赛"，获得了一等奖。这几节课都是顾先生先设计蓝本，然后和我讨论，我消化后试讲，顾先生再指导我不断优化。框架定了，顾先生开始狠抓细节，要求我的语言、动作要科学规范，逼着我把课堂涉及的每件事都要想得清楚明白。做课的经历使我深深体会到，设计一节优课必须具有扎实、深厚的知识功底，还要敢于创新突破，这样的课既使人"眼前一亮"，又"禁得起推敲"。通过做课，顾先生"对一节好课无休止地精益求精"的态度深深感染了我。

为了让我深入思考，顾先生还指导我撰写论文。她认为要写两类论文：一类是学科教学论文，另一类是教育教学论文。我对第二类论文有点儿怵，总想看书找理论套一套。顾先生却认为论文选题应来源于教学实践。那几年，我年年写论文，每次都是和顾先生讨论出论题和思路，我写第一稿，顾先生再指导我修改。后来，这些论文都发表了。写论文逼迫我把问题想清楚、说清楚。顾先生对我的文字提出了严格的要求。她告诉我，语言的锤炼意味着思想的深入、思维的提升。

几年间，我从一个不会讲课的大学生，成长为一个能在教学实践、反思与创新中获得成就感的教师，这些都是顾先生为我精心设计发展路径，一路陪伴、引导和帮扶的结果。我能遇到顾先生，在她的培养下迅速成长，对我而言，非常幸运。

其实在我高中毕业那年，顾先生就退休了。我后来回校教书，顾先生都是义务指导我，同事们认为我们的关系更像母女。正是这份超越师徒的教育亲情将我们紧紧地连在一起，至今我们还延续着像家人一样交往。

（本文作者系北京师范大学附属中学校长）

爱心与坚守： 好老师的模样

敬一丹

中央电视台《感动中国》节目已经播出 14 年了，这是一个在早春时节和好人的约会，是一个向真善美致敬的平台。好人、美德都是存在于芸芸众生之中的，媒体所做的就是去发现、去传播、去放大它们。每一年走进《感动中国》的人物都来自不同的群体，他们有的是真正的大家，有的是国家栋梁之才，还有很多是非常平凡的人。今天，我想跟大家聊两位走进《感动中国》的老师，在他们身上，我们可以看到爱心与坚守的力量。

一、 孤身支教，将爱心献给深山里的孩子

《感动中国》2004 年迎来了两位年轻的获奖者，一位是刘翔，另一位是刘翔的同龄人叫徐本禹。徐本禹获奖的时候还是一名大学毕业生，他在华中农业大学读完大三的那个暑假，到贵州山区的一所小学去支教，并且答应那里的孩子，一年后回来看他们。一年后毕业时，他虽然已经考取了本校的公费研究生，但是为了兑现和孩子们的承诺，继续到山区支教。

在闭塞的大山里，一个人在这样一所学校里坚持，那是一种什么样的感觉？我们且不说生活上的艰苦，首先是精神上能不能忍受那种孤独。徐本禹就是在那种贫困并且闭塞的环境里坚持了下来。后来，徐本禹的老师在了解到这一情况后，去学校拍了大量照片，配上文字发布在网络上。于是有越来越多的人通过网络了解了徐本禹，他也进入了我们《感动中国》的视野。

在颁奖现场，当徐本禹走到舞台上接受采访时，我看到他佩戴着校徽，这是我没有想到的。所以我打招呼的时候这样说：我该叫你小徐老师，还是叫你同学？我心里以为他是老师，其实他只是一个暂时把学业停下来的学生。徐本禹在谈到他支教的学校时泪流满面，他为他的学生们没法大开眼界感到委屈，为自己无力改变这些情况而痛苦；他谈到很孤独，谈到了他的坚持……因为他

特别真实地坐在我面前，当他的眼泪无声地往下流的时候，我真切地看到了一个男生，一个小伙子，为别人而流泪，为别人的痛而流泪。我觉得，这时候你对他基本上可以做一个判断了，这是一个好老师，这是一个愿意付出的志愿者。

告别的时候，我记下了徐本禹的电话。后来节目要播出前，我给他发了一个短信，说节目即将播出。他回短信说，我们这儿看不到中央电视台的节目。他们那里只有教育电视台，对学生进行电视教学的时候才开放。于是，这个感动了亿万中国人的年轻人，在这个节目播出的时候，还在那个大山的角落里给学生们上课，并没有看到他怎样赢得了人们的尊重和掌声。

我一直跟徐本禹保持着联系，关注着他，并且多多少少有点儿担心：20多岁的年轻人走上《感动中国》的舞台，这种尊重他能不能承受得了，毕竟这种喝彩也是一种考验。后来我特别高兴地看到，他在母校成立了一个叫作红杜鹃的志愿者团队。他回学校继续读研究生以后，他的师弟、师妹们以接力的形式，一个接一个地到贵州那所大山里的学校去支教，一直到现在。如今他们这个团队在大学生中已经很有名气了。现在徐本禹专门做青年工作，尤其是跟志愿者相关的工作。

二、　18年坚守，为了给"麻风村"孩子一个未来

《感动中国》一年只有10个人获奖，大批进入《感动中国》视野的候选人最终都没有获奖。有一次，四川大凉山麻风村的王文福老师进入了《感动中国》的候选人名单。那个村子是从20世纪50年代开始，由接治麻风病人的疗养院慢慢衍生出来的一个村子，村里的全部人口都和麻风病相关，所以那里派不进去老师，因为人们闻病色变。两个代课老师相继离开后，当地教育主管部门找到王老师，问他能不能继续给这些孩子当老师，他几经犹豫后答应了。

这是一所只有一个老师的小学。年复一年，王老师一个人在那里教了18年，但是却没有教出一个毕业生。因为所有麻风病人的后代都看不到未来，所以很多学生读了两三年就辍学了。18年来，没有成就，没有同伴，没有支持，我不知道王老师是怎么坚持下来的。如果他离开这个村子，这里就彻底没有了未来。这个村子是闭塞的，村里的人不能到外界去找工作，只要这个村里的孩子走出去，其他村的孩子就向他们吐口水、扔石头，他们受尽了白眼和歧视。

就在王老师几乎坚持不下去的时候，一位来自台湾的志愿者——张平宜女士在进行社会调查时偶然走进了这个叫大营盘的村子。那时候王老师已经非常

贫困，他的孩子也因为贫困而辍学了，所以他想出去找工作。张平宜跟王老师说，你别走，我去找支持，我们一起给这些孩子一个未来。就这样，王老师坚持了下来，张平宜也经常带着台湾的志愿者去那里。于是，这个村子开始发生了变化。

王老师想尽办法让这个闭塞村庄的孩子看到外面的世界。山下修了一条铁路，他就带着这些孩子从山腰上绕过那些向他们扔石头、吐口水的村庄，走到山下，看到底下的铁轨。我采访的时候，接受采访的一个人已经当了父亲，他在谈到当时王老师带他去看火车的情景时眼睛都发亮。孩子们都特别想知道外面的世界是什么样子，当火车鸣叫着开过的时候，他们都往后退。我问他，你当时想到了什么，火车像什么呢？他说像一头牛。他的视野只能让他想到一头牛。

在我们去采访的那一年，大营盘村在外界的推动下终于要有第一批小学毕业生了，这是18年来这所学校一个巨大的变化，这所学校已经成了这个村子的文明集散地。王老师成为《感动中国》的候选人，正是因为这18年的坚守，如果没有他的坚守，就没有后面外界的那些力量给他支持，就没有这些毕业生，他应该获得我们的致敬。

我在主持节目的时候，王老师就坐在观众席上，他特别由衷地为每一位获奖者鼓掌，特别专心地倾听每一位获奖者的故事。而我作为主持人，心里特别歉疚，在他身边的人谁都不知道他曾经做过什么，他特别不起眼，穿着一身旧衣服专心地听别人的故事，其实他自己就是一个有非凡故事的人。后来我怎样让自己平静呢？我在想，王老师不在意有没有喝彩，有没有奖励，尽管他没有拿到《感动中国》的奖杯，但是我相信他回去以后会一如既往地做好自己的事情。这样的人在我心里就是最好的老师。

三、 在真实的世界里，延续一种精神和力量

我想说，遇到《感动中国》是我的幸运，它让我看到了光，看到了热，看到了爱。这也使得我有了一种平衡的目光。如果我们能把媒体当成一个看世界的窗口，那么我们就要有这样的目光，在两极之间，在光明和阴影、冷和热、善与恶、美与丑之间，是我们平常的世界，把这些都加在一起才接近真实的生活，这样我们就会避免极端、简单和偏颇。

现在有了网络，同学们通过各种各样的渠道和这个世界保持着联系。在学生时代，如果你们能够慢慢地让自己拥有一种冷静思考的能力，尽可能地贴近

真实的生活，那么这将非常有利于心智的健康成长。徐本禹、王老师都是小人物，但是他们尽其所能地在改变周围的一切，哪怕只改变一点点，只改变一所学校，一个村子，或者只是几个学生。

有一天你们走出校园，可能会发现外面的世界并不是那么理想，会有阴影，有很多不如意，也有让我们叹气、愤慨的地方，然而正是这些好人，让我们对未来有信心，对人性、对社会、对环境有信心。他们是支撑我们精神的力量。同学们以后都会从事各种各样的职业，各种职业都有吸引我们的地方，也有对他人的价值，希望大家都能做有用的事、有用的人。

（本文作者系中央电视台著名主持人）

我的教育“乌托邦”

沈茂德

在三十多年的教育生涯中，我深谙：“教育是水磨功夫。”一时的激情只能算作冲动，只有持久的热情才能不断进步。年复一年，平凡而宁静，但正因为有内心的平和，才有了长久的坚守，才有了对教育的本质性追求；也正因为如此，方收获了众多优秀学生的成长与学校的优质发展。

二十多年的校长岗位实践，让我逐渐有了这样凝重的思考：“我们如此努力，为何常常感到痛苦？”由此，我常常深度思考“教育是什么？学校是什么？教师是什么？学生是什么？课程是什么？课堂是什么？学校究竟因谁而美丽……”经常有人说我是理想主义者，但我一定要说，倘若教育工作者没有了理想，怎么会有“有理想的学生”？

一、 不把校长当官做——我的职业观

校长如何定位自己的角色？每个人都有自己的理解。在我看来，校长本质上是学校内为师生成长提供各种服务的组织者，自身更应是各种管理性服务的示范者。校长职业绝不是一种官职，它应该是一种理想和实践并重的职业，是一种播撒阳光和帮助师生发展的服务职业。校长不仅是一种岗位，更是学校文化的一种标志，校长的言行，或许就是学校文化的一种基调。

校长应永怀“书生本色”。中国的校长是组织管理者，小至学校的一草一木，大至学校发展整体规划，都要亲自处理；他也是各类关系的协调者，协调校内外众多关系，寻找社会教育资源……但校长的本义应是“学校愿景的谋划者”“教育方向的掌舵者”……因而，无论蒙受多少功利性的社会重压，校长的心灵深处总应沸腾着炽烈的岩浆——眼睛看着远方的目标，脚下踩着今天的土地，在教育理想和现实之间寻找发展的着力点。

校长应是蓝图的孕育者。优秀的校长应是学校优质发展的规划与设计者。

面对众多充满渴望的孩子们，面对辛勤工作的园丁们，面对每天变化着的教育情境，校长的头脑中应该永远铭记与深刻思考的是"培养怎样的人"和"怎样培养人"这两个最基本的问题。为此校长一定要有宽广的教育视野，通过丰富的阅读和较多的教育行走，逐渐孕育学校发展的蓝图，在长期的工作实践中逐渐形成符合学校实际的个性化思想和办学梦想。

校长应是坚定的改革者。我们可以坦然地接受很多尚不能改观的现实，我们可以大度地容忍尚不能改变的一些人和事，但应该尽最大可能去做好可以做的事情。因而，在校长思维中闪现的应该是永无止境的"追求与改革"。他既是向前看的设计者，又必须是坚实的行动者；既应该是平和理性的思考者，也应该是充满激情的践行者；他不仅会说，还要会做，更要言行合一。

校长应是团队的点灯人。努力建设智慧的、坚韧的、和谐的团队，应该是校长最重要的工作。优秀的校长应具有强烈的团队感召力，成为学校"工作激情"的点燃者。校长的气质与任何时候的言行都应是点燃群众激情的火种——师生们看见校长，就有了信念；与校长交流，就有了信心；听校长的每一次讲话，就如同听到前进的冲锋号。

校长应是学术引领者。校长应该是某一学科（或某一领域）的实践专家，有对学科教学的深度认识与研究；他应该熟知学校生活、熟悉课堂教学、深度认识师生情况；他应该熟悉校园内每个教师的个性与优势，能与教师进行平等又专业的交流……要达成这种工作品质，就要求校长要时刻注意"读万卷书，行万里路，交天下友"，在长期坚持的基础上，不断提升自己的学术水平和设计与实现学校发展愿景的功力。

二、　教育像农业而非工业——我的教育观

陶行知先生说："培养教育人和种花木一样，首先要认识花木的特点，区别不同情况给以施肥、浇水和培养教育，这叫因材施教。"在长期的教育实践中，我对陶先生的论断有了越来越深刻的认识，进而将其作为自己的教育观。从教育对象的生命性、人的成长的复杂性这一角度来看，教育确实具有农业生产的特性——个性化、丰富性、复杂性。我们认同教育更像农业，就要承认下面这样一些观点。

如同每一颗种子都有自己独特的基因图谱，我们要承认每一个孩子的不同，承认每一个孩子都是有个性的特殊孩子。因此，我们决不能用工业生产流水线上的标准来设计学生的生长过程。我们应该允许每一个学生的学习经历都

具有他个人的特质，对每一个孩子给予适性的教育和个性化的帮助。

承认"内驱力"才是种子成长的真正力量。在"工场型"生产中，过多、过早、过于苛刻的压制性规范，让孩子们感受的是近乎窒息的"管理"，个体生命的能动性、丰富性、潜在性被禁锢在"服从与规范"的枷锁之中。我们决不能用这种方式来管理学生的学习，我们必须认识到，只有来自孩子内心深处的渴望，才能真正触动他去探索与学习，才能让他有持续探索的热情。唤醒，应该是教育工作者必须培育的一种基本能力。

认可"教育就是要营造一种良好的氛围"。植物的生长需要阳光、土壤、空气、水分……在它们之中，很难说谁比谁更重要。同样如此，在教育的过程中，没有一种单独的力量和因素可影响孩子的成长。良好的教育应该追求教育的整体合力。家长、学校、社会构成了每一个孩子成长的"生态环境"，其中家庭文化是孩子们成长的基础环境。

认可教育过程更应像农夫的耕作过程，其劳作的程度和工作精细的水平决定着收获的产量和质量。当我们产量不高、质量不精的时候，我们没有理由去责怪农作物；当我们的孩子出现一些问题时，我们也不能总是抱怨，不能把责任全部推卸给孩子。更多的时候，我们应该考虑：我们有没有提供适合他们成长的环境？我们是否真正关注其生长的全程？

认可"适时""适事""适度"是真正的教育智慧。教育过程的实施和学生发展的实现必须以个体差异性为基础。教育要做的，就是要给每一棵幼苗以合适的生长方式(适性教育)，要帮助每一朵花在该开放的时节绽放鲜艳(适时教育)。教育不仅需要决心，更需要耐心。我们应该时刻提醒自己：我们是否有教师温柔的眼神？我们有没有提供适合他们成长的环境？我们是否掌握了教育的"节气"？

三、 每一个孩子都是一座金矿——我的学生观

在教育实践中，如何看待成长中的孩子，如何看待个性各异的孩子，如何看待成绩不够理想的孩子，是每一个教育工作者首先要面对的问题。

"每一个孩子都是一座金矿"，这是一种基于责任的教育信念，是一种基于对孩子们的深爱滋生的教育期盼。"金矿理念"的核心是"让热腾腾的情感伴随孩子们成长"，这种"热腾腾"的含义就是"全纳""大爱""扬长"。

首先，我们要坚信"每一个孩子都具有极大的潜能"。孩子就是孩子，他需要师长一而再、再而三的鼓励。这种鼓励绝非那种流于形式的"你真行""你真棒"之类的低级鼓励，它应该表现在我们对孩子无限信任与期盼的目光中，表

现在对孩子强势智慧的辨识与肯定中，表现在对孩子每一点进步的鼓励与帮助中；表现在孩子遇到挫折或成绩不够理想时，我们所表现出的大度、宽容、理解；表现在孩子们渴望帮助时，我们能成为孩子们最真诚的"倾听者"、最贴心的心理按摩师，我们热腾腾的话语，会让孩子们在方向模糊时，总能看见前行的"神灯"……

其次，我们要坚信每一个孩子又是如此的不同。对孩子"个性"的承认应该是教育最重要的原则。我们应该"敏感"于并尊重孩子的个性，竭尽全力为他们的个性发展提供各种帮助。我们千万不要在盲目"攀比"学习成绩和名次的所谓成功中抹杀了孩子们的个性，更不要制定更多的规范、规定去训练幼稚的儿童，把孩子训练成只有共性、没有个性、更没有自己的"标准人"。"扬长"还是"补短"，是决定一个孩子发展高度的关键因素。

最后，我们要坚信每一个孩子都需要帮助。传统德育始终把学生视为管理意义上的"对象"而非成长的主体，渐渐形成了一种"硬塑"的教育模式，其弊端是显而易见的。我们要清楚，教育面对的是一个个独立的、鲜活的生命体，每一个孩子都是成长中的孩子，我们要允许其种种不是，宽容其成长中自然流露的幼稚、偏差，但又要以教育者的责任指出其问题的存在，给予其各种帮助、校正、指导，让其有自我体验、自我痊愈的时间与空间。

四、 教师是影响学生的一本书——我的教师观

清华大学老校长梅贻琦曾这样说过：大学之大，乃大师之大，非大楼之大之谓也。中小学也应如此。教师是影响学生的一本书。校长要让教师成为一本丰厚的书、有吸引力的书、高尚的书，为此而投入多少的时间、精力、物质都不为过。

教育中的教师是伟人。在校长的心中，绝对不能视教师为被管理者，而应视其为学校的第一生产力，是学校文化的直接传承者和真正缔造者。我们必须承认，生活中的教师仍然是凡人，他们会有那么多的生活琐事，会因各种具体困难而烦恼，因而校长必须尽力给"凡人"各种关心与帮助。同时我们也必须意识到，教育中的教师是学生眼中的伟人，因而也必须为教师的职业尊严和专业发展提供保障。

教师也要同时"成才"。我们明晰了学校"双向成才"的发展战略，即一方面要把学生培养成才，另一方面还要为教职工的发展成才创造尽可能多的机会和条件。例如：我校教师外出进修，学校不仅在课务上照顾，经济上补贴，还对

进修优秀者予以奖励。学校不断邀请高校专家、兄弟学校名师来校作专题学术讲座，派教学骨干参加国内高层次学术交流和到国外考察访问，组织教研组到知名重点中学交流学习……

好教师应该似圣母，对待成长中的孩子有三种姿态：孩子小的时候抱着，大一点时依偎着，更大一点时注视着。在我看来，优秀的教师都有共同的特征：内心具有对孩子们真正的爱，这种爱没有任何条件，不带任何功利色彩。因为这种信仰，在我们的内心会始终回响一种提醒：在我们的手中，是许许多多正在成长的生命，而每一个生命都是如此不同，如此重要，每一个生命都对未来充满憧憬和梦想，都渴望得到我们的深爱，都需要我们的帮助、引导和培育，才能成为最好的自己、幸福的公民和杰出的社会栋梁……

五、 管理的本质是建设学校文化——我的管理观

一名校长，要成为师生心目中的文化校长而非行政校长，绝对是一个艰苦而恒久的过程。一方面，校长要读懂自己的学校和学校的传统文化，成为学校传统文化的继承者；另一方面，校长也要读懂校长岗位的职业意义，要能在世俗的浮躁中守住宁静的心田，通过长久的历练成为学校新文化的建设者。

我们必须认识到，管理的目的不是为了建立便于"控制"的规范，更不是为了"造势"或"展示"，其真正价值应该是激发师生活力，促进师生自我发展。优质管理应该使一所学校充满活力，使每一位师生充满生命的激情，为了心中信仰和共同愿景而自觉工作、自主提升。由此，"促进每一位学生、每一位教职工核心素质的发展"，就逐渐成为我对学校管理的本原追求。

学校管理的基本形式就是"服务"。校长在管理中的最基本的"服务"，一是科学规划学校的引导性愿景，并力图使愿景成为全体师生共同的梦；二是不断丰富学校教育与管理的理念，并努力使之成为师生认可的共同教育哲学；三是激情建设"追求卓越"的校园氛围，营造催人奋进的学校"小气候"。

学校管理的更高层次是文化管理。当一所学校发展到一定阶段后，"超越规范"就成了管理的一种内在诉求。"超越规范"不是不要规范，而是建立在较稳定的规范基础上的一种更高层次的文化管理。在天一教师生活中，我们已经看见了"敬业奉献、崇尚科学、追求卓越"的"天一精神"的代代相传；在学生生活中，我们已看到了"诚实做人，诚信做事"的校训品质，如天一毕业生组织的向残疾人学校捐赠爱心的慈善晚会已成为代代相传的文化活动……

"专注"应成为学校管理的标签。今天的学校并非没有学校文化，而是缺少

一些系统的、有深度的校本性文化；并不是校长不想建设文化，而是在工作思考和实践中往往缺少一种"古典"的心态，缺少脚踏实地进行校本性优秀文化建设的持久行为，缺少建设优秀学校文化的韧性；在现实的基础教育领域，我们并不是缺少现代化的教育理念，但确实缺乏对现代教育理念的深刻理解和一以贯之的实践行为。目前，"专注"已成为天一某些专项工作的显性特色，如我校的超常教育实验已坚持 36 年，形成了广泛的国内外影响。

我们看到了许多美好的东西，也面临着种种困惑与问题，我们唯有学习与研究，探索与改进，才能不断夯实我们的根基。只有当思考成为校长的基本职业习惯，研究成为基本的工作方式时，校长的职业生命才会更加丰富与深刻。

（本文作者系江苏省天一中学校长）

我当校长这几年

窦桂梅

2010 年 11 月，我正式出任清华大学附属小学（以下简称"清华附小"）第 16 任校长。刚接手时，我一连好几个夜晚辗转反侧、难以入眠。当时，《国家中长期教育改革和发展规划纲要(2010－2020 年)》刚刚出台，一系列改革和发展的艰巨任务摆在我们面前；同时学校也面临着如何从优秀走向卓越的严峻挑战。在此背景下，作为校长队伍中的一名"新兵"，我如何不辱使命，带领团队"回头看、向前行"？这几年，我想了很多，也做了很多，其中有这样几件"最重要的事"。

一、 找到清华附小的坐标

清华附小是一所有着百年文化积淀的老校、名校。百年来，它始终与国家和民族的命运紧紧相连。如何在守正中传承，在传承中创新？清华附小"现在在哪里"，又"将去向何方"？循着这样的追问，我将清华附小"育什么人""怎样育人"两个问题当作自己的课题，开始进行既动脑又动腿的研究。

我到北京市十一学校跟踪学习一个多月；带领教师们寻访了北京六所著名的幼儿园，了解幼儿的学习与生活；带着老师们到北京市十一学校和清华附中听课、参观，并请李希贵、王殿军等著名校长和专家来校讲座。小学与中学的衔接十分重要，由于我校的学生大多升入清华附中，因此我又专门邀请清华附中的一些领导，以集体或一对一的方式进行会谈。经过一系列的走访我发现，儿童的成长被我们的教育人为地割裂了：幼儿园大班的孩子毕业一个月后即进入小学，面对陌生的知识体系，仿佛要翻越喜马拉雅山。同样，小学与中学之间也有一道明显的分水岭……

带着这些问题，我一方面带领教师全面实施"抗震加固"后的校园文化改造，另一方面反复研究国内外有关教育改革的纲领性文件，还就有关问题与一些著名的中小学校长、教师进行讨论。在此过程中，我深深地感到，我们在为学校寻找新的发展坐标时，不仅要"以中国的眼光看世界"，而且要学会"以世界的眼光看中国"。我们要使学校的发展与世界教育改革的趋势相吻合，与国家主流价值观的内核相契合，与历经岁月砥砺的附小精神相融合。

就这样，纵览历史，横观当下，我对学校应培养怎样的人、怎样做好幼小衔接和中小衔接等问题，逐渐形成了一些明晰的思路。以此为基础，在李希贵校长的指点下，我开始着手制定《清华附小办学行动纲领》（以下简称《纲领》）。经过三个多月的"折腾"，初稿终于完成。我又把初稿交给中层补充修改后，再发给全体教师深入讨论、补充完善。后来，我们又就相关内容征求全校家长和学生的意见。经反复修改，一年后，这一纲领性文件提交教代会讨论通过。经逐年修订，《纲领》已从最初的 100 条简化为现在的 30 条。几年来，我们就是用这样的"文化密码"，初步实现了全校教职工以及重要利益相关者的价值认同。

例如，《纲领》勾画了学校的发展愿景："我们努力，让学校的每一个角落都充满教育的智慧与欢快的笑声；我们努力，让学生的每一个时刻都能享受学习的收获与成长的快乐；我们努力，让教师的每一天工作都能体会职场的幸福与专业的尊严"。我们初步从自我发展（身心健康·成志于学，自强不息·学会改变）、文化修养（工具运用·实践创造，思维品质·审美情趣）和社会参与（公共道德·责任担当，家国情怀·国际视野）三个维度，提出了清华附小学生的六大核心素养，并概括出其通俗易懂的外显成长样态："健康、阳光、乐学"……

二、　牢牢牵住课程改革这个牛鼻子

"育什么人"的问题确定后，解决"育人载体"的问题，即如何基于清华附小学生核心素养的要求建构学校的课程体系，就成为我思考的核心问题。为实现学校的育人目标，在确保学生达到国家课程标准要求的前提下，我们尝试打破学科教学壁垒，精简、整合国家课程，补充、完善校本课程，初步形成了基于国家课程且高于国家标准的清华附小的"1＋X 课程"体系。

"1"，即优化整合后的国家基础性课程。"1"是重要底线，是实现"健康、阳光、乐学"的根本途径，它的重要功能之一是用整合的方式实现减负增效。"X"，即促进学生个性化发展的特色课程，包括清华文化课程及促进学生个性化发展的必修或自选课程。"＋"，不是做简单的加法，而是促进"1"与"X"相辅相成，两者呈黄金分割之态："1"占70%左右，"X"占30%左右；两者之间留有裕度，当"1"优化到一定程度时，"X"即趋近为"0"，那时，"1+X"即成为一个完整的、大写的"一"，进而实现由"校本课程"到"本校课程"的转变。

围绕学生核心素养（含外显样态）的要求，我们构建了清华附小"十个一"的课程目标。其中前五个是基础目标，包括：一流好品格，一身好体魄，一生好习惯，一个好兴趣，一种好思维；后五个是特色目标，包括：一手好汉字，一副好口才，一篇好文章，一项好才艺，一门好外语……同时允许师生制定自己的个性化目标。

此外，在课程建设中，我们着重在"优化整合"上做文章，包括学科间整合、学科内整合和超学科整合。

学科间整合。围绕学校的主要课程，根据每个学科的自身属性及相同的价值培养功能，我们把九门国家课程整合为"体育与健康、品格与社会、语言与阅读、数学与科技、艺术与审美"五大板块，每个板块都包含基础性课程和拓展性课程。这不是简单的归类，其背后是课程理念与课程终极目标的转变。事实上，这五大领域的归类也只是一种整合形式，我们还可以根据学生的成长需要进行跨领域的整合，如语言类与艺术审美类的整合等。

学科内整合。为提高语文、数学等基础性课程的教学质量，我带领各学科团队，依据国家课程标准，结合对不同版本教材的研究，研制出各学科每学年一册的《质量目标指南》。如在语文学科，我们将"一手好汉字""一副好口才""一篇好文章"三个课程目标逐项细化、量化到12个学期的语文教学中。这样，教师在每天的课堂上带领学生学什么、怎么学、学到什么程度，都有了依凭。在此基础上，我们又将课程目标和内容"教育学化"，研发了供学生课内外使用的《乐学手册》，以此取代各种五花八门的教辅资料和练习册，由于它具有内容整合、方法优化等特点，大大减轻了学生的课业负担，受到学生和家长的欢迎。

超学科整合。在实践中，我们找到了一些超学科整合的路径，如戏剧课程。每学期，每个班级都选择一个主题编排校园剧，从选题、剧本创作，到道具制作、舞台设计等，都由学生完成，语文、音乐、体育等各学科教师共同为学生提供相关指导。再如"DI头脑风暴""轻松发明"等拓展性的综合创新实践课程。以"轻松发明"为例，教师引导学生观察生活、发现问题，然后通过师生总结、主体附加、组合发明等多种方法，打破思维定式，培养学生的创新精神和创新能力。超学科的整合不仅体现在课程内容和教学方式上，也体现在考核评价中。如我校一年级学生就是通过"玩游戏"参加各科考试的。老师们设计了集各门主科的学习内容于一体的"拼音对对碰""字形小魔术"等九个游戏，让学生在愉悦中展示自己一学期的学习成果。家长看到这样别开生面的考试，无不交口称赞。

三、 让儿童站在学校的正中央

"让儿童站在学校的正中央"是我们的一个核心理念。除了依此理念构建"1＋X课程"外，如何让它在每一个日子里、在学校的每一寸土地上落地生根发芽，让儿童感到学校是为他们开设的、是促进他们生命成长的地方？这是我时刻都在追问自己的问题。

让儿童站在课堂的正中央。我校以学生的学作为改造课堂的出发点与落脚点，创建了"预学—共学—延学"的基本教学流程，使学生真正成为课堂的主人。课前，教师参照《质量目标指南》设计预学单，学生带着预学收获和问题走进课堂；课上，教师根据学生的自学收获和质疑问难情况组织学生合作学习，深入思考、思辨，交流、分享；课后，学生拓展学习，带着更高的渴求，在教师的指点下追求新知。在整个教学过程中，教师始终注意激发学生的学习积极性，让他们通过自主、合作、探究学习，动口、动手、动脑，培养他们的创新精神和创新能力。

让儿童站在主题活动的正中央。我主张在组织主题活动时，改变教师包办代替、学生只当配角的传统，让学生站在活动的正中央，成为活动的主角。例如：清华附小每年都要隆重举办以"尊重感恩"为主题的毕业典礼。学校组建了毕业典礼学生筹委会，孩子们主动参加招募，放弃休息时间，在老师的指导下精心筹备典礼。从主持词的撰写到会场布置，从节目安排到人员调配，从会前准备到彩排后诸多细节问题的反馈，孩子们全心投入。毕业典礼圆满结束，看着学生们因收获成长而写满喜悦的笑脸，我真真切切地感到：孩子们又长大了！

为给学生搭建个性化成长的平台，学校经常举办属于孩子们自己的书画展、运动会、音乐会等，同时常年举办"水木秀场"活动。"水木秀场"不拘形式，集体、个人不限，展示内容不限。从舞蹈、声乐、器乐、戏剧，到棋类、朗诵、曲艺，等等，孩子们想展示什么就展示什么，想怎样展示就怎样展示。现在，"水木秀场"成了孩子们最喜欢的活动课程之一，"达尔文李""许中医""张魔术师"等各种"小达人"不断涌现。

让"特别"的学生也能站在教育教学的正中央。我经常对年轻教师说，当教育教学效果不能令人满意时，我们首先要检视自己，而不是埋怨学生，特别是不要埋怨和嫌弃那些学习有困难、相貌不漂亮、甚至在某些方面比较"特殊"的学生。我校有个学生叫小维，非常喜欢画画，但数学学得非常痛苦，她反复问老师："您说，我是不是永远都学不好数学？"有一次，她在创作绘画作品时突发奇想：我能不能用绘画来表现数学？老师了解到她的想法后非常高兴，就引导她用数学语言和数学关系来表现绘画作品中人物间的对话和场景。就这样，在老师的鼓励下，小维坚持每天"画数学"，后来不仅出版了数学漫画图集《小毁成长记》，还考入了清华附中。

在清华附小，对何为"优秀"学生，没有统一的标准。在我们看来，一个孩子只要能"做最好的自己"，就是一个优秀的学生。

四、 以整合思维撬动学校组织变革

主持学校工作后，我感到学校的管理部门过多，层级过多，信息失真时有发生，工作落实慢，且过于行政化，似乎管理的任务就是督促、检查、评价。面对这些问题，我们尝试用课程整合的思路，"倒逼"管理思维方式的改变，撬动学校组织变革。

首先，我们把原来的八个处室整合为三个研究中心，即"1＋X课程"研究中心、教育教学研究中心、服务研究中心。部门少了，彼此之间的协调也容易多了。而且这三个部门都叫"研究中心"，而不叫处室，旨在减少行政色彩，强调"研究"的重要性；研究中心的负责人要深入一线，收集、研究信息，科学决策，实行价值引领、文化引领和专业引领。

为进一步减少层级，使管理重心下移，我们又把六个年级整合为低、中、高三个学段。每个学段就像一间小学校，设段长、常务副段长，段长由中心负责人兼任。学校赋予段长一定的权限，全权负责本学段的教育教学及科研工作，确保质量；学段聘任哪些教职工，段长说了算；本学段教师的考核、教职工级别和薪酬，段长有相当大的话语权；此外，段长还可以决定本学段预算内经费的使用，即拥有一定的财权。因为段长参加校务会议，参与学校工作的研究和决策，掌握学校各项工作的意图、标准、方法，所以工作落实快捷，信息很少失真。这样，学校即实现了组织管理的扁平化，提高了工作效率。

此外，近两年来，我校还通过实行"影子校长"制度培养梯队，学校每月都有一位中层干部和一位一线最年轻的教师担任"影子校长"。在这一个月中，他们行使相当于校长或副校长的管理职责，主持校务会议和学校日常工作。这一

举措，实实在在地使中层干部和骨干教师得到了历练，特别是增强了全局意识，提升了管理能力。

如现任三年级语文教师兼班主任李春虹 2013 年被选中担任"影子校长"。那时，她刚从美国交流回京，恰逢几个大型会议及一个国际性论坛要在我校召开。她白天带班、上课，还要抽空到全校各年段和班级巡视；下了班，除了要批改作业，还要参与会场安排、灯光调试、资料分类等烦琐的会议筹备工作。她深有感触地说："从旁观者到组织者，站位不同，视角就会不同；做'影子校长'，让我学会了换位思考，也更深刻地理解了学校的办学理念。"

五、 让公益精神薪火相传

清华大学因其地位特殊，而对社会进步、民族振兴承担有更多的责任。如清华大学第二任校长周诒春 1913 年上任后，即创办了贫民子弟学校——成府小学，并在这所学校开设了语文、算术、地理、历史、音乐、体育，以及木工课（以为学生将来作谋生之用）。他特别强调，清华学生一定要有社会服务意识与"家国情怀"。选择了清华，就选择了担当。作为校长，我始终有一种自觉的意识：清华附小除了要做好自己的事情外，还必须承继清华的光荣传统，让公益精神薪火相传。

2011 年，我们将"社会公益事业"正式写入《清华附小办学行动纲领》，学校自此开始开展贫困地区小学校长、教师驻校培训工作。每年，学校都会邀请一批来自贫困地区的校长、老师，到学校进行为期两个月的培训；同时，学校先后委派 40 多名教师，到内蒙古、新疆、西藏等 20 余个省（市、自治区）支教；每年还会接待全国各地的五六千名教育同仁来校参观学习。

2014 年 12 月，"清华附小伟新教育扶贫在线学习共同体"在京启动。这意味着，每一周，清华附小都会有五节精品课程，借助清华大学庞大的远程教育扶贫网络，通过卫星，以真实课堂传播的形式，传送到全国 3600 多个远程教学站（覆盖全国 88％的国家级贫困县），从而大面积地向贫困地区输送优质教育资源。

百年励精图治。清华附小将以更宽广的胸怀、更开阔的视野走向更加美好的未来，不断诠释与丰富百年附小的中国意义。这是我作为清华附小校长的神圣使命！

（本文作者系清华大学附属小学校长）

留下一座堆满故事的校园

李镇西

最近有记者问我："您担任成都市武侯实验中学（以下简称'武侯实验中学'）校长九年，给学校留下了什么？"

我不假思索地脱口而出："我留下了一座堆满故事的校园。"

她似乎并不满足于这个答案，追问道："还有呢？比如，教育创新方面，或者文化建设方面？"

我被问住了。

是呀，我还留下了什么呢？是"特色"吗？是"品牌"吗？是"首创"的什么"教学模式"吗？是"全国率先提出"的什么"教育理念"吗？都不是，都没有。

想了一会儿，我的回答依然是："我留下了一座堆满故事的校园！"

一、 故事一： 请学生题写校名

2011 年 9 月，以原成都市武侯区新苗小学为基础的武侯实验中学附属小学在新校园成立了。由谁来题写校名呢？有老师说："自然应该由李校长写啦！"我说："我不是最合适的校名题写者。"也有老师说："请文化名人写吧！"我说："这当然可以，比如，我可以就近请流沙河先生为我们题写校名。但文化名人依然不是最合适的人选。"老师们茫然地看着我。

我说："让孩子们写！因为这校园首先是属于他们的！"

于是，全校的孩子们开始一遍遍书写"成都市武侯实验中学附属小学"这 13 个字。最后，五年级许晴航同学的字入选。几天后，她题写的校名被镌刻在学校大门之上。

后来，为了方便师生进出，武侯实验中学在校园后围墙处开了一个大门。我同样请全校学生书写校名。这次，初 2015 届程文迪题写的校名被选中了。

我先后请许晴航和程文迪在各自题写的校名下合影留念。我分别对她们说："孩子，等你 80 岁的时候，别忘了牵着小孙子到这里来看看，告诉他，这是奶奶当年在这里读书时题写的校名！"

就这样，虽然我们没花一分钱润笔费，但校名的题写却做得很有意义。

我曾对老师们说："什么叫'以人为本'？这里的'人'，不是校长，不是名人，更不是领导，而是普通的孩子。让每一个普通的孩子载入史册，这就是'以人为本'！"

二、　故事二：　我给老师拍特写

所有走进武侯实验中学的人都会发现——在校园里，没有"李校长"的图片和介绍，没有校长陪领导视察的照片，也没有领导的题词……有的只是展示普通孩子和普通老师校园生活的图片或文字。

在教学楼的每一层，都有许多教师和孩子的生动照片。尤其是第二、第三和第四层教师办公室外面的墙上，全是教师们的特写镜头。

当校长后，我常去听课，每每被老师们在讲台上飞扬的激情所感染。我想，老师们在讲台上站了几年、十几年、几十年，甚至一辈子，他们在课堂上潇洒的身影印在了一届又一届学生的记忆中，但老师们却可能从未见过自己上课时的神态。于是，我决定，把老师们教学中美的瞬间通过我的摄影变成永恒。

人在放松的状态下是最真实自然的。因此，我拍照前从来不会跟老师们打招呼。我往往是在老师上课时，通过打开的窗口或虚掩的后门，把长焦镜头对着讲台，捕捉他（她）最传神的一瞬，然后按下无声的快门。下课后，我再将照片拿给被拍摄的老师看。记得有一次我给年轻的英语老师李婷婷看她的教学照时，她惊叹道："我原来这么美啊！"

经过老师们的同意，我把这些照片洗印、放大，展示在教学楼的墙上。于是，张瑞莉美丽的眼神、黄静贴心的俯首、廖安庆和蔼的笑容、廖秋苹优雅的手势……便成了我们校园最美的景观。

三、　故事三：　让教师真阅读

我刚当校长时，也曾按学校过去的规定，要求教师读我推荐的书，然后写读后感发到校园网上，每月一篇，还奖励几十元。绝大多数教师都能按时完成。

但我很快发现，有个别教师的读后感是从网上下载的。对此做法，我当然很反感，但静下心来反思，我觉得自己也有责任，因为我的管理在客观上是逼着教师们阅读，也是在逼个别人作假。就我本人的阅读体验而言，读到好书，自然想写点东西；但更多的时候，是一边读一边在书上勾画、批注。如此读读写写勾勾画画，不正是阅读的常态吗？为什么不把个人阅读的这种常态变成学校阅读的常态呢？

于是，我改变策略，取消了原来的规定，不再硬性要求教师们写读后感，而是不定期检查他们读过的书，看看上面的批注、勾画，只要有阅读的痕迹就可以了；甚至没有批注、勾画也不要紧，因为我们会时不时组织读书沙龙，让教师们互相推荐自己所读的书，或围绕同一本书谈各自的体会。慢慢地，教师们习惯于阅读，而且是真阅读了。

为了更好地引导教师们读书，我还变"赠书"为"借书"。过去，我喜欢给教师们"赠书"，有时甚至是自掏腰包给教师们买书。但后来我发现，有的教师拿到书后并不读，至少不急于读。于是，我将"赠书"改为"借书"。教师到我办公室谈心结束时，我请他们在我的书橱里选一本自己喜欢的书，写张借条，然后我提出阅读期限和要求："一周之内读完，在书上批注、勾画，在最后一页的空白处写上你的名字和阅读时间。""这样，你便能紧迫而认真地读完。以后，这本书将有不同笔迹的批注，还有阅读者的姓名和阅读时间。我退休时，会把这些书赠给学校图书室，将其作为学校的藏书。设想一下，一百年以后，这些书还在图书室珍藏着，那时的师生捧读这些留着先辈笔迹的书，将会有怎样的感慨？我们留给后人的，不仅仅是图书，更是一种精神，一种文化！"

让我感到欣慰的是，我的书橱里已经有不少这样的书了。

四、 故事四："镇西随笔"——我为老师写故事

2010 年年底，《中国教师报》的编辑希望我在该报开辟一个专栏。对我来说，每周都写一篇专稿，是不小的负担。就算挤出时间写，也找不出那么多好选题啊。

后来我突发灵感：可以写我校的老师啊！有人问我："难道你们学校的老师个个都那么优秀吗？"我的回答是："当然不是。但我的专栏文章不是写全国劳模的长篇通讯，而是 1500 字左右的随笔。我就写普通老师平凡生活的点点滴滴，不是很有意思吗？"

我对老师们说，我写你们，就两个原则：第一，"抓住一点，不及其余"，即只写优点，不涉及其他；第二，"蜻蜓点水，浮光掠影"，即只写你教育生活

中充满亮色的一个片段，一个细节，一个情景，甚至一个瞬间。

其实，每一篇文章都不是我一个人闭门造车，而是"集体创作"的成果。写每位教师之前，我都要走访其办公室的同伴，或者请这些教师帮我收集某某老师的故事。这个过程，就不只是我"收集素材"的过程，而且是引导教师互相发现、欣赏的过程。此外，我还要请这位老师的学生到我办公室座谈，或者我走进教室采访，这同样也是引导学生理解教师、尊敬教师的过程。

于是，从 2011 年 1 月起，每周的"镇西随笔"专栏中，都会有我写的我校教师的故事：《李晓慧：把美带进教室》《潘玉婷：享受学生》《张瑞莉：源于书香的美丽》……

那年的教师节，全校教师都收到我赠送的一份礼物，就是我把自己写过的老师们的故事汇集成册、正式出版的著作《每个老师都是故事》。第二、第三年的教师节，我送给老师们的礼物依然是一本书——《每个老师都是故事（二）》……

一位年轻、纯真的语文老师读了我写的她的成长故事后，给我发了一条短信："李校长，可能您都忘了，您说过，我就像您女儿一样。没想到几年过去了，您还记得这么多细节，就像爸爸看着女儿的进步一样。我觉得做您的'女儿'太幸福了！您放心，我绝不会给您丢脸！"

五、 故事五： 校庆亭——为 90 年后的师生留下"文物"

2014 年 9 月开学时，校园里多了一个充满传统风格和古典韵味的亭子——"校庆亭"。

2013 年，我校建校十周年。至少在此前两年，我就在琢磨"十年大庆"怎么搞，并已口头邀请到几位文艺界的大牌明星届时参加我们的校庆活动。但真的临近校庆时，我却不打算请任何明星，甚至也不想请任何专家和领导了。我反复问自己：我们为什么要搞校庆？校庆是为谁搞的？显然，答案是"为了孩子们"。既然如此，我们就该搞一个朴素的校庆。朴素到什么程度？第一，不请任何媒体，更别说明星了。第二，不请任何领导莅临、题词或发贺信。第三，不搞任何庆典活动。但是，我们围绕十年校庆搞了一系列朴素而有意义的活动，如征文、绘画、演讲、校友回校座谈，等等。这些活动持续了一整年。

我们将校庆的最后一个活动放在 2013 年 12 月 31 日，活动的名称是："'岁月的记忆'——十年校庆纪念物品埋藏仪式"。我建议师生把最能体现自己学习、工作、生活的一些物品，如用过的作业本、备课本、教材、钢笔、文具盒，还有照片，以及记录我们老师故事的著作和反映学校生活的视频等，都收集起来，装进抽成真空的罐子里，然后埋在学校地下，待 90 年后的百年校庆时，再让这些物品重见天日。我的想法其实很朴素：为百年校庆时的师生们，留下今天原汁原味的"教育现场"。

那天，我们举行了一个庄严的仪式。我们在校园的绿地中央挖了一个深坑。埋"文物"前，我做了简短的讲话："今天，现在，的确是一个历史性的时刻，我们埋下这些物件，即埋下了今天学校的发展，埋下了给未来的记忆。无论岁月如何向前推进，我们的校训必将穿越时空。同学们，我们把校训再朗读一遍！""让人们因我的存在而感到幸福！"嘹亮的声音响彻天空。

然后，我和师生们把装有物品的三个透明罐子放进挖好的坑里。在这些物品中有两封信，一封是孩子们写给未来的信，还有一封是我写给百年校庆的信。物品埋下了，可我们担心 90 年后的师生们不知道具体从什么位置挖掘这些"文物"。于是，我们在埋藏点上面修了一个亭子。这就是"校庆亭"的来历。

六、 故事六： 这里不欢迎"官称"

每次面对全校师生讲话，我的开头总是："亲爱的同学们，老师们……"如果有领导和来宾在场，我们的开头依然是："亲爱的同学们，敬爱的老师们，各位领导，各位嘉宾，大家好！"也许在官本位盛行的背景下，这样的称呼有些"另类"，但我和学校的师生都已经习以为常了。

校园里有许多称呼，怎么称呼看起来是小事，但不同的称呼折射出不同的观念。这里面"学问"大着呢！最早意识到这个问题的是校长助理唐剑鸿。他对我说，有的学生叫他"唐校助"，他感觉很别扭。我由此联想，如果学生碰见校长或主任也都叫"某校长""某主任"，其实也是不妥的，因为这里面依然隐含着官本位的意识。

于是，在一次升旗仪式的讲话中，我对全校师生说：

我们为什么不称呼"老师"而要叫职务呢？背后的原因，还是中国人根深蒂固的官本位思想。中国现在是共和国，每个国民都应该是公民。公民，就要有民主情怀和平等思想。这可以体现在大的方面，也可以体现在生活细节中，比如称呼。我们每一位教师、每一位同学，都理应成为现代公民，理应唾弃任何具有封建色彩的官本位思想。在校园，学生之间只应该有一种正式称呼，叫"同学"——一起学习；所有教育者——无论是班主任还是任课教师，或者是主任、校长，在同学口中也只应该有一种称呼，叫"老师"。"同学"和"老师"是校园中最美的称呼，大家既相互平等又彼此尊重。

从那以后，学生见到校长或主任，一律叫"老师"。我校教师和干部之间，也都习惯了互称"老师"，在我看来，这是一种真正的尊重。

当然，有的场合亮出行政职务是必要的，如在一些正式的会议上，需要校长代表学校讲话，如果主持人宣布"请某老师发言"显然不妥。我觉得主持人可以这样说："下面，请我校校长某某某老师讲话。"同样，在新学期开学典礼上向新生介绍学校领导班子成员时，也可以这样介绍："这位是我校校长某某某老师，这位是我校德育处主任某某某老师……"这不挺好吗？当然，也有少数教师后来一直习惯叫我"校长"，那也不要紧，我们只是一种提倡，但这个提倡是必要的——公民意识，从细节体现；平等观念，从称呼开始。

七、 故事七："向老师们看齐"

2006年9月，我来武侯实验中学做校长，第一次参加升旗仪式时，看到孩子们队列整齐，表情庄严，可教师们却东站一个西站一个，有的还在学生队列后面聊天。我没有当场批评他们，而是拍了几张照片——有精神抖擞的孩子，有随意散漫的教师。

第二天下午有例行的教工大会。我将前一天拍的照片打到投影仪上。第一张照片就把教师们震住了——穿着校服的孩子们，齐如刀削，昂首挺胸，望着冉冉升起的国旗。第二张照片刚一打出来，教师们便哄然大笑——教师们三三两两随意站着聊天，与第一张照片形成强烈反差。第三张照片更具有意味——前面的学生们巍然屹立，宛如雕塑，后面的教师们说说笑笑，仿佛在农贸市场老友重逢。一张张照片次第呈现，慢慢地，教师们不笑了。

我说："老师们想想，我们给学生进行过多少爱国主义教育，讲过多少升旗仪式的意义啊！我们要求学生举行升旗仪式时，要站端正，不说话，庄严肃穆，等等。可我们自己为什么做不到呢？什么叫教育的良知？要求学生做到的，教师也要做到，而且要做得更好。如果说一套做一套，就毫无良知可言！"

会场格外安静。也许教师们都在思考我的话。

我决定"独裁"一次，于是宣布："从下周升旗仪式开始，除了班主任站在所在班级队列旁边之外，其他所有教师组成一个方队，站在全校学生的最中间，让我们成为学生的示范！"

从那以后，每次升旗仪式前，教师们都自觉面对升旗台，站在操场最中间，两旁是全校学生。每次体育老师整队时，首先对教师们发出口令："全体老师注意了，稍息，立正，向前看齐！"教师们都认真地听从口令，调整队列。然后，体育老师再对全校学生发出口令："全体学生都有啊，立正，稍息，立正！两边的同学，向左向右转—向老师们看齐！"全校学生齐刷刷转过身，面向教师，对比教师队列，调整队形。

"向老师们看齐！"气势磅礴而又意味深长的一语双关。

于是，每次升旗仪式，教师的队列和孩子们的队列一样整齐壮观。

八、 故事八： 篝火旁的毕业典礼

一直想为孩子们的毕业典礼留下一个浪漫的记忆。在我的建议下，最近几年，我校的九年级毕业典礼都是以篝火晚会的方式举行的。

2015 年 6 月 25 日，我校 2015 届学生的毕业典礼在郊外的牧马山举行。篝火晚会前，20 个班的孩子和教师一起聚餐。一百张桌子，每桌十人，千人"坝坝宴"，煞是壮观。餐中人人举杯，学生感恩，老师祝福，很是感人。

晚上八点左右，我和学校衡书记共同点燃了篝火。熊熊火焰一如同学们正在燃烧的青春，映红了天空。点燃篝火后，我第一个献歌。我说："在未来的路上，你们会遇到许多想象不到的困难，因此在这里，我以一首《敢问路在何方》，为你们呐喊、加油！"我边唱边走到孩子们中间，和他们握手。

学生演出的节目中，银发女孩陈卓怡的舞蹈，让我特别感动。陈卓怡患有白化病，曾经非常胆小、自卑。但此刻的陈卓怡，像芭比娃娃一样可爱！我被她的阳光和自信感动。这份阳光与自信，是武侯实验中学的爱带给她的。武侯实验中学就是要让每一个孩子都感到爱的温暖。

和前一年的毕业篝火晚会相比，这次，老师们的节目更丰富，也更精彩，赢得孩子们的阵阵喝彩。我率领全体教师上台，以集体诗朗诵的方式，向孩子们表达心声，祝福孩子们在未来的路上战胜一个又一个困难，赢得自己的人生。诗朗诵结束后，孩子们纷纷涌向老师，在老师的手臂上系上象征感恩的蓝丝带，然后和老师拥抱。不少老师和孩子都相拥而泣。

最后，我上台对孩子们说："今天是你们毕业的日子，而我却想到了三年前你们进校时，我给你们每个班都上过一堂语文课。你们还记得当时我讲的什么课文吗？"

孩子们齐声回答："《一碗清汤荞麦面》！"

"对的。当时我对你们说，要永远记住这篇课文，记住这个故事，记住爱与坚强。今天我还要说，无论你们走到哪里，一定不要忘记自己曾是武侯实验中学的学生，一定不要忘记做一个善良的、大写的人！永远记住我们的校训——"

"让人们因我的存在而感到幸福！"孩子们再一次齐呼校训，声音直冲夜空。

在武侯实验中学校园，没有"以人为本""一切为了学生"之类的标语，也没有"校风""教风"之类的表述；我们甚至连温家宝当年的批示也没有镌刻出来。除了教学楼上那一行醒目的校训之外，整个校园没有一个大标语、大口号，清爽洁净，雅致朴素。

但漫步校园，有意义、也有意思的故事却俯拾皆是。

这些故事不一定"有创新"，但一定"有文化"。

（本文作者系四川省成都市武侯实验中学原校长，现四川省成都市武侯区教育发展研究院研究员）

"去做孩子，去做孩子们喜欢的学校"

潘志平

每天清晨，我总用一杯清茶的时间提醒自己："去做孩子，去做孩子们喜欢的事，去做孩子们喜欢的学校。"从教 30 多年，我一直把学生当做我的弟弟妹妹乃至亲生儿女，只有走在学校，穿梭在学生中间，我才会觉得心安。我与他们之间有一根"亲情"的线牵引着，让我总是不自觉地想为他们做些什么。

一、 每周做顿"阿潘羹"： 让温暖从"胃"开始

现在，无论是在校学生还是外校的来访者，甚至是来自美国、澳大利亚等地的海外师生，吃饭前都会问一句：今天能喝到"阿潘羹"吗？

这道"名扬内外"的"阿潘羹"，其实是我小时候妈妈逢年过节时才会烧制的一道美味。2013 年 12 月 30 日，在学校年度品菜会上，我身穿厨师服，用豆腐、木耳、小葱等十多种食材烹制了一大锅美味羹。羹一出锅，就被师生们争先恐后地抢完。因为这道"妈妈菜"的菜名无法用普通话确切表达出来，孩子们便以我的名字"阿潘"进行了"冠名"——"阿潘羹"就这样诞生了。

从那以后，每周四只要我在校内，都会在上午 11 点左右准时出现在食堂，给师生们烧制"阿潘羹"。每次"阿潘羹"一出锅，我就学着食堂大师傅的腔调，吆喝着"阿潘羹来啦！"师生们闻声便乐呵呵地拿碗一个接一个地排队盛羹，生怕到自己这里羹就被分完了。

都说管人先管心，我觉得管心更要先管胃。初中的孩子正处于身体发育的关键阶段，把胃管好很重要。我想，我烧羹的意义不仅在于做个菜，而且是引导全校上下形成一种重视科学饮食的行为导向。营养可口的饭菜，是学校管理链条上的第一环，师生吃好了，心也就顺了。小小的味蕾享受背后，彰显的是"相亲相爱公益人"的办学追求。

二、打雪仗、演贵妃：以师者的"童心"释放儿童的天性

2016 年 1 月，杭州下了一场大雪。看到久违的雪花和银装素裹的校园，大课间一到，学生们便快速地聚集在操场上。刹那间，雪球飞舞，好不热闹！正准备加入这场"轰轰烈烈"的雪仗的我，在被同学们发现之后，瞬间成为"众矢之的"。来自不同方向的雪球接二连三地飞来，几位试图"救驾"的老师们也在同学们的"枪林弹雨"中败下阵来。有位男生还得意地喊："阿潘，和我们打雪仗，你可得霸气一点哦！"

在朱桐引同学眼里，我是"雪地飞侠"——只要一下雪，就会和学生"打"成一片；而在竺叶澍同学笔下，我又是"易容大师"——每年都会有出乎意料的角色登台。"2012 年的《相亲相爱公益人》节目里，阿潘校长头戴凤冠，身着粉红色的古代宫装，以传说中的'杨贵妃'造型闪亮登场。刹那间，掌声雷动，欢笑声、惊呼声仿佛要淹没整个舞台。阿潘校长的易容术几乎可以媲美'阿朱'了……"纤夫、藏民、功夫熊猫……我每年在"公益大舞台"上的"造型"都是孩子们最期待的。

玩是孩子的天性，是情感发育的实践基地，更是健全人格养成的必需品。由于学业压力、安全因素等，现在的学生很少有时间和机会痛快地玩。因此，在学校里，我首先让自己"变成"孩子，放下身段和孩子们一起玩，以自己的童心唤醒释放孩子们的天性，让他们能够带着愉悦的心情去学习。

教育有时候就是内心世界的"相生相融"。我和孩子们的"疯玩"不但没有造成学生们没大没小、不服管教的情况，反而使他们越来越听我的话。渐渐地，在我的带动下，从班主任到任课教师，都会经常和孩子们玩在一起。老师们更加喜欢孩子，孩子们也越发亲近老师。

三、八年"学生校长制"：孩子的地盘孩子做主

"我不再是小孩儿了，我的地盘我做主"是初中生最明显的心理特征之一，我校"学生校长制"的推行给了学生"独立做主"的机会。我校的学生校长竞选报名不设门槛，所有人都可以参加。参与竞选者首先要在班级内进行演讲，通过初选后再进行全校演讲。最后，根据学生代表票选、评委老师打分、综合素质考察等多项评定，每个年级确定一位正校长、两位副校长。

这个制度我们已经坚持了八年，我越来越明显地感觉到，这些"过五关斩六将"成长起来的学生校长们真的非常能干。他们在收获爆棚的人气的同时也

没有辜负大家的期望。很多时候，他们的管理方法比成人都要高明，因为同龄人的心思他们最懂。平时，学生校长会深入各班了解情况、听取意见，随时向我传递同学们的呼声，提出建议和要求；在每月一次的学生校长办公会上，他们会和我一起讨论对策，如活动怎样组织更有特色，作业量怎样控制更加有效……他们的意见成为学校行政班子形成决策的重要参考依据。于是，很多从"学生中来"的问题，都在"到学生中去"的过程中，被很好地解决了。

在学生校长的谋划布局下，我校已形成"人人管我，我管人人"的自主管理网络。"人人有事做，事事有人管"，极大增强了学生们的自信心和责任心，以及组织管理、沟通协调、语言表达等能力。尊重孩子，激发潜能——我把公益的孩子当作自己的亲生儿女一样去培养，既关心他们的"当下"，更关注他们的"未来"。

四、 写了13年亲笔信： 让孩子的心里话有人听

从平时和孩子们的交流中，我真切地感受到，青春期的孩子有许多心事需要倾诉，需要有信得过的人来倾听。当面聊天的形式虽好，但交流的人数和次数受限。2002年9月的一个晚上，我在给女儿写完一封信后，灵光一闪，提笔给学校的孩子们写了一封"阿潘校长与你说说心里话"的亲笔信。没想到，这封亲笔信收到了热烈的反馈，它让学生们找到了忠实的倾听者，也让我找到了与学生们更好地进行沟通的"良方"。

通过你来我往的亲笔信交流，我和孩子们的感情越来越深，孩子们对我的信任度也越来越高。最近，我的书桌又被1000多封学生来信铺满了，大部分信的开头都写着"阿潘，我想跟你说说心里话"。信中有与我分享快乐的，有给我提建议的；还有诉说自己的困惑，讨教解决办法的；甚至连与自己爸妈拌嘴，与同学的"绯闻"烦恼等十分私密的问题，他们也都敞开心扉与我分享。我一封封仔仔细细地读，然后分门别类写回信，共性的问题集体回复，私密性的个体问题则马上单独回信。每一次在信中为孩子们提供了有效的帮助时，我都十分欣慰。

一个人的力量毕竟是有限的。为满足孩子们随时倾诉和求助的需求，我鼓励班主任、任课教师用书面交流的形式与孩子们进行沟通。同时，我还想充分调动起家长的力量，引导家长用亲笔信的方式和孩子进行更好地交流。

2002年10月16日，我尝试给全校家长写了第一封亲笔信。信一发出，就引起了轰动。有位孩子的爷爷在给我的回信中说："我今年78岁了，还从来没有看到或听到过哪位校长会亲笔给学生家长写信的。看完您写的信，我感动得一夜都没睡着。""亲笔"的魅力拉近了我和家长的距离，真正架起了一座家校

合作的桥梁。

从那以后，我坚持每个月给家长写一封亲笔信，根据自己的教育感悟和陪伴女儿成长的体会，提醒家长在不同的时间点去关注孩子不同的需求，如"期末临近，您可以做点什么？""初二了，怎样和青春期的孩子沟通更有效？"在我的影响下，许多家长和孩子也开始用书信的形式进行沟通。

2014年，我将200封写给家长的亲笔信进行整理，公开出版了《一位智慧校长给家长的50封亲笔信》一书，以帮助更多的家长和孩子。出乎我的意料，这本全部为手写体的家庭教育指导用书竟成了畅销书，这更坚定了我继续用心写下去的信念。

五、"三有课堂"＋校本作业： 让学习多一点温度

近年来，我们按照"学生喜欢老师→喜欢老师教的学科→进而达到应有成绩"的路径设计出"有情、有趣、有效"的"三有"课堂。"有情"是课堂的第一要素，教师投入感情，用心设计教学环节和知识内容，才会产生"有趣"的课堂；有了情感和趣味，学生的学习也就自然而然地"有效"了。

我们要求教师"千方百计"地让课堂变得生动有趣，让教学方式变得"灵活通透"，引导学生在民主愉悦的氛围中主动参与、积极思考，乐在"学"中。比如：能将物理知识生动演绎并熟知全年级学生名字的"法哥"、实力"吸睛"的全民男神"福哥"、极具魅力和夸张表现力的英语老师"郭大侠"……公益中学的每位教师都"有两把刷子"，虽然教学风格各异，但他们的课堂都有一个共同点——总是充满欢声笑语。

我希望这样的欢乐能从课上延续到课后，孩子们能带着愉悦的心情去听课，做作业。初中生的作业负担很重，升学的压力让他们经常埋头在作业和试卷之中，但我坚决反对靠磨时间、拼体力换取升学率的做法。我希望他们能学会高效地写作业，并享受写作业的过程。

于是，我邀请孩子、老师、家长、专家进行"校本作业四方会谈"，共同商讨校本作业该有的"模样"。我们为体现对学生身心的关注，重质减量，以针对性、趣味性和拓展性作为作业标准。其内容由各备课组教师自己筛选，主要是针对错误率高的知识点和习题进行强化训练，再融入学生感兴趣和当下的热点内容等，每个学生平均每周在每门功课的校本作业上花费半小时至40分钟的时间即可完成。2015年，我校李家豪同学在杭州市中考中拔得头筹，他父亲将这样的成绩归功于学校的"高效作业"——因为适度的作业量给孩子留出了更

多自主学习、思考的时间。

六、 接地气的"公益课程"： 培育充满温情的教育生态

2009 年，为了让"把学做人放在第一位"的理念落到实处，我发起成立了"论语读书会"，主持编写了《公益人读论语》教材。2014 年，我们对教材进行了改编再版。2016 年，我们决定再次对它进行改版"升级"，以期带给学生更大的收获。此次"升级"，从开始策划到交付出版社正式出版，我都让学生全程参与其中。

比如，《论语》中到底哪些内容更适合初中生阅读？我发动 120 位学生集中进行筛选；到底怎样的编写形式更能促进学生有效诵读？我发动"论语读书会"成员设计了三种方案，供学生投票；到底用什么书名更符合中学生口味？我请学生校长广泛征求意见；根据孩子们的意见，新书中增加了"老师说""同龄人语""我来谈""原文英译"等内容；学生的奇思妙想，给书的封面和插图带来了不一样的设计；为了增加趣味性，我们还选编了一些可读性强的关于孔子的励志小故事。《嗨，孔夫子——中学生读论语》就这样诞生了。

在我看来，符合学校核心价值追求的，学生乐于接受的校本课程、校本教材，才是最有价值的。因此，我创造条件让学生们参与到课程的开发和使用中去，实现校本课程从"老师给"到"我想要"的转变。

我们以培养"品行正、情商高、身心棒、学业优"的优秀公益人为目标，按照"基于学生、立体多元、体现亲情"三个维度架构"公益课程"。我会尽最大可能去了解孩子们喜欢什么样的课程、什么样的教材、什么样的教学方式。每年7 月，我们会给每位新七年级学生发一张《校本课程选择意向表》，学生可以根据个人特长，在原有的校本课程中选择喜欢的课程；也可以依据自己的兴趣爱好，向学校提出开设新的校本课程的意向。8 月，我们会对这些内容进行综合梳理，对学生欢迎度低的原有课程进行调整，增开学生们呼声较高的课程。

唯有用心、用情付出，才能真正赢得孩子们的喜爱。无论何时，我都会坚守：把师生当亲人，付出自己发自内心的热爱，用心为孩子们未来的幸福做好准备，用情与他们共享初中三年的快乐。也许若干年后，初中做过的习题早已忘记，但初中三年用亲情养育起来的积极健康的情感，将根植于孩子们的内心，对他们一辈子的生活产生积极影响。这将是我最欣慰、最有成就感的事情。

（本文作者系浙江省杭州市公益中学校长）

唐盛昌： 高度的力量

刘茂祥

　　我在唐盛昌校长身边工作已经 12 年了。2002 年，我来到上海中学时，60 岁的唐校长已经在这里担任校长 13 个年头。面试之前，我就知道这所学校位居上海"四大名校"之首，而且有一个高大（身高 1.84 米）、"厉害"的校长。

　　还记得那次面试后，我们这些应聘者聚在一起猜测唐校长"到底学什么专业"的情形。一位应聘英语教学岗位的说："唐校长肯定是学英语专业的，他和我对话时，操一口流利、纯正的美式英语。"一位应聘音乐教学岗位的说："我本来认为自己钢琴弹得不错，而且我是学钢琴专业的，可唐校长听我弹完贝多芬交响曲后，指出了几个我弹错的地方，还弹了一段给我听，我当时就懵了，唐校长该不会是学艺术专业的吧。"

　　其实，唐校长学的是数学专业，但是他能说一口流利的英语，弹得一手好钢琴，不仅理科功底扎实，而且人文素养也颇为深厚。与他接触多了，你就会惊叹于他渊博的知识。谈教育教学问题，他的见解独到，聊足球、网球，以及其他体育话题，他也可以说是准专业的。他经常说："我们搞教育的，一定不要把自己的视野拘泥于教育这一个圈子里，要跳出教育看教育，才能发现更多精彩的发展空间。"

　　2003 年，唐校长作为上海市首届"教育功臣"，是"当代中国教育家丛书"的首批作者。在参与唐校长《终生的准备与超越》一书的材料收集过程中，我似乎明白了"天将降大任于斯人也，必先苦其心志"的真谛。

　　1958 年，从上海市延安中学毕业的唐盛昌最大的梦想是成为原子核物理学家，但是，他想报考中国科技大学的想法被来自家庭（因出身于知识分子家庭而影响报考大学）和身体的原因"掐灭"了。命运在第一志愿的同济大学和最末志愿的上海师范大学之间选择了后者，16 岁的唐盛昌陷入了痛苦和迷茫：一个原本立志去研制原子弹的科学家，难道只能手握粉笔做一辈子"孩子王"？他开始用消极的态度来回应无法改变的事实，甚至选择坐在教室的最后一排来躲避同学的目光。

然而，很快唐盛昌就开始思考：我怎么能让自己的人生成为一道无解的方程？他埋首于卷帙浩繁的书籍中去寻找答案。课堂、图书馆、宿舍，成了他苦读的场所；历史书籍、哲学经典、文学名著，成了他解惑的钥匙。16岁至20岁的大学4年，锻造出唐盛昌校长内心的"大格局"，他懂得了：一个人要作茧自缚实在是一件非常容易的事，真正困难的是在困惑之后能够破茧成蝶。他内心的"大格局"也是最初这些"课程"锻造的，罗素的《西方哲学史》、冯友兰的《中国哲学之精神》、马克思恩格斯全集、《二十四史》《资治通鉴》等，让一个青年开始思考个人在社会、在历史中的责任。这些也成为他日后率先推进学校课程图谱（为学生的志趣与潜能开发提供高选择性的课程）构建、关注科技与人文素养整合的重要基础。

唐校长让许多中外专家刮目相看，与他在国际舞台上流畅的英语表达有很大关系。他走访了60多个国家与地区，出国访问和作学术报告从不需要带随身翻译。1995年，唐校长出访美国圣·安德鲁学校时，有外国朋友问他："唐校长，你一定到我们国家留过学吧？"唐校长笑着回答："没有，我就在中国本土读的大学。""那你是不是有什么亲属在美国？或者是其他英语国家？"另一个美国人问道。当了解到唐校长完全是在中国本土自学的英语时，众人都惊讶不已。

在20世纪60年代，那是"文化大革命"前后的动荡年代，一个中学教师为什么要去学英语？唐校长的回答竟是"直觉"，他甚至到今天都不太说得清楚原因，只是那一瞬间对局势的大致分析。那时候，我国和苏联的关系非常紧张，很多支援中国的苏联专家都回国了。对这一事件的认真研判，让唐校长感觉在不久的将来，英语一定会变得非常重要。于是，他从1963年寒假起，走上了长达5年的自学之路。在这期间，"文化大革命"开始了，看着别人如火如荼地搞运动，他追问自己：我该做什么？大学时代读的那些历史书再次启迪了他，在看过了历代王朝的治乱兴替后，唐盛昌冷静地思考当时中国的社会状况。他判断等到一切都恢复正常以后，这个国家最缺乏和最需要的一定是知识。于是，在学校搞运动停课的那段时间里，他克服了种种"无师"的困境，找到了"自通"的钥匙。他从一个堆满红卫兵"收缴"来的书堆仓库里找到了许多原版英文录音资料，便每天反复地听、反复地读，有计划地学习。就这样，他练就了一个日后对上海中学以及中国人自主开办国际教育具有重要意义的本领。

　　如果唐校长不能够熟练地运用外语与国际友人进行教育交流的话，或许他就不会抓住上海浦东开发带来的发展国际教育的机遇。1993 年，上海中学在中国基础教育公办学校领域第一个开办了为外国人子女提供基础教育的国际部，成为公办学校抢滩国际教育的第一个"吃螃蟹者"。国际部从最初开办时只有 18 名学生，发展到 2013 年，已经有来自 60 多个国家与地区的 3000 多名学生在读，学生的 IB（国际文凭课程）全科平均分达到了 42 分（满分 45 分），开设 IB 科目 23 门，单科满分率超过 40%；开设了 17 门 AP 课程（美国大学先修课程），学生的平均分超过 4.56 分（满分 5 分），位于世界领先水平。上海中学国际部成为国内唯一一个能在校内考 IB、AP、TOEFL、GRE、SAT、PSAT 的学校，成为公办学校实施国际课程公认的"老大哥"，拓展了中国国际教育对话的空间。唐校长也成为全国唯一一位曾在国际文凭组织校长委员会、国际文凭组织亚太地区校长委员会与教育专家咨询委员会中有过委员席位的中国人。他还有意识地将国际课程与国际教育中好的元素渗透到上海中学本部的教育教学中，如课程的高选择性、双语教学、数字技术与专门课程的整合等，无论是从财力还是从智力上，都直接推动了上海中学本部教育教学质量的持续领先。

　　唐校长在上海中学推进的许多改革都经历过 10 年以上的努力，甚至更长的时间，这其中还经历了许多坎坷，遭受了诸多质疑。如 2003 年，学校刚建现代数字化实验室时，有人质问：花这么多钱（注：这些费用是学校自筹的资金）建实验室，能产生投入效能吗？唐校长的回答是："花再多的钱来培育学生也不为过，如果这些实验室能够在学生身上播下创新的种子，那么他们以后走入社会，创造的价值就不能用钱来衡量了。"如今，数字化创新实验室已经在上海及其他地区得到了广泛认可与推广。

　　唐校长的性格是"越挫越勇，只要认定方向是对的，就克服困难坚持不懈"。他的坚忍，也与他青年时期与病魔作斗争的经历有关。许多人看到唐校长，除了觉得他"高大"外，还有一个感觉是他的"腰"挺得特别直，这与他从青年时期就开始有的腰椎间盘突出症有关。

　　唐盛昌在大学毕业后被分配到晋元中学任教，在事业顺利进展的第 9 个年头患了腰椎间盘突出症，整个脊椎成了可怕的 S 形，整个腰弯曲下来，直不起来。按照当时的医疗水平，唐盛昌直接面临着手术后变残疾的可能性。然而，他拒绝了做手术，坚定着"绝不能残疾，我必须战胜它"的信念，选择了保守疗法。在 500 多个痛苦的日日夜夜，唐盛昌一次次从希望跌入绝望，又一次次在绝望里生长出希望，意志逐渐变得强大起来。最终，他在一位"高人"治疗下绝处逢生，通过推拿，病情好转，从此腰挺得更直了。那场磨难锻造了唐校长的意志，让他深切体会到：一旦拥有了顽强的意志，就没有战胜不了的困难。

每一个老上海中学人都知道，1989年，唐盛昌到上海中学任校长时，上海中学正处于发展的低谷，学校教学质量在上海市重点中学中处于20名开外，在徐汇区也排不上号。

1989年1月，唐盛昌从曹杨二中的校长岗位上调任上海中学校长。记得刚迈入上中大门时，眼前的上中让他吃了一惊！龙门楼由于年久失修而破败不堪，外墙上的涂料已经开始剥落；偌大的校园里杂草丛生，几乎没有一条像样的道路；家属区和教学区连在一起，在通往操场的路两边几乎成了教师自家的菜地；操场的地势较低，陪同的老师告诉他，一遇到雨天，附近河里的水就会灌进来，所以经常能在操场上发现死鱼。当天下午，他便紧急召开中层干部会议。在会上，唐校长郑重地陈述了他的"三字"用人原则——诚、信、断。即"疑人不用，用人不疑"和敢于决断。如果是他决策上的错误，他个人将承担所有的责任，引咎辞职；他希望所有的中层干部也能承担起自己的责任，和他一道，振兴上中。听了唐校长的讲话，不少人用怀疑的眼神打量着他。

为了使上海中学快速走出低谷，通过数次摸情况、访教师，唐校长敏锐地认识到，在众多矛盾中，有三个主要矛盾亟待解决：一是凝聚人心，抓好分配制度的改革，合理拉开奖金差距，而分配制度改革的成功需要学校靠自身的力量筹集资金；二是全方位深化学校内部管理改革，形成学校良性发展的运作机制；三是抓好教学改革，提高教学质量。到20世纪90年代中期，上海中学迅速回升到上海市领先水平。之后，学校持续保持领先地位，并成为上海市率先通过实验性示范性高中验收的学校。

如果说2003年之前，唐校长引领的上海中学的领先水平主要体现在高考、课程建设、师资队伍建设以及国际教育发展上，那么2003年之后的10年，则是上海中学在高中生创新素养培育从大到强的10年。

2007年，上海市教委要在科技类创新人才早期培育等方面率先开展实验探索，基于唐校长在创新人才培养方面的突出建树和上海中学学生的良好基础，上海中学被确定为首先开展实验的学校。从2007年年底至2008年5月，我陪同唐校长出席"科技创新班实验方案论证会"，往返于上海交通大学、复旦大学等高校，听取专家和教授的意见。我深切地感受到，作为一个已经65岁高龄的教育人，唐校长仍然保持着对教育改革的热爱。他经常说："学校集聚了一批优秀的孩子，能够为他们的成长创设良好的、多样的环境，是我最大的心愿。"

多年来，唐校长探索出了一条以"聚焦志趣、激发潜能"为突破口的创新人才早期培育道路，提炼出了许多独到的观点。比如，学生的发展存在着明显的飞跃期，把握资优生成长的飞跃期至关重要，合适的群体激发策略是必要的；资优生可能存在单核（在一个学科领域有着优异的潜能）、双核和多核知识结构，个性化的知识构成对他们未来的专业取向与人生发展会产生重要影响；志向的追求与意志品质的坚韧性直接影响资优生潜质开发的高度；资优生志与趣的结合、兴趣与优势潜能的匹配是其可持续发展的强大内在动力源；促进数字技术与学生感兴趣领域专业知识学习的整合，可以增加学生创新的可能性……

唐校长不仅把上海中学带到了历史的最高峰，而且其创设的许多改革举措发挥着巨大的力量。有人说，他是当今杏坛的"富翁"；有人说，他将育人与办学做到了极致，和上海中学彼此成就。

（本文作者系上海中学教师）

李烈： 不一样的情怀

芦咏莉

　　我认识李烈校长，是在 2001 的冬天。她一袭长裙，足踩高跟鞋，高高挽起头发，身姿绰约。衣饰简洁大方，在稳重端庄中，常常不经意间滑出一道亮丽，就如同她笑起来的模样，在庄重中有着别样的调皮与乐观。那时，在我这个年轻的大学学者眼中，李烈校长是一位很有女人味的校长。

　　后来我有机会读到李烈校长撰写的《我教小学数学》。翻开书的刹那，我就被深深吸引住了，一口气连夜读完。一位充满思想的智者——这是读完那本书后李烈校长留给我的新印象。后来，我又遇到中科院心理所的前辈张梅林教授，她津津乐道的一个又一个李烈校长当年教书时的小故事，再次佐证了我的印象。其中一个小故事，给我的印象极深。

　　那是一次公开课。一位学生起来发言，他将原本应该是加法运算的应用题，理解为减法运算。在活跃的课堂氛围中，他的错误立刻就被其他同学指正，也包括批评。据说，当时的李烈老师一直都在笑眯眯地听着，听孩子们之间的争论，直至他们彼此说服、达成共识。中间，她只适时地提出了一两个问题，帮助孩子们更好地理解题目或者澄清自己的观点。谁也没有想到，接下来，李烈校长做了一件令张梅林教授终生难忘的事。李烈老师走下讲台，来到那位出错的同学身旁，问他：你明白了？孩子点点头。接着，她很开心地问那位同学：那你现在能将这道题变成一道符合你的"减法"算式的题目吗？据张梅林教授说，就在那一刹那，她看到那个孩子的脸上瞬间绽放出一种异样的光彩，兴奋地说：我能！之后，全班同学和这位同学一起改编题目并再次讨论起来。多年后，张老师仍深有感触地说：这是我见过的最有智慧、也是最有爱心的处理！要知道，那只是李烈校长初次见面的学生，那是完全突破其预设的现场生成；在那样处理之后，在接下来的学习中，所有的学生包括出错的那位学生，自始至终都全神贯注地跟着她学习……

后来，我因个人的梦想，加入李烈校长的团队。在这期间，我无处不感受着这种"为他人着想"的人性融入教育事业中所形成的独特的、深具挚爱与包容的"教育情怀"，以及随之而来的魅力与效应。

我曾以为，"选择"集中考验的是人的智慧——关系越复杂，冲突越激烈，利害越凸显，选择背后体现的越是"智慧"。然而，到李烈校长身边工作，尤其是在深入了解李烈校长和她的老师们的故事之后，我才深刻地体会到，那些真正令人尊敬的选择，其实并不在于"智慧"，而在于"情怀"——最具力量的选择，展现的是最具魅力的情怀！

在此，仅撷取几例我所详知的李烈校长之"选择"，与大家分享。

一、第一个选择：面对教师去留的"麻烦"与"方便"

校长最常遇见的难事之一就是教师流动。我也因此询问过周边的一些校长朋友，大家基本会表达出相对豁达的看法和做法。我继续追问：（1）如果是你的得力干将要"离开"，您内心的真实反应是什么？（2）如果是一位在大家眼里"不称职"的老师要流动，您内心的真实反应是什么？相熟的校长，通常会很坦诚地告诉我：前者的离开，会让自己感觉沮丧，甚至会有愤怒的情绪；而后者如果要离开，自己则会感觉松了一口气。

同样的问题，李烈校长也遇到了。

如果是自己心目中的"得力干将"提出要离开，那么，李烈校长一定会与其本人沟通，但挽留不是她在沟通中的重点，她重在倾听这个要求背后的想法、打算。如果这些想法、打算是负责任的，而且有利于其后续的发展与生活，那么再怎么舍不得，李烈校长也会当即表态：支持，支持，再支持！当李烈校长在沟通中发现，他们的选择有着较大的风险时，她通常还会提供一个谁也想不到的具体支持："你先去，学校为你保留一年的档案。如果成功，那么你回来把档案带走；如果不成功，你还愿意回来教书，那么我在这里等你！"这句铿锵有力、掷地有声的话，往往都会使意欲离职的老师泪奔。即使是"汉子"，也不例外。

私底下，李烈校长不止一次提到：教育是生命对生命的孕育；拥有丰富而精彩的生命体验，才有可能成为最有魅力的教师！谁说教师就应该一辈子从学校到学校？尤其是那些有才华的教师，要鼓励他们走出去，体验到别样的人生之后，如果他们还愿意回来，那么他们的经历将会成为最宝贵的教育财富。在李烈校长看来，校长最重要的职责就是鼓励并帮助每一位老师找寻到自己的人生价值，好学校应该为教师提供职业价值和人生价值内在统一的平台！而这一切，强求不能得，只能靠引导与体验。所以，面对有着离职意向的得力干将时，李烈校长的内心平静、公允，"个人的发展需求与生命价值如何"是她首选的关注点。

正如李烈校长常说的那样，予人玫瑰，手有余香。面对优秀教师的离开，李校长把"方便"留给他人，把"麻烦"留给自己的态度，打动了一批老师。越来越多走出去的优秀教师，在离开了一段时间后，又选择了"回家"，更加全身心地投入自己钟爱的教育教学中。

对于那些因"不称职"而需要流动的老师，李烈校长不是爽快答应，而是同样选择了于己最"麻烦"的处理方式，付出大量额外的时间和精力，挑起陪这些老师一同成长的责任。每次遇到这种情况，李烈校长总是要先确定一件事：教师本人和学校是否都已"尽最大努力了"；在本人和学校都已尽最大努力但效果仍不好的情况下，教师的流动已成为必然，这时，她也一定会坚持和这位教师有一次深入的面对面的谈话。这个谈话没有冠冕堂皇的官话，其核心是谈"适合"，宗旨在于帮助教师找到"适合实现自己人生价值的平台"。同样的，这样的谈话，也往往交织着对方的泪水和感动，为那份爱心，更为那份不舍。"要让别人的内心温暖，让自己的天空常蓝。"李烈校长这样说，也这样做，选择让自己最"麻烦"的方法，尽最大的努力去温暖每一位因"不称职"而需要流动的老师，也让自己的内心平和无愧。

当年有一位新毕业的大学生到实验二小工作，入职刚满一个月就提出离职申请，理由是自己做得不好，自认为不适合当老师。当时，他的工作效果确实不好，而且正在实习期中，学校解聘他是很容易的事。李烈校长静静听完他的陈述后，只强调了三点："第一，对大多数人来说，无论做什么，起步最艰难，跨过去了，就会豁然；第二，你才刚刚起步，当你没有使出你所有的力气和智慧时，不要轻言放弃，也不要简单怀疑或者下结论；第三，先约定一年，学校会和你一起努力，如果一年后你仍找不到当老师的感觉，那我可以考虑同意你离职。现在，我坚决不同意！你们太年轻，我不希望你带着失败的体验离开，因为我怕你的重新开始会笼罩在一片失败的灰暗中；我真心地希望，即使有一天你选择离开，也是在你成功之后，那时你的重新开始将会在自信的阳光中展开……"在听李烈校长复述这些话的时候，尤其最后那几句，我的眼眶一下子就湿润了——因为，我也曾年轻过；我知道那些劝诫真正的寓意和分量！就这样，一位"不称职"的教师被留下了，再次开始了他的奋斗人生。

这就是李烈校长的选择——把"麻烦"留给自己，把"方便"赠与他人：充满祝福地放得力干将"走"，却牵肠挂肚地将不称职的老师"留"。"我希望，不论什么原因、什么背景，每一位教师离开时，都没有自责，没有内疚，更没有挫败和沮丧；因为，他深深懂得，这里的离开，是为了去找寻那片属于自己未来的星空。"这就是李烈校长做出不一样选择背后的心声，这也如同刻在实验二小礼堂墙上的那句话：二小人追求的是职业价值与生命价值的内在统一——一份充满人性至爱的教育情怀。

二、 第二个选择： 个人风险与师生福祉

校长负责制，一方面是对学校办学自主权的确认，另一方面也带来了学校风险责任的汇集。于是，不求有功但求无过，成了一部分校长在面对挑战、进行选择时的首选态度。所以，我们不时会听到，某学校因为安全问题禁止学生上体育课，某学校因为安全问题不愿组织学生春游……相信作出这些决定的学校，一定也明了被禁止的这些活动或课程对儿童发展的重要性。但在面对风险时，他们选择了避让。

与这些学校不同，实验二小的学生有大量的外出活动。比如：每月一次的社会大课堂，当年级统一出发时，浩浩荡荡，十几辆车首尾相接，或是奔向博物场馆，或是驶向各类教育实践基地。更不用说那些丰富多彩的以班级为单位的各种亲子活动、班队活动等。

有人问过李烈校长：现在的孩子都那么娇贵，家长又那么挑剔，难道你不怕出现万一后难以承担后果吗？"因噎废食，是一种点式思考，不应成为教育人的行为准则；教育人要学会系统思考，在尊重并满足学生发展需求的前提下，进行网络式思考，从而最大化地降低风险。"实验二小并不是没有意外发生，而是在"组织三段式（活动前充分预设——活动中严密组织——活动后自主反思）"的指导下预防在先。一旦出现意外事故，则有三级应对措施，不但使消息第一时间传递到所有领导耳中，以便于快速跟进应对，而且在第一时间实现救治。常常是家长赶到医院的时候，孩子已经被妥善安置，相关领导已经陪伴在旁。所以，即使有意外发生，家长同步感受到的还有来自学校的那份无微不至的关心和勇于担责的态度。感动之余，家长的各种不满往往烟消云散。

而且，李烈校长不时地告诉教师，只要你按着制度做，只要你本着为孩子的心，万一因为经验不足，或者某种不可控因素，出现了某些不好的结果，也没关系，责任我来承担。所以，面对家长的意见和批评，她总是静静地听完，

然后开口说的第一句话往往是："这事我有责任，因为我是校长……"也还总有另一句："谢谢您今天来跟我讲，我想这背后是一份信任，一份对我的信任，还有一份信心和希望，一份对二小教育的信心与希望；否则您大可写信上告，或者在网络上辛辣披露，还可以向新闻媒体炒作反映……所以，我要先谢谢您！"这几句发自肺腑、充满大气的话一出，常常一下子就令那些须发皆张的家长顿感熨帖，气儿也就慢慢地顺了，话也就慢慢地平了，质疑也就慢慢地变成了协商和互谅。这就是李烈校长为教育而生的情怀：没有个人得失，有的只是对周围每一个人的体谅与尊重。

三、 第三个选择： 教育的小我"自留地"与教育的大我"使命感"

学校越办越好后，自然就会有越来越多的追随者，慕名而来的学习者和参观者更是络绎不绝。据不完全统计，2012 年，我校前前后后共接待了 6000 余人。这时，难免有一种声音冒出来：别什么都讲，留着点儿，要是别人都学去了，我们怎么办呢？李烈校长听后，不由得笑了。她先是感谢大家对二小的热爱，她说：不爱二小的人，是讲不出这样的话来的。接着，她感慨道："现在早已不是那个'教会徒弟饿死师傅'的时代了，现在是一个共生共荣的时代。只有将好的理念、好的做法拿出来，得到更多人的认可、追随，才能更好地证明我们努力的价值，才能更好地证明我们创造出来的东西是有生命力、经得起检验的，也才能使我们在今后的征程中不再孤单、不再寂寞，有更多的同行者。有句俗话：独行可以更快，同行可以更远！我以为，同行可以更快更远！而且，在今天，发展的定义早就改变了。别说往后退，就是站在那里不动，都已经是落后的开始了。所以，公开我们的思考、我们的创造，当别人都学会的时候，也是迫使我们重新开始的时候，也是我们再一次发展、进步的开端……"后来，李烈校长将这种"放下成绩、重新开始"的心态，赋予了一个很贴切的表述："归零"。也因此，实验二小才有了"年年有进步、时时有创新"的格局。

这一番妙语，看似描述的是"我"与"他人"的关系，其实如果不是心怀天下，如果不是脑海里深深地刻着那句"修身、齐家、治国、平天下"的大学之道，那么她恐怕难以如此从容地在"小我"的自留地与"大我"的使命感之间，构建出如此美妙的平衡！

同样的情形和抉择，还出现在与上级领导的关系中。随着学校社会声望日隆，无论学校怎样低调行事，甚至尽可能避开各种媒体宣传，可学校还是在家长的口口相传中，逐渐演变成本地基础教育的一朵奇葩。面对老百姓的呼声，相关主管部门不得不一再提高对实验二小的期望和要求，尽管有时在我看来不甚合理。

和所有校长一样，李烈校长会在充分了解、掌握各种实际情况后，再和相关领导面对面地进行沟通。所不同的是，沟通的全过程，其基调真的就是在"沟通"，而不是预先做好了某种判断后再去努力说服对方。而沟通的结果，是在双方充分交换意见的基础上，再经过多个方案之间的比较、选择后才形成的。其中，最难能可贵的是，在整个沟通过程中，李烈校长会不时地站在对方的立场上，去思考彼此之间的分歧与相通点，去感受彼此之间的需求和难处。尽管在很多时候，无论是年龄还是资历，李烈校长都更占优势一些。李烈校长常常说的一句话是：坐下来我们就是一家人，这不是谁的问题，而是"我们"共同的问题……因此，在各次与上级领导的沟通中，无论最初因何开始，每位与会者都会不约而同地感受到来自李烈校长像家人般的真诚、理解、体谅和包容，急他人所急，想他人所想，从而使得沟通到最后，往往都是同一个结局：沟通双方成为了真正的发展共同体。

我曾问过李烈校长如何能做到这一点。她想了一下，缓缓地告诉我两点：第一，我相信办法总比问题多；第二，教育是需要"大家一起办"的，教育不需要对立，那只会两败俱伤。只有协作，教育才能办得更好，也才能让更多的百姓受益，这其中，"双赢（心态、思维）"是关键。

李烈校长生命中2/3的时间都奉献给了教育，自己也成为中国小学教育界唯一一位国务院参事。走进她，人们就会深深地体会到，拥有如此殊荣的李烈校长，除了有不一般的努力、付出之外，其实最胜出的就是她那远远不一般的情怀。无论是对学生、对教师，还是对教育，对她身边经过的每一个人，她都将自己无比的善良和智慧化成一种大爱，一种永远心系他人、成就他人的大爱。在这份大爱中，她创造出教育的奇迹，也创造了属于她自己的辉煌。我坚信，这份大爱的力量，远远胜于智慧本身。

（本文作者系北京第二实验小学原副校长，北京第二实验小学校长）

李希贵：一个不一样的“狮子王”

沙培宁

尽管李希贵校长一直在自觉而小心地“管控”着自己的知名度，但“效果”却并不怎么好。他，以及他所领导的北京市十一学校（以下简称“十一学校”或“十一”），以其超强的影响力，愈益成为中国基础教育界最富知名度的品牌。他们一再创造着诸多的“第一”与奇迹，吸引着上至教育部，下至普通教师的目光。自然，这所不断“生产”甚或“涌现”新闻的学校，也刺激着媒体人兴奋的神经，于是，有关“十一学校”的报道数不胜数。

但在我看来，真正想在改革方面做点事的人（特别是校长）对“十一”的关注，与其说是对一所学校所做的那些“新鲜事”的关注，不如说是对当前基础教育改革的可能空间、样态以及对“过来人”所积累的基本经验的关注；而且，“十一学校”所进行的转型性变革，触及太多深层次的教育与管理问题，所以，它不仅极具新闻价值，而且极具教育管理的理论研究和实践研究价值。因此，我很希望自己能对这项改革取得成功的“机理”作出某种解读。但事实是，我越是走近这样深刻、复杂、全面的改革，就越觉得自己难道其全。于是，只好退而求其次，说说自己体会到的被学生们称为“贵爷”、被我称为“贵校”的希贵校长之“贵”。

如果说大变革使“十一”的每个团队成员愈益成为“一头狮子”，那么，“贵校”便是率领他们披荆斩棘、奔向目标的那个智勇双全的“狮子王”；如果说大变革使“十一”的师生愈益成为“有想法”的人，那么，“贵校”便是对如何使师生成为有想法的人“真有想法”，且对如何引领和服务于这些有想法的人“真有想法”的那个人。那么，这样一个“有想法”的“狮子王”到底有哪些特质呢？

1. 在变革中锤炼自己的“变革领导力”；“领导”自我，定位自我，做“最重要的事”；建立价值自信、道路自信

教育改革走到深处即教育内部的变革，因此，校长的“变革领导力”至关重

要；而"变革领导力"只有在领导变革的过程中才能获得。

领导别人的前提，是"领导"自己；改变别人的前提，是改变自己。"校长要放弃一些自己运用自如的权力。要实现学校的转型，校长必须重新分配管理的精力。一般的管理者都在用绝大部分的时间研究如何管理别人；而聪明的领导者往往会拿出相当的精力谋划管理自我。""任何一位校长只有从改变自己开始，才能找到一所学校的转型之路。"这是因为，变革与创新是一种积极的"创造性破坏"，其本质是在自我认知基础上的自我反思、自我扬弃、自我批判、自我更新与自我超越。一个卓越的教育改革者最重要的品质，是他永远专注于对教育本质的思考，永远具有超越自己原有边界和局限的勇气与智慧。"没有什么是不可以改变的，关键看是不是有利于满足师生的需求。"

说到"改变"，我们不能不慨叹：这个"贵校"，简直就是为学校变革而生的。他的脑子里似乎总有无数"原创性"的想法在涌动。大的不讲，就拿他在我刊开的"希贵说管理"栏目来说，五年间记录了他这所学校百余个创新之举。我常想，这些创意，若放在一般学校，哪个不得被大书特书啊，而在他这里，短短几百字就"交代"了。所以我们不得不说，因学生之需而创新，或已成为他生活的一种常态。

"领导"自我，还体现在他清晰的自我定位上。"'十一'在学校变革的过程中，人们常看不到校长的影子，大部分时间都是一线教师在策动……由于身份特殊，（校长）必须学会对更多的人、更重要的事有更多的关注，仅仅冲锋陷阵，已无法包罗他浩繁工作内容的全部，当需要导航的时候，他万不可埋头划桨。""如何在每一个专业组织、每一个创造性单元里，都能够让大家找到方向和榜样，成为领导者的主要任务。"

由此看出，在战略层面为改革"导航"，是"贵校"眼中"最重要的事"，其中当然包括前文已着墨析之的"优先价值"等的确立。此外，从他已出版的几部专著的书名，我们也可以看出他内心最重要的价值追求：《为了自由呼吸的教育》《学生第一》《面向个体的教育》……基于对这些价值极为深沉的理性把握而建立起来的价值自信与道路自信，成为"十一学校"在变革中排除万难、走到今天的最重要的精神力量。

2. 拥有改革者"不一般"的思维方式；以对人性的深刻体悟，滋养基于尊重与信任的"大气"的改革文化与改革生态

聪明的改革者往往会有意识地将改革本身作为研究、琢磨、反思的对象，及时提取改革中形成的理性认识与实践智慧，以提高自己的"变革领导力"；同时，他们会巧妙地营造出独具特色的改革文化与改革生态。"贵校"就是这样的"聪明人"。

关于改革者"不一般"的思维方式，"贵校"在几部著作中都有论及。比如，"用改革的思路解决改革中的问题"。"当改革出现问题的时候，人们往往习惯于回到改革前的老路上，而不是选择用改革的新思路、新方法去解决改革的难题。"这是"贵校"反对的，他主张，通过改革化解问题。如当学校把图书放进学科教室出现丢失或损坏现象时，"我们将教室里的图书管理岗位，开发为学校的管理课程，让师生在课程的实施、完善中凝聚解决问题的智慧。"还比如，"先开枪，再瞄准"。"如果我们不去推动这场变革，即使再经过多少年，我们也无法预测其中的问题，可见'先开枪'的重要意义。""等待只能让我们远离未来。""在不可能具备完善的操作方案的情况下，我们通过头脑风暴等各种手段，排查出变革可能带来的160多个风险，一一追问，逐条研讨，分别管控，大家喊着号子自我壮胆，战战兢兢，如履薄冰，踏上了教学组织方式的变革之路。"再比如，改革要寻找新的"蛋糕"。"那些不会把蛋糕做大，只能在原有蛋糕大小的基础上重新分配的改革，难有成功的机缘。"又比如，要预测与管理改革风险。如在推进语文教学改革的初期，他们首先组织教师按重要程度排序，明确了改革的七大风险。"风险一旦明确，就显得不那么可怕了，我们可以主动出击，想办法化解或者管理这些风险。"

同时，"贵校"也在以自己独有的精神气质影响着"十一"改革文化与改革生态的基本底色。一位山东的校长在深度走进"十一"后深有感触地说：在"十一"，我们经常听到"包容改变落后，鼓励促进先进""不着急，慢慢来""十一倡导一种不计较的文化"……同时也深深体会到希贵校长所说的"在领导者和管理者天天盯着问题的组织里，问题会越来越多，而天天发现闪光点的管理，则往往使组织的亮点更显光彩"的道理；在这里，领导致力于"发现每个人可以伟大的地方"；而大家遇到问题，也习惯于用研究、沟通、交流、协商的方式解决……这一切让我们感受到"十一"特有的文化风范——大气、包容、淡定。

我想，这种基于尊重与信任的"大气"的改革文化与改革生态的形成，一定与"贵校"积极的人性假设密切相关；而他的很多管理信条，也无不是其人生哲学与生活智慧的映照与投射。正是因为有了对人性的深刻体悟，他对学校变革的领导才能抵达单纯的工具思维所难以抵达的地方；他个人的价值也才能在"迷恋他人成长"中，超越"自我实现"的狭隘范畴。

3. 与学生建立亲密的关系，想办法离学生近一些、再近一些；让孩子们觉得，校长是他们的校长，学校是他们的学校

在"贵校"那里，"学生"具有至高无上的地位；如何与学生离得近一些、更近一些，能听得见他们的心跳，被他看得很重、很重。"用什么方法明确地告诉孩子们，校长是你们的校长，校长也是你们成长的资源，校长就在你们身边，这是我一直在想，也一直在做的事情。""有了校园里孩子们与校长之间健康的关系……教育才显得更有深度、宽度和厚度。""让孩子们觉得学校是他们的，（他们）到社会上才会觉得国家是他们的。"

基于这样的理解，"贵校"与孩子们建立了亲密的关系：所有学生都有他的手机号码，都可以自由进出他的办公室，都可以随意取书；泼水节上，他被泼得最"惨"；狂欢节上，他被学生扮成"海盗船长"……2013 年 9 月 23 日，我们去"十一"参会，正赶上每周一次的"校长与学生共进午餐"，"贵校"一一问学生"最喜欢什么学科，是哪位老师教的；还有哪些想法"，学生的回应可谓五花八门。一位男生要求免修数学，一位女生希望增加羽绒服（校服）的样式，他都爽快地答应了。还有一位女生反映，外教英语两极分化较严重，他说："下学期给你们分层"……赶巧的是，那天是他的生日，他把手机拿给我看，好家伙，足有几百条祝福短信！我翻看了一些，深为孩子们对他的真心爱戴所打动。"贵校"告诉我，无论多忙，他都会在当天一一给学生们回复。看到他脸上洋溢的那份自豪与得意，我想，就冲这个，他也没法不幸福地干下去，多累都值！

写到这儿，我想说，如果我们真的像"贵校"这样，发自内心地把学校当成孩子们的学校，那么，我们就会离学生很近，离问题很近，离原点很近，离正确的决策很近。

4. 在"做"中，实现知行统一；在"化"中，让"一个人的"智慧成为"每个人的"智慧，让追随者成为领导者，让改革发生在每一间教室

现在最为稀缺的人才是懂理论的实践家和懂实践的理论家；而实现理实相融、知行合一，恰恰是"贵校"的"看家本事"。

他读过太多的书、知道太多的理论，但从本质上说，他崇尚"做"的哲学，是一个"彻底的行动者"。他努力使自己掌握的管理学的若干原理活化为领导学校变革的智慧。他相信，人的智能，最终体现为解决问题的能力；他相信，改革是"做"出来的，而"做"的复杂性，足以挑战自己的能力极限。他喜欢用行动宣示自己的价值；他喜欢"讲自己做的，做自己讲的"，什么时候都不故弄玄虚、云苦雾罩。他写的文章，多是千字小文，拎起来全是"干货"，且个顶个饱满、鲜活、有味道，让人一读就懂。他的许多管理信条，都朴素而深刻，一看就知道，那不是"搬"来的，而是自己体验出来的。

在让理念"落地"、让"想法"化为"做法"方面，他有一招儿很管用，即注意将顶层设计或不易把握的抽象要素等——进行分解，做到层层支撑、一贯到底，形成完整的实践链条。比如，2007年，他们对"十一学校"八大关键成功因素中的每一个要素都进行了具体的分解，并尽可能量化，以保证每一个细节的落实都指向战略。再如：在"做课程"时，他们建立了从课程目标、课程标准、课程内容，到课程实施、课程评价的完整链条，使之形成一个管理闭环。

他有很多"贵粉儿"。他的本事在于，通过高水平的服务，不仅创造自己的追随者，而且使追随者成为领导者。"校长最好的角色是首席服务官。当你的服务帮助别人走向成功的时候，他们往往就会成为你的追随者。""领导者有三层境界：一是拥有被管理者，二是拥有追随者，但最高水平的领导者是把你的追随者转化为领导者，让他们都成为某一个领域的领袖人物。"

作为一个"首席服务官"，他的"服务手段"可谓独特。比如，他善于根据成员不同的需求，组织不同的资源，包括开放他个人的资源，为师生创造一些关键事件，引荐一些关键人物，提供一些关键书籍。再如，他善于在"成事"中"成人"。"每当有一个新的领域，或是遇到一个新的问题，我们都会成立一个项目组，通过双向选择，聚集一批教师参与研究和实践。于是，他们逐渐成为领导这个领域或解决这些问题的专家。"他从不替你"背猴子"，而是巧妙地让你在摔打中学会背好自己的猴子；他能掀动起蕴藏在师生身上、可能连他们自己都不知道的潜能和激情，并帮助他们将"潜能"转化为"显能"，让他们知道自己有多伟大。他的"服务"使我们相信：领导者最大的本事，就是让每个人都成为领导者。

我曾在全国各地许多校长的言行中看见"贵校"带有标志性的思想，他们用这样的思想，做着自己独特的事情。一位外地校长说："我们两次在"十一"学习，接触过近30位老师。我们都有一种感觉，就是"十一"的老师越来越像希贵校长了……如今教育界所提倡的'追求卓越，反对平庸，拒绝低劣'，更是在老师们身上体现得淋漓尽致。"也许，这种"神似"，就是传播与"传染"的力量，就是实实在在的影响力吧。它让我们看到了将"一个人的"智慧转化为"每个人的"智慧、让改革发生在每一间教室是一个多么伟大的过程。

5. 永远追寻"制高点"：读企业管理的书，想教育变革的事

"贵校"在谈到自己的成功要素时曾说，无论做什么，他都喜欢寻找那个领域的"制高点"；因为最好的管理不在学校，而在竞争激烈的商场，所以，他读了大量的企业管理的书籍，并想办法把那些经验模式嫁接到教育领域。

在一次演讲中，他列举了教育之外的一些书籍对其领导学校变革的影响——"《掌握人性的管理》启发我，管理的成功在于使每一个人都感到自己很重要。""《经济史中的结构与变迁》告诉我，要防止路径依赖。管理者往往会成为发展的瓶颈，因为他们形成了太多固定的思维方式……如果你正在想着保护好过去那个自己，那你就无法创新。""《马斯洛人本哲学》《领导学》启发我思考，到底应该用'机制'还是用'需要'撬动学校的发展。""《愿景》和《领导力》引导我从管理走向领导……最高的领导者一旦到了最高水平，他下边的员工甚至不知道有他存在……我很欣赏杰克·韦尔奇的一句话：'在你成为领导者之前，成功与你自己的成长有关；在你成为领导者之后，成功只与别人的成长有关'。""《卓有成效的管理者》和《管理工作的本质》提醒我组织结构改变的意义。""《六西格玛管理》《关键绩效指标》认为，战略重要，但战略分解和问题解决同样重要。"

在我看来，"贵校"的厉害并不在于他读了多少企业管理的书，而在于他"读着企业管理的书，想着教育变革的事"，将管理学原理性的知识与教育很好地"揉"在一起，融会贯通。这种"为我所用"的阅读，使工具最大限度地服务于价值。

最后我想说，"贵校"之"贵"还在于，他能毫不勉强地将形而上与形而下、激情与理性、理想主义与现实主义、人文精神与科学精神、价值理性与工具理性、战略与战术、动力系统与制动系统等融通于一，这显示出其作为一个不凡的领导者的改革智慧。

"十一"的改革还在路上。这是一条长长远远的、永远"未完成"、永远向着未来开放的路。尽管还有无数荆棘，但"十一"人生动的集体叙事让我们相信，在体制内的教育改革无比艰难的情境下，学校变革依然具有广阔的空间，变革会产生巨大的"解放能量"——解放思想、解放大脑、解放手脚、解放时空所释放出的无限的生产力，使教师的发展远远超越了"专业发展"的范畴，学生的发展远远超越了"应试成功"的范畴，学校的发展远远超越了"名校竞争"的范畴。更为重要的是，这样的变革让学生"更好地成为了他自己"；他们在体验选择中学会选择，在尝试创新中学会创新，在"让变化成为常态"的文化中，学会适应变化……对孩子们来说，这种在几年的时间里每时每刻都在真实发生的学习，是最"管用"的学习，也是其修得的终身受用的"隐性课程"。

　　"十一"人在改革之路上艰难而幸福的行走也告诉我们：一所学校之伟大，在于它能够涵养千千万万承继其文化血脉的"品牌学生"，当之无愧地成为开启孩子们生命风帆的"贵人"——此非学校之大"贵"乎？

（本文作者系《中小学管理》杂志社原主编）

王绍华： 一位我终生感念的兄长

李镇西

"李老师啊，我们就像是谈恋爱，是我在追你，我在你后面追呀追呀，不知什么时候才能把你追到！"

1991年秋天的一个下午，我应邀去成都石室中学听课。在课后的座谈会上我做了几分钟的发言，然后和主人共进晚餐。晚饭后，石室中学教务处主任、四川省语文特级教师徐敦忠老师对我说，希望我调入石室中学。他说这也是王绍华副校长的意思。

当时我很意外，更受宠若惊。"成都石室中学"这几个字是怎样的如雷贯耳啊！其前身为文翁石室，建于汉代，是我国第一所地方官办学府。1904年改设现代中学，绵延2150多年，石室弦歌不辍，文脉不断，甚至连校址都没有动迁过。在石室的土地上，留下过文翁、王维、杜甫的足迹，活跃过李一氓、何其芳、曹葆华的身影，更孕育了郭沫若瑰丽的诗歌、李劼人凝重的小说、王光祈迷人的音乐、周太玄科学的梦想……能够在这所著名学府任教，该是多么幸运和幸福啊！

我猜测，也许刚才座谈会上我几分钟的发言受到了徐敦忠主任和语文教研组长陈文汉老师的认可和好评，也引起了王校长的注意，但王校长居然"看中"了我，我确实吃了一惊。当然，我更多的是感动。不过，我稍微理智地想了想，便对徐主任说，我才到成都市玉林中学工作半年多，我校杨校长对我也不薄，我现在怎么好走？请转达我对王校长的谢意。尽管当时我没有答应王校长，但他的厚爱我已记在心里。

两年后，王绍华担任石室中学校长。有一次，我又去石室中学参加语文教研活动，在学校大门口碰见他。王校长非常热情地和我握手，并说了一句让我终生难忘的话："李老师啊，我们就像是谈恋爱，是我在追你，我在你后面追呀追呀，不知什么时候才能把你追到！"我知道绍华校长说话幽默，但我相信，他这话不是单纯的幽默，而是表达了他对我的真诚期待。

坦率地说，那一刻我开始动心了。因此，和成都玉林中学签订的第一个三年合同到期时，我犹豫着是否再续签。但想到杨校长把我调进成都也不容易，于是我一咬牙，决定再为杨校长干三年！这一晃近七年就过去了。

1997年刚放寒假的一天晚上，我突然接到绍华校长的电话："李老师，你明天到学校来拿房子的钥匙。"我再次惊讶得说不出话！尽管再过半年我在成都玉林中学的第二个三年合同才到期，我与绍华校长也谈过我合同期一满，就过去，但毕竟没有履行任何手续，连起码的文字承诺都没有。然而绍华校长就是这么信任我，直接就把房子钥匙给我了。

后来我才知道，这套位于三楼的房子，是前任校长调任教育局局长后留下的，本来该轮到王明宪副校长住，明宪校长住六楼，因为爱人患重病而一直想换个楼层低的房子，但绍华校长对他说："这套房子，我要用来引进一位优秀教师，我给李老师留着……"明宪校长当即表示充分理解，并极力支持。

"我尊重你。我不会把你朝行政干部方面培养，我创造条件让你朝教育专家方面发展。"

1997年秋天，我正式到石室中学执教。我至今还记得，到石室中学之初，绍华校长和我聊天，问我的想法，我说我不想做什么"行政"，我就想尽可能排除一切干扰，好好教书，好好当班主任。他说："好，我懂你的意思了。我尊重你。我不会把你朝行政干部方面培养，我创造条件让你朝教育专家方面发展。"

这是绍华校长让我感到他真正懂我的一句话。事实证明，绍华校长后来确实一直是这样做的。

而绍华校长本身就是一名教育专家，是一位有着浓厚书卷气的管理者，一位真正的学者型校长。1993年王绍华担任石室中学校长时，古老的石室中学经过前几任校长的锐意改革，在各方面都取得了引人注目的成果。如何让石室中学在保持荣誉的同时再创佳绩？王校长认为，首要的工作是提出一个科学、明确、符合学校实际的办学思想。这样的办学思想既是对过去办学经验的提炼，又是未来发展的指导方针。基于这样的思考，王校长组织全校教师梳理、总结石室中学已往的办学经验，同时结合素质教育的时代要求学习、研究先进的教育理念，根据前任校长叶长坚把石室优良传统与现代教育思想熔于一炉的办学方针，最后提炼出石室中学的办学思想："继承优良传统，打好素质基础，培育创造能力。"

为了在保持并发扬优良传统的同时，找到学校教育发展新的增长点，王校长把眼光投向了教育科研，通过教育科研推进教育改革，促进教育质量和教师专业水平的提升。绍华校长是我见到的为数不多的搞"真科研"的校长之一。这里披露一个细节——

有一年，某高校某著名什么"学家"带着几个研究生来到我校，说是要帮助学校搞教育科研，帮助学校"总结""提炼"什么"经验"之类。宽厚仁慈的绍华校长一开始也持欢迎态度，但后来发现他们不是踏踏实实地指导教师们如何结合自己的教育实践从事科研，而是关起门来写文章，闭门造车。最让绍华校长不能接受的是，他们提出，学校给几万块钱，这"科研成果"肯定就出来了！绍华校长毫不犹豫地拒绝了，因为这有违他的教育良知！

何况，王校长本人就是教育科研的身体力行者，哪需要弄虚作假花钱买"成果"？担任校长之前，作为数学特级教师的他，就已经出版了《中学数学解题方法——判别式法》等学术著作。他对全校教育科研的领导首先体现在身体力行带头搞科研上，他在繁忙的工作中，主持了一个个教育科研课题，写下了一篇篇教育科研文章。石室中学由此形成了不同级别、层次、领域、学科的教育科研课题网络系统，并带动了教育教学改革：研究性学习、学分制、选修课……这些教育改革的卓著成果为学校发展注入了新的活力。

也正是在这浓郁的教育科研氛围的感染下，更是在绍华校长的热情鼓励和支持下，我也结合自己每一天的工作，坚持做真正的教育科研——不停地实践、思考、阅读、写作，在全国发表了一篇又一篇教育论文。

"你一定要继续保持你的创新精神，你一定会取得更大的成绩！我相信你！"

绍华校长有一种人格魅力，这种魅力不仅仅来自他的学识，更来自他宽厚仁慈的品格。自我认识他到现在，他从来没有直呼过我的名字，总是叫我"李老师"，不只是对我，他对学校所有老师都称"×老师"。这不是客气更不是客套，而是发自内心对老师们的尊重。

绍华校长对我更是特别宽容和包容。在语文教学和班主任工作方面，我有些做法比较新颖，甚至比较独特，这些做法并不是每一个人都认可的，但绍华校长总是鼓励我"大胆创新"。我从来不选择学生，所以当时我班上的"差生"相对多一些，尽管我操了不少心想办法转化这些孩子，但班上总有"出事"的时候。绍华校长从来没有因此责备过我一次。相反，他还帮我向一些人解释："李老师班上调皮娃儿多一些，人家李老师比一般老师付出的辛劳更多，怎么能够简单地责怪他呢？何况，这些孩子也在进步。"可以想象，当这些话传到我耳朵里，我是怎样的感动！

当然，绍华校长也有批评我的时候。记得有一次，他找我谈心，非常严肃而又诚恳地指出我存在的一些问题，说得我心悦诚服。同时他又怕我背思想包袱，便鼓励我不要因此畏手畏脚，要保持我的工作热情和创新锐气。他有几句话我至今还记得："谁没有缺点呢？谁都有失误或犯错误的时候。你千万不要因此而不敢大胆工作，你一定要继续保持你的创新精神，你一定会取得更大的成绩！我相信你！"他当时说这话时那信任和期待的目光，好像至今还注视着我。

1999 年 10 月下旬，我偶然从《中小学管理》杂志上的一则启事中得知，由北京师范大学国际与比较教育研究所主办的纪念苏霍姆林斯基 80 诞辰国际学术研讨会将在北京举行。我一下想到了不久前我写的一篇《追随苏霍姆林斯基》的文章，便将这篇文章和刚刚出版的《爱心与教育》寄给了会务组。两周后，我接到了大会的邀请函。

但当我拿着会议通知向绍华校长请假时，他开始有点为难："按规定，只有教育行政部门或教育科研部门组织的会，学校才同意参加的……"绍华校长这样一说，我虽然感到遗憾，但也不好多说什么，毕竟规矩在那里摆着。绍华校长在办公室里踱了几步，又仔细看了会议通知，沉吟了一会儿，说："国际与比较教育研究所也是很有影响的教育科研机构，著名教育家顾明远还曾担任所长。你去吧！我知道你多年来对苏霍姆林斯基的热爱与追随，我支持你！"

绍华校长的支持，促成了我的北京之行，而且让我第一次在国际会议上亮相，我的教育故事感动了许多中外学者，包括苏霍姆林斯基的女儿、乌克兰著名的教育专家苏霍姆林斯卡娅。也正是从那次北京之行开始，我的教育视野从中国投向了世界，我和苏霍姆林斯卡娅女士的友谊一直保持到现在。

我后来不止一次地想，人生有时候因为许多偶然而改变方向，如果我没有遇到绍华校长，或者那次他不同意我去北京，那么后来的我会怎样呢？当然，我的教育事业肯定会继续向前推进，但我的教育"景观"可能会有所不同吧？

"做出了成绩，有了点名气，更要谦虚谨慎，要夹着尾巴做人啊！"

每当我取得了一点点成绩，绍华校长都由衷地为我高兴，并尽可能地宣传我。那年拙著《爱心与教育》荣获中宣部"五个一工程奖"后，四川省委宣传部组织了一个座谈会。开会前，绍华校长本来已经坐上去泸州出差的车，临时接到参加这个座谈会的通知后，马上跳下车专程赶到会场。在会上他热情地说：

"我把李老师的成功归结为'四加一'。我认为,他在四个方面很突出——勤于学习善于学习,勤于思考善于思考,勤于积累善于积累,勤于写作善于写作;'一'就是一片爱心。当然,爱心我们都有,但李老师非常执着,再加上前面那四个方面,所以他能够取得显著的成果。"听了绍华校长对我的评价,我感到他是真正了解并理解我的。同时,会后他又真诚地告诫我:"做出了成绩,有了点名气,更要谦虚谨慎,要夹着尾巴做人啊!"

我在成都石室中学绍华校长手下工作不过五年,但这五年是我教育生涯重要的转折点。进石室中学之前,我只是普通的语文教师和班主任,尽管也有些文章见诸报刊,但总的说来我是默默无闻的。正是在石室校园,我开始在四川省乃至全国基础教育界发出自己的声音,我的名字渐渐被越来越多的人熟悉。石室中学是我总结提炼升华我过去15年的教育实践,深化我的教育思考并继续我教育探索的地方;也是我从1982年参加教育工作以来所积淀的教育情感、教育思想与教育智慧喷发的地方——《爱心与教育》《走进心灵》《从批判走向建设》《风中芦苇在思索》等著作都是那一时期的教育作品。

后来我读博士,到成都市教科所工作,之后又回到学校教书、当班主任,再到成都郊外搞平民教育,直到现在当校长,我和绍华校长见面的时间渐渐少了,但他一直都关心着我,并为我的每一点进步而高兴。那年夏天,温家宝总理对我从事平民教育的批示下来后,他和我相约在三圣乡荷塘边小聚。我们沿着荷塘一边散步一边聊天,谈教师的理想,谈教育公平,谈学校管理,谈知识分子的使命感,谈中国社会的发展与进步……我再次聆听绍华校长的教诲,他的热情与真诚,还有真知灼见,如无边的荷香扑面而来,充满我的心房,让我神清气爽。

现在,我总是欣赏和宽容我学校的老师,特别是对一些有这样那样不足的老师,以及有独特个性的老师。一些老师在我的宽容和帮助下成长起来了。这些做法,都有着绍华校长的影响。现在,每当遇到困难,甚至遇到棘手的人或事,我都会情不自禁地想:如果是绍华校长,那他会怎么做呢?

(本文作者系四川省成都市武侯实验中学原校长,四川省成都市武侯区教育发展研究院研究员)

做一名懂校长的教育局长

陈雪梅

我在基础教育领域工作了20多年，到目前为止，已经做了10年的小学校长、6年的区教育局长。刚到教育局工作时，我曾经很担心自己是否能够适应行政管理岗位的要求，毕竟学校工作和区域行政管理工作的差别还是很大的。所以，上任初始，我就暗下决心，一定要扬长避短：一方面，不要让女性的细腻、感性成为管理上的障碍，影响决策的效率；另一方面，要充分利用女性的直觉敏锐、观察力强、善于倾听、长于沟通等特质，将女性的共情优势，转化为独特的领导力。我努力建构的"尊重校长，依靠校长"的区域管理文化，正是在这些思考下逐渐形成的。

一、因为懂得：乐为"不忘初心"的"服务者"

如果单单从"了解"这个层面上说，那么我应该算是一个"懂"校长的人。我在就任区教育局长做表态性发言时说了这样一句话："我要在全区营造尊重校长的文化。"我做了10年校长，深感校长对学校发展的重要意义；而区域教育是由每一所学校组合而成的，就像一个木桶，每一块木板组合起来，才能盛水。

我的电脑里储存着我当校长时，一位高校教师对我做的专访，题目是《希望与期待：校长与教育局长的对话》。直到现在，我还会经常打开它，每看一遍，都会引发我的反省。以下内容节选自这篇访谈。

问题1：您认为现在学校变革发展中存在哪些问题？

答：学校变革发展中存在的问题无外乎三个层面。一是物质层面。因为财力有限，加之有关部门对于资源的分配和使用缺乏科学的规划，没有建立倾听师生意见的渠道，缺乏监督机制，所以造成物质资源配置与使用不均。例如："下不保底"（即没有基本标准，或者即使有基本标准，也没有得到很好的落实），导致许多学校连基本的办学条件都不具备；"上不封顶"，造成资源集中在一两所学校，校际间差距日益拉大。二是人才层面，即教师配备问题。学校使用教师，但学校不能选择教师，致使矛盾集中在学校，由此导致了管理的低效。三是教育理念层面。许多人还是走不出应试教育的怪圈，总是希望通过"野蛮劳作"提高教育教学质量，他们以眼前利益为主，不为孩子的可持续发展着想。

问题2：您认为学校主动、健康、真实发展的理想状态是什么样的？

答：校长和局长都放下急功近利的思想，着眼于孩子科学的可持续发展，为孩子终身学习打下坚实的基础。我认为学校主动、健康、真实发展的理想状态应该是：师生关系和谐自然，教育教学民主科学，学生全面健康地发展，教师幸福快乐地工作。

问题3：您认为教育主管部门应如何鼓励、帮助和支持学校发展？

答：一是信任：不要过多地干扰学校办学，要放权给校长，给予校长充分的用人权和教育自主权。二是尊重：尊重校长的意见，倾听校长的心声，关注他们的心灵成长，不可实施野蛮管理。三是关爱：为校长提供发展平台，促进校长的专业成长，使他们有职业的成就感；帮助校长解决困难，真正为学校服务，而不是颐指气使地要求他们。四是鼓励：鼓励革新，鼓励学习，鼓励做事，鼓励研究。不要把校长都变成"官员"，要让校长感受到职业的快乐，而不是权力的快乐。

问题4：现行教育主管部门有哪些不利于学校发展的政策、制度？

答：按考试成绩对学校排名，是造成校长和教师追名逐利、牢抓应试教育的罪魁祸首，也是师生畸形发展的源头。

问题5：您理想中的教育局长和教育行政部门是什么样子的？

答：我理想中的局长：儒雅、睿智、理性，体察民情，喜欢研究，常与校长们一起探讨教育问题。我理想中的教育行政部门：人人有服务意识，真诚为基层解决困难。

这段访谈发生在我做校长的时候，所说的话发自肺腑。那时我比较怕行政机关的人来学校，因为有的人总是带着一副法官评判的面孔，对学校指手画脚。而我知道，校长是一个执着的群体，他们做什么事儿都爱较真，希望做到完美，做到极致；校长是一个比较敏感的群体，他们自尊心极强，可以不计较得失，但不可以受委屈。

我理想中的区域行政管理应该是这样的：当学校缺少资源时，区域能为其提供支持；当校长感到迷茫时，区域能为其指点迷津；当学校出现问题时，区域能为其提供帮助；当校长取得成绩时，区域能为其搭建展示的平台。所以，当了局长后，我就对局机关的干部说：没有哪所好学校是靠我们"管"出来的，我希望我们所有的人都能树立一种服务意识，我们必须把自己放在服务者的角色上。

二、 因为尊重： 让每一位校长都有属于自己的成长

做教育行政管理工作的人，首先要有尊重校长的意识，尊重其独立自主的专业判断能力、尊重其专业发展的能力与个性化需求，在此基础上为其学校发展和专业成长提供有价值的支持与帮助。

其一，对学校进行个性化评价。

每所学校的文化背景、师资力量、学生来源、培养目标都不尽相同，拿一把尺子去衡量所有的学校，本身就是对校长和教师最大的不公平，如此又何谈尊重呢？为此，我们摒弃了过去用考试分数评价学校的单一方式，设立了德育、安全、艺术、体育、教学等10个奖项，每个奖项的奖励额度都是相同的，学校可以自主申报。我们还设立了一个特殊的奖项——奋进奖，专门颁发给基础条件较差、相对薄弱但积极进取的学校。

我们坚决不允许教研室对学校的小升初和中高考成绩进行排名。一开始，一些同志不理解，觉得我把教学质量丢了，可是，几年抓下来，全区的中高考成绩反而有了较大幅度的提升。其实对于教学质量，我心里是有数的：第一，在当前如此强大的应试环境之下，校长对学生的学业成绩是不敢掉以轻心的；第二，素质教育活动的开展，不会使学生的文化成绩下降，反而会丰富师生的校园生活，拉近师生的距离，而和谐的师生关系则会促进教学质量的提高。评价制度的改革，使得每一位校长都体会到自己的努力被肯定、被褒奖、被尊重，从而迸发出对工作的极大热情。

其二，为校长搭建高端发展平台。

我到教体局工作后，我们就启动了名师名校长培养工程。2011年，我们命名了首批6位"名校长"，成立了6个名校长工作室，为他们请了北京师范大学教育学部部长石中英教授、华东师范大学基础教育研究所所长杨晓微教授等6位国内知名专家做导师，还为名校长们培训、研究、著书制订了计划。2012年，我区第一位名校长办学实践研讨会在北京师范大学召开，至今已有5位名校长(有一位因工作调动离开了我区)登上了这个向全国展示的舞台。每一次举办名校长办学实践研讨会，我都会亲自为他们主持。中国的小学校长工作琐碎

而繁忙，他们做的多、说的多，写的少。在北京举办校长办学实践研讨会，其实是给他们一份压力，督促他们在实践的过程中不断思考和总结。现在他们每个人都有了几本沉甸甸的著述，每个人都信心满满，最关键的是，在他们的带动下，学校都发生了可喜的变化，有了新的发展。

其三，用规划引领学校发展。

最近两年，我对"尊重校长"的内涵又有了新的认识。既然我们说没有一所好学校是被行政机关"管"出来的，那么，教育行政部门该如何发挥其对学校发展的引领功能呢？2014年，我们启动了学校规划和发展评价工作。在华东师范大学专家的引领下，5所试点校用时10个月制定了学校发展规划，区教育督导室根据学校的发展目标，通过和学校领导班子进行协商，制定了具有学校个性特点的分阶段评估细则，按照学校划定的时间节点开展诊断式评估。杨晓微教授和复旦大学的徐冬青教授是这个项目的指导专家，他们认为此举是真正促进现代学校制度建设的好政策。对此，我也是信心满满。我始终相信，校长是最希望自己的学校变得更好的人，当教育行政部门给予他们关怀与帮助时，他们怎么会有抵触心理呢？

其四，搭建校长互通互助平台。

从我区校长的特点来看，小学校长比中学校长要活跃一些，乐于接受新变化；中学校长则比较沉稳，因为中高考的压力，对学生学业成绩高度敏感。在管理风格上，小学校长细致、感性；中学校长粗犷、理性。但总体来说，他们彼此之间缺少互助，他们缺少对师生的人文关怀以及对自己管理的反思。校长做久了，特别容易故步自封。其实，本地区的学校管理经验非常宝贵。

为了搭建名校长和普通校长、年轻校长之间互通互助的平台，我们建立了高中、初中、小学3个学校发展联盟，定期开展教育教学研究活动，联盟主席采取轮值制。每年，我们定期举办精细化管理现场会，组织全体校长现场观摩管理有特色的学校。在每年的校长暑期培训班上，我们都会安排一个校长讲述学校故事的环节。学校之间建立起沟通交流的平台后，校长对学校发展联盟这个大家庭有了强烈的归属感，同伴的经验给他们带来了前所未有的亲近感。

三、　因为"依靠"：　在深度信任中与校长同担当

身为女性管理者，我感到人与人之间分量最重的关系是"依靠"。"依靠"的关系，是一种平等的伙伴关系，是一种心理上的深度信任与支撑。做教育行政管理工作的人，在尊重校长的基础上，更要与校长互为"依靠"。

2012年，我们启动了全区最偏远、质量最差的3所村小的发展计划。这3所村小的问题根源是管理问题，因此，单纯的教师支教或城乡学校手拉手的方式都不能彻底解决其问题，最好的办法是委托城区名校来接管。可是，如果接管学校的校长和教师不能真心接受这件事，其效果就会大打折扣。于是，我请了3所名校的校长帮助我做一个有关3所村小的调研，请他们走访当地老百姓、学校教师、学生，帮助教育局制订一个改革方案。3位校长在走访调研的过程中，了解到农村家庭的困境及其对子女成才的渴望，分析了村小问题的原因所在，他们办好乡村教育的情感也被激发起来。调研结束后，这3位校长都主动提出了接管村小的请求。3年过去了，3所村小发生了巨变，农村生源出现了回流，甚至派驻村小的城市教师也都找到了幸福感。

而在校长遇到困难、需要理解和支持时，局长就应该成为校长的"依靠"。有一次，有一位校长和一位教师发生冲突，这位教师捏着校长的错告到教育局。有的同志就说，校长是学校领导，不该说这样的话，要批评。我了解到实际情况是由于这位教师长期散漫、不服从管理，而校长对其开始严格要求所致，便跟相关人员说，校长管理教师需要刚柔相济，但底线还是要有的，不能丢掉规范管理的原则，我们把学校托付给校长，我们就要支持他的工作。这位校长知道后，主动来找我做检讨。他说原以为我会严厉地批评他，但是没想到我会支持他，还帮他做教师的工作，他也检讨了自己的错误——当时情绪失控，讲了作为校长不该讲的话——他已经向当事教师道歉，妥善处理了此事。我理解校长的压力，因为我也是从这个岗位上成长起来的，校长的酸甜苦辣我都尝过，所以我深深知道，来自上级的关心理解，会为校长注入多大的动力和激情。

女性领导有自己的优势，细致入微，洞察力强，做事认真，坚韧；但也有弱点，如好冲动，容易感情用事，批评人尖刻。做管理工作久了，就容易出现"长官意志"，甚至像我这样在学校工作了20年的人也难免于此。我们要避免这个问题，有两个方法。其一是在每项重大政策出台前，必须将政策交由校长们讨论，充分听取他们及其他利益相关群体的意见。其二则是要不断进行自我反思。到教育局工作后，我坚持每天早上提前半小时到办公室，主要是读书、写反思日志。我认为，处在领导者的位置上，每天的自我检讨非常必要。

遇到一个懂校长的局长，是我做校长时候的愿望；我现在的愿望是，真正做一个懂校长的局长，和大家共同谱写美丽的教育篇章。

（本文作者系安徽省合肥市包河区教育体育局局长）

后　记

"蓦然回首，那人却在，灯火阑珊处。"手抚四沓厚厚的书稿清样，不由心生感慨。两年前以为不可能完成的事情，即将成为现实，反倒觉得有些恍惚。

整理《中小学管理》创刊 30 年纪念文丛，对于本已超负荷运转的我们而言，无疑是一项十分艰难浩大的工程。这个工作是断续进行的，从 2016 年年初启动，到 2017 年年初开始真正着手筛选编辑，中间停停走走、一波三折。策划案从一本书到六本再回到四本，我们反复斟酌，最后确定了四本。

我们期待能"回应当下"。我们最初希望本套丛书能呈现 30 年来《中小学管理》在各个时期的代表性探索。但我们也逐渐意识到，此书不应只是对教育往事的追忆，更应是对当下正在发生的热气腾腾的教育现实的回应。因此，我们最终敲定以期刊近五年所刊发文章为主进行编选，最大限度地让这些文字，仍对中小学管理者此时的工作具有现实指导意义。

我们期待能"坚守价值"。我们希望读者通过我们所编选的文章，能看到一种态度与追求。这个态度，就是我们始终以"助推中国本土教育理论创生、陪伴中小学管理者专业成长"为己任的办刊宗旨。这种追求，就是我们坚持做中国教育管理理论与实践的桥梁与纽带的责任和担当，就是我们对教育之真、人性之善与管理之美的永不疲倦的坚守与求索。所以，我们将丛书命名为"尔立"，取"三十而立"之谐音，期待"为尔而立、使尔挺立"的美好愿景。

我们期待能"留存经典"。对于一本期刊来说，30 年是一代代编者、作者、读者共同叠加的人生旅途，是一个个区域、学校、个体蓬勃生长的行进历程。所以我们既关注"代表性人物、代表性机构的代表性作品"，也对新生代研究者、新生代管理者的新生代探索给予最深切的观照。当下中国基础教育管理研究和实践领域中，那些最有影响力的面孔和那些最有朝气的声音，会同时在这套丛书中相约出现。

我们期待能"力求完美"。"永远做最好"是《中小学管理》人的不二法则。"动作要快，姿势要帅"，当一群"不可救药"的完美主义者聚在一起，我们只需要等待和欣赏就足矣！从划定主题、筛选篇目，到重新修改审校，每篇文章至少经过了 11 审 7 校 2 通读。所有的工作，都是各书主编们在完成本职工作之外，占用个人的业余时间完成的。我们做了许多不必再做的"无用功"，但也正是这些"无用功"，彰显着我们的准则与敬意。

当下的中国教育改革，当下的学校管理实践，拥有无穷的机遇，也面临无限的挑战。每个人都是研究者，每个人都是探路者。一年间我们经历了大大小小若干事情，几度欲放下，几度又拾起。面对一字一句呕沥出的心血，我们不希望它仅仅尘封于岁月之间，更不忍让《中小学管理》的 30 岁生日在一片寂静中悄然划过。所以无论如何透支自己的体力和耐性，我们依然以最大的努力，将这几本册子，献于您的面前，若能得您一时之用，我们也就稍感宽慰了。

最后还要把最深沉的谢意，献给我的师长和伙伴们。感谢陶西平先生惠允担任本书总顾问。感谢杨公鼎、何劲松、杨志成等领导的鼎力支持。感谢高鸿源、褚宏启、张新平等导师的学术指引。感谢北京师范大学出版社陈佳宵、肖寒、郭翔等老师对书稿的打磨成全。感谢姬向群、张葳、沙培宁三位老同志的温暖回归。感谢柴纯青、谢凡、许丽艳、林清华、崔若峰、王淑清、谢建华、杨晓梦、韩冰等同伴的同舟共济。我们共同守护了《中小学管理》的成长，也在共同创造新的未来。

褚宏启教授在 2013 年发表的《什么样的教育管理知识最有价值？》中的一段话，今日读来依然令人热血沸腾。且恭录于此，与诸君共勉：

> 真正有价值的教育管理知识，应该有责任、有担当甚至有血性……管理的真正变革是非常艰难的，但我们所做的事情越是具有挑战性，越是艰难，就越有价值……人生的光荣与梦想、高贵与尊严，就体现在这种对艰难的征服中、对信念的坚守中。这种决绝的追求，虽败犹荣！

——是为记。

孙金鑫　执笔

2017 年 9 月 21 日，凌晨